全国高职高专药学类专业规划教材（第三轮）

药品市场营销学

第 3 版

（供药学类、中药学等专业用）

主　编　霍亚丽　任灵梅

副主编　张建巍　宋立群　唐敏芳　袁志学

编　者　（以姓氏笔画为序）

任灵梅（山西药科职业学院）

李　静（山东医药技师学院）

谷晓娟（楚雄医药高等专科学校）

宋立群（泰山护理职业学院）

张建巍（山东医药技师学院）

张春晖（深圳职业技术大学）

娄　芸（深圳城市职业学院）

袁志学（天津生物工程职业技术学院）

唐敏芳（山东医学高等专科学校）

臧婧蕾（长沙卫生职业学院）

霍亚丽（山东医药技师学院）

中国健康传媒集团

中国医药科技出版社

内 容 提 要

本教材为"全国高职高专药学类专业规划教材（第三轮）"之一，系根据学科发展和高等职业教育教学改革的新要求，紧密结合岗位知识和职业能力要求、理论与实践密切联系等原则编写而成。全书共分为十一个项目，涵盖药品市场营销概述、药品市场营销环境、药品市场购买行为分析、药品市场营销调研与预测、药品目标市场营销、医药产品策略、医药产品定价策略、药品分销渠道策略、药品市场人员推销与广告促销、药品市场营业推广与公共关系、药品电子商务等内容；具有实用性、技能性、综合性和先进性等特点。本教材为书网融合教材，即纸质教材有机融合电子教材、教学配套资源（PPT、微课、视频、图片等）、题库系统、数字化教学服务（在线教学、在线作业、在线考试），使教学资源更加多样化、立体化。

本教材主要供全国高等职业院校药学类、中药学等专业师生教学使用，也可作为相关专业及医药企业职工培训、自学参考用书。

图书在版编目（CIP）数据

药品市场营销学／霍亚丽，任灵梅主编. -- 3 版.
北京：中国医药科技出版社，2024.12. --（全国高职高专药学类专业规划教材）. -- ISBN 978-7-5214-4981
-5

Ⅰ. F724.73

中国国家版本馆 CIP 数据核字第 2024VB0799 号

美术编辑　陈君杞
版式设计　友全图文

出版　**中国健康传媒集团** | 中国医药科技出版社
地址　北京市海淀区文慧园北路甲 22 号
邮编　100082
电话　发行：010 - 62227427　邮购：010 - 62236938
网址　www.cmstp.com
规格　889×1194mm $\frac{1}{16}$
印张　14 $\frac{1}{4}$
字数　417 千字
初版　2015 年 7 月第 1 版
版次　2024 年 12 月第 3 版
印次　2024 年 12 月第 1 次印刷
印刷　天津市银博印刷集团有限公司
经销　全国各地新华书店
书号　ISBN 978 - 7 - 5214 - 4981 - 5
定价　**49.00 元**

获取新书信息、投稿、为图书纠错，请扫码联系我们。

数字化教材编委会

主 编 任灵梅 黄 鹏 王玉静

副主编 张建巍 宋立群 唐敏芳 袁志学 任 滨

编 者（以姓氏笔画为序）

王玉静（山东医药技师学院）

任 滨（山东医药技师学院）

任灵梅（山西药科职业学院）

李 静（山东医药技师学院）

谷晓娟（楚雄医药高等专科学校）

宋立群（泰山护理职业学院）

张建巍（山东医药技师学院）

张春晖（重庆三峡医药高等专科学校）

娄 芸（深圳城市职业学院）

袁志学（天津生物工程职业技术学院）

唐敏芳（山东医学高等专科学校）

黄 鹏（山东医药技师学院）

臧婧蕾（长沙卫生职业学院）

霍亚丽（山东医药技师学院）

出版说明

全国高职高专药学类专业规划教材，第一轮于2015年出版，第二轮于2019年出版，自出版以来受到各院校师生的欢迎和好评。为深入学习贯彻党的二十大精神，落实《国务院关于印发国家职业教育改革实施方案的通知》《关于深化现代职业教育体系建设改革的意见》《关于推动现代职业教育高质量发展的意见》等有关文件精神，适应学科发展和高等职业教育教学改革等新要求，对标国家健康战略、对接医药市场需求、服务健康产业转型升级，进一步提升教材质量、优化教材品种，支撑高质量现代职业教育体系发展的需要，使教材更好地服务于院校教学，中国健康传媒集团中国医药科技出版社在教育部、国家药品监督管理局的领导下，组织和规划了"全国高职高专药学类专业规划教材（第三轮）"的修订和编写工作。本轮教材共包含39门，其中32门为修订教材，7门为新增教材。本套教材定位清晰、特色鲜明，主要体现在以下方面。

1. 强化课程思政，辅助三全育人

贯彻党的教育方针，坚决把立德树人贯穿、落实到教材建设全过程的各方面、各环节。教材编写将价值塑造、知识传授和能力培养三者融为一体。深度挖掘提炼专业知识体系中所蕴含的思想价值和精神内涵，科学合理拓展课程的广度、深度和温度，多角度增加课程的知识性、人文性，提升引领性、时代性和开放性，辅助实现"三全育人"（全员育人、全程育人、全方位育人），培养新时代技能型创新人才。

2. 推进产教融合，体现职教特色

围绕"教随产出、产教同行"，引入行业人员参与到教材编写的各环节，为教材内容适应行业发展献言献策。教材内容体现行业最新、成熟的技术和标准，充分体现新技术、新工艺、新规范。

3. 创新教材模式，岗课赛证融通

教材紧密结合当前实际要求，教材内容与技术发展衔接、与生产过程对接、人才培养与现代产业需求融合。教材内容对标岗位职业能力，以学生为中心、成果为导向，持续改进，确立"真懂（知识目标）、真用（能力目标）、真爱（素质目标）"的教学目标，从知识、能力、素养三个方面培养学生的理想信念，提升学生的创新思维和意识；梳理技能竞赛、职业技能等级考证中的理论知识、实操技能、职业素养等内容，将其对应的知识点、技能点、竞赛点与教学内容深度衔接；调整和重构教材内容，推进与技能竞赛考核、职业技能等级证书考核的有机结合。

4. 建新型态教材，适应转型需求

适应职业教育数字化转型趋势和变革要求，依托"医药大学堂"在线学习平台，搭建与教材配套的数字化课程教学资源（数字教材、教学课件、视频及练习题等），丰富多样化、立体化教学资源，并提升教学手段，促进师生互动，满足教学管理需要，为提高教育教学水平和质量提供支撑。

前言 PREFACE

为深入贯彻落实党的二十大会议精神，面对高等职业教育教学改革的新要求，对接医药市场需求、服务健康产业转型升级等变局，为使教材建设紧跟行业改革发展的步伐，我们启动了本版教材的修订编写工作。药品市场营销学是一门新兴的应用型学科，我们在上一版教材的基础上，做了结构上调整和修改工作，在新版教材编写中，力求体现高职高专教育特点，深度挖掘提炼专业知识体系中蕴含的思想价值和精神内涵，强化课程思政，实现全员育人、全程育人和全方位育人。教材内容的设置对接岗位，面向药品生产、采购、销售、服务、管理第一线，引入医药行业当前营销新业态，将新媒体营销和新的政策要求贯穿到教材编写的各任务环节，力求教材内容适应当前行业发展，推进产教融合，努力体现高职教育改革成果。同时尽量使教材内容与技术发展衔接、与营销活动过程对接、与技能竞赛、职业技能等级考试中的技能点、竞赛点深度对接，达到学有所用的目的。

在本版教材中，我们增加了市场营销观念演变、新媒体营销、企业环境分析与战略选择、市场调研方案设计、市场调研问卷设计、市场调研报告撰写、首营审核部分内容和药品营销新业态模块，与上一版相比，结构更加完整，内容更加丰富并及时更新，突出电子商务在药品市场营销活动中产生的重要作用，希望通过本课程的内容，对培养符合医药市场需要的高技能专业营销人员起到促进作用。

本教材由霍亚丽、任灵梅担任主编，具体编写分工如下：项目一由宋立群编写；项目二由任灵梅编写；项目三由谷晓娟编写；项目四由袁志学编写；项目五由臧婧蕾编写；项目六由李静编写；项目七由张建巍编写；项目八由娄芸编写；项目九由霍亚丽编写；项目十由张春晖编写；项目十一由唐敏芳编写。全书由霍亚丽、任灵梅统编定稿。

本教材的编写工作得到了各参编院校和多家企业的大力支持，在此表示诚挚谢意。由于编者能力有限，书中疏漏与不足之处在所难免，敬请读者和广大同行批评指正，以便后期纠正和补充。

编　者
2024 年 9 月

CONTENTS 目录

模块二　药品市场营销策略

模块三　药品营销新业态

项目一　药品市场营销概述

PPT

学习目标

知识目标：通过本项目的学习，应能掌握市场及市场营销的相关概念；熟悉药品市场营销的特点；了解市场营销观念的演变进程。

能力目标：能运用市场营销概念与营销观念，进行药品营销策略制订，提高营销效果。

素质目标：通过本项目的学习，深化服务理念，强化质量意识，树立为人民健康服务的职业理想。

任务一　市场与市场营销简介　微课

情境导入

情境：全球规模最大的中药材专业市场——中国（亳州）中药材专业市场，坐落于安徽省亳州市。该市场每天上市中药材 2600 余种，日均人流量 4 万人以上、年交易额超 500 亿元，是全国规模最大、配套齐全、管理规范的中药材交易中心、价格指数发布中心、物流配送中心，形成了从零售、批发到期货交易的一体化中药材商业产业链。通过实行中药材规范化分区分类管理、加大市场日常巡查与抽查力度、评选月度年度诚信经营之星等方式，市场诚信经营蔚然成风，知名度、美誉度显著提升，为亳州现代中医药产业发展奠定了坚实基础。

思考：1. 该市场通过哪些途径提升了自身的知名度？

　　　　2. 这属于市场构成三要素的哪一部分？

一、市场

（一）市场的产生

原始社会中由于物资匮乏，人们通过以物换物的方式交换自己所需物品，并没有固定的交换场所。随着社会分工的细化和商品生产、交换的产生和发展，供需双方聚集在固定场所开展商品交换。买方和卖方进行商品交换的场所，成为最初的市场。可以说市场是社会分工的产物，是商品经济的产物。因此市场的最初概念，即为商品交换的场所，如农贸市场、中药材市场等。

随着经济社会的不断发展，商品种类不断丰富多样，买卖双方交换的产品形态不再拘泥于实体产品，技术、服务等多种产品成为交换的主体，市场不再局限于原有时间和空间的限制，其内涵也不断丰富和充实。此时的市场不仅代表具体的商品交换场所，还包括买方和买方进行商品交换的关系总和。

美国营销学家菲利普·科特勒提出"市场是由一切具有特定需求并愿意和能够以交换来满足这些需求的潜在顾客所组成。"市场中的购买主体既包括具有现实需求的当前顾客，也包括未来存在潜在需求的市场消费者。因此，市场是指顾客对某种有形产品或无形服务的现实需求和潜在需求的总和。

（二）市场的定义

经济学从揭示经济实质的角度提出市场概念，认为市场是商品内在矛盾的表现，是商品交换关系的总和，是社会分工和商品生产的产物。有社会分工和商品生产的地方就有"市场"的存在。市场是为完成商品形态变化、在商品所有者之间进行商品交换的具体表现。

管理学侧重从具体的交换活动及其运行规律去认识市场，认为市场是供需双方在共同认可的一定条件下所进行的商品或劳务的交换活动。因此，市场规模的大小，是由具有需求并拥有他人所需要的资源，且愿意用这些资源交换其所需的人数多少来决定的。

从市场营销学角度分析，市场是经济活动过程中生产者与消费者之间转移产品所有权或提供服务，以实现产品或服务价值，满足人们需求的交换关系、条件及过程的总和，是由人口、购买力、购买欲望三要素组成的市场。

（三）市场的构成

市场的构成必须满足三要素，即人口、购买欲望、购买力。

1. 人口 是市场构成的最基本要素。没有人也就没有市场。一个地区人口的数量决定了该地区市场规模的基本前提。但并非人口数量越多，市场规模就一定大。市场规模还受到消费者购买力与购买欲望的影响。

2. 购买欲望 是指消费者购买商品的需求强烈程度，是引导消费者将潜在需求转变为现实购买行为的重要条件。只有人口而没有购买欲望不能形成有效的市场。

3. 购买力 是人们购买商品或购买劳务所支付成本的能力，通常以购买商品或劳务所支付的货币形式体现。购买力受到消费者收入水平的影响。

在市场构成中还需要注意，市场是建立在商品经济基础上的交换关系。市场的存在需要有消费者、生产者以及促进双方交易的具体条件。交易双方在满足各自需求的前提下认可并进行交换，市场才能够形成。

（四）市场的分类

市场可依据不同的分类标准进行分类，分类标准不同，分类后的市场构成主体不同。

1. 依据买卖双方在市场中的决定地位分类 分为买方市场、卖方市场。

2. 依据市场构成的主体分类 分为消费者市场、组织市场（如生产者市场、专卖者市场、政府市场等）。

3. 依据市场竞争程度分类 分为完全竞争市场、完全垄断市场和不完全竞争市场。

4. 依据市场流通区域分类 分为国际市场、国内市场、地区市场（如华北市场、华中市场等）。

5. 依据市场交易对象分类 分为商品市场、金融市场、技术市场、劳务市场、信息市场、资本市场等。

6. 依据市场的产业类型分类 分为工业产品市场、农业产品市场、旅游市场等。

7. 依据购买者人群类型分类 分为女性市场、男性市场、儿童市场、中年人市场、老年人市场等。

8. 依据营销类型分类 分为批发市场、零售市场。

9. 依据市场交易时产品的现实状态分类 分为现货交易市场、期货交易市场。

10. 根据市场主体中消费者对产品的需求程度分类 分为同质市场和异质市场。

· **知识链接**

中医药市场发展趋势

中医中药是中华民族和世界文化的宝贵遗产，是几千年来中华民族同疾病作斗争的伟大成就。中医药以扶正祛邪、调理脏腑等方式辨证论治，在各种疾病诊疗中发挥了独特的功效。随着人们对健康的日益重视，中医药以其独特的诊疗体系、优异的治疗效果、灵活多变的组方特色、毒副作用较小等优点得到患者的一致认可，中医药诊疗技术与中医药产品走出国门服务世界各国人民，中医药行业将迎来飞速发展的黄金时期，未来中医药市场潜力巨大。

二、市场营销

市场营销是由英文"marketing"一词翻译而来的。"marketing"有两层含义：一是指企业的具体营销活动或行为；二是指研究市场营销活动及其规律性的应用科学。国内外学者对市场营销的定义各有不同。美国市场营销协会对市场营销的定义是"市场营销是通过个人和组织对思想、货物、劳务的构想、定价、促销和分销等方面的计划和执行，以达到个人和组织预期目标的交换过程。"美国营销学家菲利普·科特勒对市场营销的含义提出"市场营销是个人和群体通过创造产品和价值，并同他人交换产品和价值，以满足其需求和欲望的社会和管理过程。"美国学者基恩·凯洛斯将各种市场营销定义分为三类：一是将市场营销看作是一种为消费者服务的理论；二是强调市场营销是对社会现象的认识；三是认为市场营销是通过销售渠道把生产企业同市场联系起来的过程。

结合上述关于市场营销的描述与现代市场营销的发展，可以将市场营销定义为"以满足消费者需求为中心，综合运用各种市场营销手段，为消费者提供满足需求的商品和服务，并使企业实现经营目标的一系列活动。"需注意，市场营销的目的是满足消费者的需求（既包括现实需求，还包括长远利益）；市场营销是整体性活动，包括市场调研、产品开发、分销促销、售后服务等多个部分；市场营销的核心是交换，企业需要通过交换与顾客达成交易，实现商品的价值；市场营销的含义随着社会经济的发展，将不断更新与完善。

（一）需要、欲望与需求

1. 需要 是指人类与生俱来的基本要求，是人的内心与外部条件不匹配时所产生的一种紧张状态，存在于人类自身生理和社会之中，是市场营销活动的起点。市场营销活动需满足人类的需要，才能获得消费者的认可与支持。如人们有保暖的需要、有吃的需要。

· **知识链接**

马斯洛的需要层次理论

美国心理学家亚伯拉罕·马斯洛提出的"需要层次理论"将人的需要分为五个层次。从第一级需要到第五级需要是逐级提升的过程，只有满足了低层次需求后才能产生高层次的需求。

生理需要（如食物等需要），是个人为了满足生存所必不可少的需要，在人类各种需要中占据重要位置。安全需要（如人身安全等需要），当生理需要得到满足后，人们会追求安全需要。社交需要（包括友情等），是指人作为社会成员需要与他人建立联系和关系。尊重需要（包括自我尊重等），既包括对他人的和对自我的尊重，也包括他人对自我的认可与尊重。自我实现需要（包括创造力等），属于人的最高层次需要。

2. 欲望 是指人们结合文化及社会环境的影响，根据不同需要所提出的具体满足品，是人们想得到某个具体产品的强烈需要。人们都有保暖需求，但欲望不同，有的希望穿上保暖的衣物，有的希望进入温暖的房间。人们根据进食的需要，提出的欲望不同，有的希望吃米饭，有的希望吃牛肉。市场营销者可根据顾客的不同需要，开发特定产品来满足顾客的不同欲望。

3. 需求 是指人们有能力购买并愿意购买某个具体产品的欲望，亦即消费者对某个特定产品或服务的具体购买欲望。如人们可以通过购买某品牌的羽绒服来满足其保暖需要与衣物购买欲望。市场营销者通过不同营销手段，影响并引导消费者认可某种产品或服务满足其需要与欲望，引导顾客购买，实现具体需求。针对具有购买力但缺乏购买欲望的消费者，市场营销者可通过广告宣传等方式吸引顾客并引导其购买产品，提高产品需求。

（二）产品与价值

1. 产品 是指能够满足人们需要和欲望的任何物质，既包括有形的产品（如食品、药品、保健品等），也包括无形的服务（如导游讲解服务、技术服务等）。产品最重要的功能是满足需要和欲望，这种需要和欲望可以是由于使用该产品所获得，也可以通过接受某项服务所得到，而产品是满足需要和欲望的载体。市场营销者在开发服务或研制产品时，应从满足顾客需要与欲望的角度出发，包括具体的产品（或服务）及其所带来的效用，以保证顾客购买目标的实现。

2. 效用 是指顾客对企业所提供的产品（或服务）满足其需要的整体能力的评价。不同顾客可因效用评价标准不同，导致对相同产品（或服务）的效用评价与满意度不同。如针对出行需求，有些顾客对出行时间无严格要求，认为公共交通工具（如公交、地铁）价格经济实惠，因此会选择乘坐上述交通工具出行；而存在交通时间限制的顾客，公共交通工具虽价格便宜但耗时较长，这些顾客可能会选择自驾出行。不论顾客的效用评价标准如何，人们对所购买产品（或服务）获取其满足的经济学原则均为"以最小成本，获取最大价值"。

具体包括以下五个方面的成本。

3. 顾客成本 是指顾客为购买某产品（或服务）所消耗的货币、时间、精力、体力等。

（1）货币成本 是指顾客在购买产品（或服务）时所支付的货币金额。货币成本受顾客的收入水平、消费观念等因素影响。市场营销者应结合顾客需求，对顾客购买欲望进行更深层次的引导，使其产生需求，认可货币成本支出与产品所获价值的匹配度，进而引导顾客完成购买行为。

（2）时间成本 是指顾客为购买某种产品（或服务）所耗费或等待的时间。市场营销者应提供更为便捷的服务（如提前预订、到店即提等方式）以减少顾客消耗的时间成本，提高顾客对购买产品的认可度。

（3）体力成本 是指顾客为购买某种产品（或服务）所耗费和支出的体力（如购买和取货等过程中消耗的体力）。在其他价值和成本固定不变的情况下，体力成本越小，顾客所获价值越高，交易越容易达成。随着现代网络营销技术与物流行业的进一步发展，网上购物大大节省了顾客购买产品的体力成本，已成为市场的重要产品购买途径。

（4）精力成本 是指顾客为购买某种产品（或服务）所消耗的精力（如同类产品对比消耗的精力、对产品的风险预期等）。市场营销者可通过开展售后服务、产品品质保证、保险公司投保等方式，减少顾客购买的精力成本，提高交易达成率。

4. 顾客价值 是指顾客购买某产品（或服务）所实际获得的利益，包括产品价值、服务价值、人员价值、形象价值等。

（1）产品价值 是产品（或服务）的质量、功能、品种、特性等因素所产生的价值，是顾客购买所追求的核心内容之一。产品价值的高低是影响顾客购买与否的决定性因素。市场营销者应着重提高产品价值以满足顾客的需求。

（2）**服务价值** 是指企业向顾客提供产品（或服务）时产生的各种附加服务价值，如免费安装、产品升级、技术咨询、售后服务等。服务价值是构成顾客总价值的重要因素，市场营销者应提供更加优质的服务，以提高企业及产品的核心竞争力。

（3）**人员价值** 是指企业员工的知识水平、业务能力、工作质量等产生的价值。企业应培养全体员工养成规范经营理念、质量意识观念，提高员工专业知识水平与业务能力，为顾客提供更优质的服务，努力满足顾客的需求，进而促进顾客购买行为的实现。

（4）**形象价值** 是指企业及其产品（或服务）在社会公众心中形成的总体形象所产生的价值，是企业各种内在要素质量的反映。塑造良好的企业形象，提升企业及产品的形象价值是一项系统工程。良好的形象价值是提高产品附加值与产品竞争力的重要保证。很多药店开展健康知识讲座、血糖血压测定就是提升企业形象价值的重要方式。

5. 顾客让渡价值 是指顾客总价值与顾客总成本之间的差额，顾客总价值越高、顾客总成本越低，顾客让渡价值就越高，顾客满意度就越高，产品（或服务）营销效果越理想。

（三）交换与交易

1. 交换 是指以自己某物作为报酬，从他人之处获取自己所需物品的行为。交换是市场形成的前提。交换需满足以下基本条件：有交换双方；对方有自己所需的有价值的物品；自己有可与之交换的物品；交换双方认可并同意实施该交换过程，都认为与对方的交换是满意的。

2. 交易 是交换的基本组成单位，是双方达成协议、实现价值交换的具体过程。交易通常有两种形式：货币交易，以货币作为评价所交换物品价值的依据；非货币交易，包括以物换物、以服务换服务、以物换服务等交易。

（四）营销与营销者

1. 营销 是以满足顾客需求、实现组织目标的过程，涉及市场调查、产品开发、产品宣传推广、销售与渠道管理、顾客关系维护等多个环节。

2. 营销者 是指希望从别人之处取得资源并愿意以某种有价值的物品作为交换的人。交换过程中，谁更积极主动的寻求交换，谁就是营销者。因此营销者可以是卖家，也可以是买家。在买方市场中，卖家通常为营销者。而在卖方市场中，买家则为营销者。

任务二 药品市场营销认知

>> 情境导入 ///

情境：××企业新研制出一款治疗感冒的中成药类非处方药，可显著缓解感冒患者咽痛、咳嗽等症状。为让更多顾客了解产品特色，提高药物治疗效果，企业派遣执业药师进驻零售药房门店，对感冒类顾客开展用药咨询与用药指导，提高药学服务质量，得到患者的一致认可。该产品上市一年后，即占据感冒类非处方药市场份额15%。2022年春季，在了解某地区部分患者无法及时购买到药品的情况，该企业一次性捐赠5000余万元该产品，保证了人民群众的生命安全。

思考：1. 药品的商品特性有哪些？

2. 该案例体现了药品市场营销的哪一特点？

一、药品

（一）药品的定义

1. 药品 是指用于预防、治疗、诊断人的疾病，有目的地调节人的生理功能并规定有适应证或者功能主治、用法和用量的物质，包括中药、化学药和生物制品等。

2. 药品的含义 药品的功能是用于预防、治疗、诊断疾病；药品的使用对象为人；药品需规定有适应证或功能主治、用法用量；中药材、化学原料药等物质作为药品进行管理。

（二）药品的特性

药品既具有质量特性，也具有商品特性。

1. 药品的质量特性 是指与药品预防、治疗、诊断疾病等功能有关的固有特性，包括有效性、安全性、稳定性、均一性。

（1）有效性 是指在规定的适应证和用法用量条件下，能满足预防、治疗、诊断人的疾病，有目的地调节人的生理功能的要求。某药品如果没有实际诊疗效果，缺乏有效性，不能成为药品。有效性的产生必须满足一定前提条件，即有一定的适应证、用法和用量。

（2）安全性 是指按规定的适应证和用法用量使用药品后，人体产生毒副反应的程度。药物的安全性是相对的。大多数药品均有不同程度的毒副反应，只有经过衡量，有效性大于毒副反应，或可以解除、缓解其毒副反应的情况下才能使用某种药品。某些药品在某些特定条件下可产生严重毒副反应（如四环素类药物可影响儿童骨骼发育），则不能使用。

（3）稳定性 是指在规定的条件下，保持其有效性和安全性的能力。规定的条件既包括规定的有效期，也包括生产、储存、运输、使用条件。某些物质如存在容易变质、不稳定、不便于运输与储存等情况，不能作为药品进入医药市场。

（4）均一性 是指药物制剂的每一单位产品都符合有效性、安全性的规定要求。药品的剂量与治疗效果存在密切关系，应保持药品均一性，确保患者用药安全有效。

2. 药品的商品特性 药品具有商品的一般属性，通常以货币交换的形式到达患者手中，但药品的使用对患者生命健康产生重要影响，因此药品是特殊商品，具有特殊的商品特性。

（1）生命关联性 与其他商品相比，药品的使用对患者的健康安全具有极为重要的影响。药品的销售与使用必须在专业技术人员指导下进行。

（2）质量可靠性 由于药品存在生命关联性，因此药品的质量直接影响患者的生命健康。药品没有等级划分，只有合格药品与不合格药品。为保证药品质量可靠性，作为商品的药品在生产、运输、储存养护过程中应严格执行相关标准。

（3）公共福利性 药品发挥预防、治疗、诊断疾病的功能，对人民健康产生巨大影响，因此药品存在公共福利性特点，药品的供应应满足患者的用药需求，应形成合理的药品差价比价关系，部分药品实行政府定价。

（4）专用性 药品规定有适应证和功能主治，不同疾病所使用的药品不同。在药品使用及营销过程中，应注意药品使用的专用性，由执业医师或执业药师指导患者根据具体患病情况合理使用药物。

二、药品市场营销

（一）药品市场

1. 药品市场的概念及分类 从市场营销学角度分析，药品市场是指对某种药品的现实需求和潜在需求的总和。药品市场可根据不同分类标准进行分类，详见表 1-1。

表 1-1　药品市场分类

序号	分类标准	药品市场分类
1	按购买目的	药品消费者市场、药品组织市场
2	按药品分类管理要求	处方药市场、非处方药市场
3	按顾客年龄	儿童药品市场、成人药品市场、老年药品市场
4	按营销范围	国内药品市场、国际药品市场
5	按药品治疗疾病类型	呼吸系统疾病治疗药物市场、消化系统疾病治疗药物市场、心血管系统疾病治疗药物市场等
6	按药品大类	化学药物市场、中药市场、生物药市场

2. 药品市场的特点　药品市场中的产品是药品及药品所提供的医疗服务等。由于药品具有特殊的商品特性，因此药品市场与普通市场也有所区别。

（1）**药品市场的特殊性**　药品对人民生命安全与健康产生重要影响，是特殊商品，因此药品市场与其他商品市场相比具有一定的特殊性，必须严格执行国家药品管理相关法律法规。

（2）**药品市场竞争的局限性**　由于药品的特殊性，决定了药品市场中同质药品的竞争主要以价格竞争为主。

（3）**药品市场需求的波动性**　药品的使用存在派生性特点，药品的需求是根据患者对疾病的治疗需求而出现的，因此存在某种疾病流行导致的对应药品需求激增情况。

（4）**药品消费结构的二元性**　处方药由执业医师为患者开具，必须凭医师处方购买。医师根据疾病的临床治疗需要选择药品，是药品消费的主要决策者。患者没有处方药的选择权。

非处方药不需要凭医师处方即可购买，但因大部分患者缺乏医学知识，需零售药店执业药师根据患者病情指导患者购买与使用，因此部分非处方药的选择权在门店执业药师。

（5）**药品市场需求缺乏弹性**　患者使用药物的主要目的是治疗疾病、促进健康恢复。疾病的发生会对患者生命健康产生影响，因此患者对药品的价格变动不敏感，购买药品时不容易受到药品价格的影响。药品价格的升高，一般不会引起药品市场消费需求的明显减少。用于治疗危重疾病的药品，价格弹性更小。

（6）**需求结构的多样化**　由于患者存在年龄、性别、民族、受教育程度、经济收入水平、用药习惯等不同因素影响，不同患者对同一类药品的需求存在多样化特点。药品市场营销人员应结合不同患者需求进行多样化产品组合。

（7）**营销人员的专业化**　药品市场的特殊性决定了药品的使用会对患者生命健康产生重要影响。作为药品营销人员，应遵守药品管理法律法规，根据专业知识为患者进行正确的药品推介与用药指导，保障人民群众用药安全，保护患者隐私。

（二）药品市场营销

1. 药品市场营销定义　药品市场营销指药品企业从满足药品市场需求的角度出发进行的市场经营活动，包括市场调研、市场细分、目标市场选择、新产品开发、产品组合与产品定位、价格策略、品牌策略、包装策略、促销宣传、渠道管理等多个环节。

随着制药技术的不断发展与机械化生产设备的更新，大部分药品品种处于市场供应充足的状况，患者可选药品类型较多，药品市场竞争较为激烈。因此药品企业应从满足患者需求的角度出发，开发符合患者需要的产品并进行药品市场营销活动，才能实现企业的生存与发展。

2. 药品市场营销特点　药品的使用与患者的健康安全息息相关，以药品为市场交换产品的药品市场营销与一般市场营销相比，有其独特特点。

（1）以满足患者需求为导向　市场构成三要素中最核心的是人口，构成药品消费者市场的人即为患者。药品是患者为实现治疗疾病等特殊需求而购买并使用的产品，存在派生性特点。作为市场营销者，药品企业应充分了解药品的适应证、治疗作用、不良反应等信息，以满足患者需求为导向进行产品开发。药品组织者市场的购买主体为药品零售企业与各级医疗机构，而不论药品零售企业还是各级医疗机构，服务的主体均为患者。因此药品市场营销活动应围绕患者的需求进行营销策略的制定与实施。

（2）以明确目标市场为中心进行营销活动　药品市场范围广、市场空间巨大、患者需求呈现多样性。任何一家药品企业都不能保证在所有药品市场中都实现有效的营销活动，满足所有患者的需求。因此药品企业一般会将药品市场依据不同细分标准分为若干子市场，再依据企业自身优势选择确定进入的子市场（即目标市场），并设计有针对性的营销策略，开发符合目标市场患者需求的产品，实现营销效果。如专门生产中成药的企业，专门销售儿科用药的企业等。

（3）注重整体营销策略的制定与实施　市场营销是整体性活动，涉及满足消费者需求的多个环节。药品市场营销应从满足患者需求角度出发，从多方面进行营销策略的制定，将各种营销活动进行有机整合，实现整体营销。在整体营销观念的指引下，药品企业可从患者需求调研、药品开发与设计、药品包装与商标设计、药品价格制定、药品销售促销方案制定与实施、药品分销渠道管理、药品仓储运输、公关关系维护等多个方面，制定相应策略。上述策略可归结为药品策略、定价策略、分销渠道策略和促销策略，每种策略中可使用不同手段提升营销效果。比如在药品策略中，根据疾病的治疗周期，将药品的规格进行合理设计；在定价策略中，通过尾数定价策略提高患者对价格的敏感性；在促销策略中，采用人员推销、学术推广等手段提高医生、患者对药品疗效的认可；在分销渠道策略中，制定线上线下多重分销渠道，提高分销渠道普及效果。随着公众对健康生活的愈加重视，药品企业还应通过不同途径树立企业良好形象，维护与公众的良好关系，实现关系营销。

（4）追求利益远景　药品企业的营销活动及药品质量对人民健康产生重要影响，因此药品企业不应追求一时的利润，而应通过合理的营销策略服务于社会，从而获得企业长久稳定的生存发展。企业应以追求利益远景为理念。

在药品生产、流通、储运过程中，药品企业应严格遵守并执行国家关于药品管理的各项规章制度，保证药品质量安全。药品企业应根据患者的不同治疗需求，生产或销售不同规格形式的药品。当部分药品处于市场需求较少但患者明确需要时，药品企业应保障药品的生产与供应。在药品市场营销活动过程中，企业的营销成功与利润获得应建立在满足患者需求的基础上。患者需求得到满足的程度越大，企业的获利才可能越多；患者需求被满足的程度越低，企业的利润也随之减少。药品作为治疗疾病、预防疾病的重要物质，可能存在不同程度的不良反应。作为市场营销者，药品企业应在产品说明书中明确使用药物后产生的不良反应，在针对患者进行药品推介与销售过程中，除介绍药物的治疗作用外，也应针对药物可能产生的不良反应进行用药指导，以保证患者用药安全。

任务三　市场营销观念演变

▶▶ 情境导入 ◀◀

情境： 来源于宋代《太平惠民和剂局方》中的藿香正气散，作为中医祛湿剂的名方，具有解表化湿、理气和中之功效，在外感风寒、内伤湿滞证的治疗中效果理想。但依据藿香正气散制备而成的中成药藿香正气水却因其辛辣的口感、较高的乙醇含量，导致很多患者对该药品敬而远之。某药品生产企业结合患者普遍反应该药品用药口感不佳、药品成分中含有乙醇等问题，利用脱醇、增溶、挥发油乳化等先进技术，研制出不含乙醇的藿香正气口服液，实现药物吸收更快、疗效更加显著、服药口感明显改善等目的。产品一经上市，就得到患者的普遍认可，销售额逐年递增。

思考：该药品营销效果的实现体现了哪种营销理念？

一、市场营销发展阶段

市场营销起源于 20 世纪初的美国，形成于 20 世纪 50 年代。在多年的发展过程中，很多营销专家都提出了多种经典概念与理论，面对复杂多变的市场环境，市场营销也在不断的发展完善之中。

（一）市场营销萌芽阶段（1900 年至 1920 年）

19 世纪以前，由于商品产量较低、供给相对不足，市场处于卖方市场阶段，企业的经营活动主要围绕"采用各种方法实现节约生产成本和增加产能"这一中心开展。19 世纪末到 20 世纪初，各资本主义国家完成了工业革命，机械化生产带来了产量的提升，新产品研发工作实现了产品类型的丰富多样，市场出现了供应大于需求的现象，竞争日趋激烈，各企业为提升产品销量，开始关注产品分销（distribution）工作。在这一时期，美国伊利诺伊等州的大学相继开设了如推销术、广告等课程。威斯康星大学的拉尔夫·斯达·巴特勒（Palfh Starr Butler）教授于 1910 年出版了《市场营销方法》，首次提出"市场营销"（marketing）这一学科名词。次年他又进行修订，并以《卖与买》（Selling and Buying）为名出版，两年后该书更名为《市场营销》。哈佛大学的赫杰特（James·E·Hagerty）在走访多家企业后，出版了第一本销售学教科书，这是市场营销学作为独立学科出现的重要里程碑。

在市场营销萌芽阶段，营销思想是以生产为中心的生产观念。此阶段的研究着重于推销术和广告术，研究活动基本上局限于大学课堂和教授理论研究，尚未出现关于现代市场营销的理论与概念。

（二）市场营销功能研究与应用阶段（1921 年至 1949 年）

第一次世界大战后的经济大萧条，迫使企业加大了产品的推销力度，美国国内很多企业开始大规模运用市场营销学来运营企业，打开海外市场，掀起了营销职能研究的热潮。爆发于 1929—1933 年的经济大危机导致资本主义产能严重过剩，企业急于寻求产品销售方法，市场营销学研究飞速发展，很多教授形成了许多新的理论。1932 年，弗莱德·克拉克（Fred. E. Clark）和韦尔达（L. D. H. Weld）出版了《美国农产品营销》，指出"市场营销的主要目的是使产品从种植者顺利地转移到使用者手里。这一过程包括集中、平衡、分配三个重要内容，也包括集中、储藏、财务、承担风险、标准化、推销和运输七种市场营销功能。"1942 年克拉克在《市场营销原理》中，将营销功能归结为三大类，一是交换功能，包括购买和销售；二是实体分配功能，包括运输和储存；三是辅助功能，包括金融、风险承担、市场情报沟通和标准化。

在这一阶段，市场营销研究组织也陆续出现。1926 年，美国成立了全国销售学和广告学教师协会。1931 年成立了美国市场营销学会。1937 年，美国全国销售学和广告学教师协会及美国市场营销学会合并成为美国市场营销协会（AMA），给市场营销学的研究提供了组织保证。

这一时期，市场营销学开始从大学讲台走向社会，被企业所重视并应用。但市场营销并没有脱离产品推销这一狭窄的概念，此时营销思想仍旧认为好的产品就会有好的市场，注重研究推销术与广告术，研究营销的功能是为了更好地实现推销。

（三）市场营销形成与巩固阶段（20 世纪 50 年代）

随着第二次世界大战的结束，美国军事工业大量转入民用工业，市场竞争主体大幅增加。科学技术革命带来的产量提升与产品种类丰富，也导致了市场从卖方市场转为买方市场。这一时期，西方资本主义采取的高工资、高福利、高消费等政策有力促进了消费者消费能力的提升。消费者开始对产品有更高要求，选择出现更多自主权。消费结构的改变引发了营销理论的重大变革与发展，现代市场营销体系开始逐渐形成。

美国经济学家奥德逊（W. Aderson）和科克斯（R. Cox）在《市场营销学原理》中提出"广义的市场营销学，是促进生产者与消费者进行潜在商品或劳务交易的任何活动。"市场是生产过程的起点，企业必须调查、分析和研究消费者的需求和欲望，据以提供适当的产品和劳务，通过满足消费者的需求和欲望来获得利润。这标志着市场营销的研究已经从生产领域转移到流通领域和消费领域。

此期间，尼尔·鲍顿提出了市场营销组合概念，温德尔·史密斯提出了市场细分概念，齐尔·迪安提出了产品生命周期概念，西德尼·莱维提出了品牌形象概念等。传统市场营销学已形成。

在这一阶段，市场营销学摆脱企业框架，进入社会视野，市场营销的关注焦点从产品转移到消费者身上，强调满足顾客的需求，营销新理论、新概念的不断提出丰富了市场营销体系。

（四）市场营销管理导向阶段（20 世纪 60 年代）

随着买方市场的全面形成，市场营销进入了管理导向阶段。这一时期不断提出的市场营销学相关概念与观点，使市场营销学体系更加成熟，也将市场营销学从经济学中分离出来成为独立学科。

1957 年，约翰·霍华德（John A. Howard）在《市场营销管理：分析和决策》中率先提出应从市场营销管理角度论述市场营销理论与应用，强调企业必须适应外部环境，指出"市场营销管理的本质就是企业面对政治、经济和社会环境等不可控因素，通过调查预测，创造性地应用产品、定价、广告、渠道等手段的组合来实现环境的最佳适应。"

1960 年，尤金·麦卡锡（Eugene. McCarthy）在《营销学基础》一书中首次明确提出 4P 营销组合理论，即产品（product）、价格（price）、渠道（place）和促销（promotion）组成的营销手段。

1967 年，美国营销学教授菲利普·科特勒（Philip. Kotler）在出版的《市场营销管理：分析、计划与控制》中全面整合与发展了现代市场营销管理理论，提出"营销管理是通过创造、建立和保持与目标市场之间的有益交换和联系，以实现组织的各种目标而进行的计划控制过程。"他进一步提出了营销管理的实质是需求管理，市场营销不仅适用于营利企业，同样也应用于非营利性组织。

在市场营销的管理导向阶段，学者们对营销管理内容进行了研究，强调市场营销过程是管理活动的过程，市场营销的应用领域更加广泛。

（五）市场营销发展成熟阶段（20 世纪 70 年代至 80 年代）

市场营销在原有理论基础上不断吸收经济学、数学、统计学、行为科学、管理科学、心理学、社会心理学、社会学等学科理论，发展更为迅猛，出现了战略营销、服务营销、内部营销、全球营销、关系营销、本土化营销等理论。而菲利普·科特勒于 1984 年提出的"大市场营销"概念，使营销理论研究上升到战略营销的新高度。他指出"企业为了成功地进入特定市场或在特定市场经营，应用经济的、心理的、政治的、公共关系的技能，赢得若干参与者的合作。"企业的市场营销战略除了 4Ps 之外还必须加上 2Ps，即政治力量和公共关系。

此阶段市场营销学研究的主要特点是：多学科交叉，相互关联；营销理论上升到企业战略层面；出现大量新概念，使市场营销学出现了分化的趋势。

（六）市场营销再发展时期（20 世纪 90 年代至今）

进入 20 世纪 90 年代，科学技术、知识经济、网络经济、信息经济等带来了消费者生活方式、消费结构的不断变化，市场营销也在随之发生改变，先后出现了网络营销、差异化营销、定制营销等新的营销理论与实践。

美国营销专家罗伯特·劳特朋（Rober F. Lauterborn）教授在 1990 年提出 4C 理论，以消费者需求为导向，设定了市场营销组合的四个基本要素，分别为顾客（consumer）、成本（cost）、便利（convenience）和沟通（communication）。他提出"消费者是企业一切经营活动的核心，企业重视顾客要甚于重视产品；营销价格因素应包括生产经营全过程的成本，即企业生产成本和消费者购物成本；企业提供给消费者的便利比营销渠道更重要；企业应重视与顾客的双向沟通，建立基于共同利益之上的新型企业、顾客关系。"

菲利普·科特勒在 1996 年提出的顾客让渡价值理论，指出"顾客让渡价值是顾客总价值与顾客总成本之间的差额。"在这一营销观念指导下，企业应致力于顾客服务和顾客满意。顾客并非只关注价格，真正看重的是"顾客让渡价值"。

21 世纪，艾略特·艾登伯格（Elliott. Ettenberg）提出 4R 营销理论，即关联（relativity）、反应（reaction）、关系（relation）和回报（retribution），以关系营销为核心，强调建立顾客忠诚。

进入 21 世纪，市场营销学将科学技术、社会文化、网络、想象力、创新意识等融入市场营销理论和实践研究之中，更加强调市场营销的环境、社会营销、企业责任、营销道德以及其他与人类社会进步发展相关的问题。

纵观市场营销的发展过程，从生产导向到满足消费者需求再到关系营销，不同发展阶段都有市场营销新理论的提出与更新，面对多变的市场环境，市场营销这一学科也在不断探索完善。

二、市场营销观念演变

市场营销观念是企业确定营销策略、开展营销活动的基本指导思想与经营理念，在企业营销活动中起主导和支配作用。在不同的市场环境下，企业的营销观念有所不同。

（一）传统营销观念

在 20 世纪初以前，由于产品供应不足、销售竞争压力较小，以卖方市场为主。此时企业的营销活动重点关注在企业自身，形成了传统营销观念，包括生产观念、产品观念、推销观念。

1. 生产观念　核心在于"企业的一切营销活动都以生产为中心"。由于这一阶段生产力水平低下、产品供不应求，企业认为消费者更偏爱那些随处可以买到、价格低廉的产品。企业应重点扩大生产规模、提高生产效率、降低生产成本。在生产观念的引导下，企业坚持"以产定销"，主要精力放在产品的生产上，一味追求生产产量的提升与生产成本的降低，没有考虑消费者需求的满足。当产品供需关系发生改变时，生产观念失去其优势，企业产品市场占有率降低。生产观念的典型代表是 20 年代福特汽车生产的 T 型车，只提供黑色汽车。

2. 产品观念　强调消费者更认可质量好的产品，只要质量好不愁消费者不要，"酒香不怕巷子深""皇帝女儿不愁嫁"。产品观念将提高产品质量作为企业营销活动的中心，期望通过提高产品质量来促进产品销售，其核心仍旧是以企业生产为中心，没有考虑消费者的实际需求。在产品观念指导下，企业没有注重研究影响营销的外部因素，导致"营销近视症"的出现。当市场中产品出现包装新颖、款式独特的产品时，企业的经营活动会受到严重影响，会出现产品质量好但滞销的现象。

3. 推销观念　推销观念认为"企业生产什么产品，就应该销售什么产品。产品是被销售出去的，而不是被顾客买走的。"在推销观念下，企业的营销活动以推销为中心，注重通过各种促销手段刺激顾客购买需求，提高企业利润。在产品产能过剩时期，企业常采用此观念。

（二）现代市场营销观念

随着科学技术的不断进步，产品类型与功能不断丰富多样。产品供应大于产品需求，出现以消费者为中心的买方市场，传统营销观念不能满足消费者需求，企业的营销观念也逐步发生转移，产生了现代营销观念。

1. 市场营销观念 产生于20世纪50年代。随着生产技术的发展，产能大幅提升，产品供应大于需求，市场转变为以买方为主导。企业此时开始转变观念，注重关心消费者的需求。市场营销观念的核心是"顾客需要什么，就生产什么"，强调营销的关键在于确定并满足市场消费者的需求。企业通过了解顾客需求，集中企业的资源与优势，满足顾客的需要，实现扩大产品销量、提升企业竞争力的目标。

市场营销观念是市场营销管理阶段发展成熟的标志，改变了传统营销观念中以产定销的思维方式，强调了"一切以消费者为中心"，也使得企业经营策略和经营方法产生巨大改变。

2. 社会营销观念 20世纪70年代，环境污染、能源短缺、人口爆炸等情况出现，消费者对社会利益的重视程度提高，部分学者提出了社会营销观念。社会营销观念的核心是"满足消费者需求并关注社会和公众的长期福利。"企业在营销过程中，以保护或提高消费者和社会公众福利的方式，比竞争对手更有效地向目标市场提供产品和服务，以满足目标市场消费者的需求。社会营销观念要求营销人员在制定企业营销策略时需考虑公司利益、消费者需要和社会利益的平衡，将社会的稳定发展与企业的营销活动紧密结合，是对市场营销观念的有效补充和修订。

知识链接

带量采购助力药品降价提质

带量采购，是指国家组织药品集中采购，通过招标竞价的方式，确定药品的中标价格与供应企业，签署明确约定采购量的采购合同。2018年11月，国家组织药品集中采购试点，试点范围包括北京、天津、上海等11个城市。截至2023年11月，已完成第九批国家组织药品集中带量采购工作与第四批国家组织医用耗材集中带量采购工作。药品平均降幅超50%，人工晶体类耗材平均降价60%，降低费用负担超过4000亿元。通过带量采购政策的施行，实现了四个效应：一是推动药品降价和仿制药替代，进一步降低药品价格；二是推动医药企业结构和产品结构升级，促进一致性评价工作；三是促进公立医院深化改革；四是医疗保障减负增效，扩大医疗保障范围。

3. 营销观念新发展类型 随着营销环境变化、消费者需求改变、科学技术发展等，出现了更多新的营销观念与营销方法。

（1）**整合营销观念** 是指营销过程中的任何一种营销策略都不是独立的，营销者应将所有对最终营销过程产生影响的策略与活动进行有机融合，使其成为一个整体。整合营销观念的核心是将企业内外部所有资源进行有机整合并充分协调安排，以实现企业整体营销目标。产品营销策略、价格营销策略、促销策略、品牌策略、渠道管理策略等都应融为一体，为企业的整体营销目标服务。

（2）**文化营销观念** 是指赋予企业、品牌、产品以特定的文化内涵，在进行营销活动时，将企业文化、品牌与产品内涵融入其中，促进营销效果。如某中药生产企业具有百年制药历史，在进行企业形象宣传时，宣传视频中加入百年老店的经典牌匾图像，强化消费者对企业专业能力的认可。

（3）**知识营销观念** 是指企业在营销过程中，不仅注重产品的宣传推广，更注重于向消费者与社会公众传播科普知识，提高公众对产品相关知识的了解程度，进而激发消费者对产品的认可与企业专业度的肯定。如某保健品企业在营销过程中，邀请专家进行健康讲座、开展健康知识竞赛、进行免费血糖检测等活动，上述活动虽未涉及对具体产品的促销介绍，但通过知识营销过程，消费者对产品和企业的认可度反而有所提升。

（4）绿色营销观念　是指营销过程应与保护环境有机结合。在向消费者提供符合其需求的产品或服务时，应注重使用环保产品，注重资源的节约，减少环境污染。通过绿色营销观念的实施，生态环境得到进一步保护，人类生活空间得到最大保护。如某些企业使用的简易包装，外包装制品使用可降解材料，减少包装材料对环境的污染。

（5）关系营销观念　是将企业置于社会大环境之中，认为企业的营销活动受到企业与企业内部员工、供应商、分销商、竞争对象、社会公众等关系的影响。关系营销观念的核心在于通过营销策略的制定与实施，建立与上述群体的良好关系，进而促进企业营销活动。某企业在注重开发满足患者需求的高性能产品时，更强调关注顾客使用的感受性，经常开展产品使用跟踪访问，了解顾客对产品的评价与意见，及时进行修订与完善，树立了企业金牌服务的独特优势。

（6）事件营销技巧　事件营销是指企业利用某些具有影响的事件，吸引媒体、社会团体和消费者的兴趣与关注，以提高企业或产品的知名度、美誉度，树立良好品牌形象，并最终促成产品或服务的销售的手段和方式。事件可以是具有新闻价值、社会影响以及名人效应的人物或事件。事件营销受众面广、突发性强，在短时间内能使信息达到最大、最优传播效果，已成为国内外流行的一种营销推广手段。

（7）情感营销策略　情感营销是指企业将消费者个人情感差异和需求作为营销战略的核心，通过情感包装、情感促销、情感口碑等策略，实现消费者与企业的情感共鸣，进而实现企业的营销目标。很多企业采用会员制度，针对在本企业购买量多的 VIP 客户，提供更为优质的服务，提高会员对企业和产品的认可，巩固会员忠诚度，即为典型的情感营销策略。

（三）新媒体营销

1. 新媒体的定义　新媒体是继报刊、广播、电视等传统媒体以后发展起来的新的媒体形态，是利用数字技术、网络技术、移动技术，通过互联网、无线通信网、有线网络等渠道以及计算机、手机、数字电视等终端，向用户提供信息和娱乐的传播形态和媒体形态。

2. 新媒体的特点　新媒体在传播方式、传播内容、传播速度等方面与传统媒体相比，具有独有特征。传统媒体主要用于信息输出，缺乏受众人群与媒体信息的互动沟通。而新媒体信息传播渠道多元化，受众可以自主地参与到传播系统中，每个人既是信息的接收方，更是信息的发布者。依托先进的网络技术手段，海量的新媒体信息可以以数字形式存储于新媒体平台，图片、文本、音频、视频等资源形式多样，实现了新媒体信息传播的趣味性。新媒体信息的传播速度非常快，体现出即时性特征。公众通过手机、电脑或者其他智能终端能够在短时间内快速了解其他地区发生的事件，发布信息和接收信息速度快，真正实现了无时间限制和无地域限制的信息传播。基于大数据和人工智能技术，新媒体可以做到面向更加细分的受众，为个人提供千人千面的媒体信息服务，实现了媒体信息传播的个性化。

3. 新媒体在市场营销中的应用　企业借助于新媒体独特的优势，利用新媒体技术实施营销活动，可实现更好的营销效果。

（1）网络营销成本低效率高　依托于国内网络信息技术的飞速发展，顾客不出家门，只需要点点手指就可以买到任何想买的产品。借助于购物网站、小程序等平台，企业可在虚拟商店展示商品，顾客自行进入虚拟商店下单支付后等待收货。企业无需支付人员促销成本、店铺租赁成本等，大大降低了企业的运营成本，提高了员工的工作效率。

（2）新媒体技术促进大数据时代的发展　新媒体技术下，顾客数据信息的收集更加高效、精准。企业通过大数据信息筛查，即可了解某类产品的网络搜索频次，明确顾客对产品功能、尺寸、颜色等方面的具体要求，这有助于企业以数据形态确定顾客需求并设计更加符合顾客需求的完美产品，以提高顾客对产品的认可，有的放矢。

（3）信息科技公司为企业提供优质的云计算、云平台等专业服务　随着计算机的普及应用，越来越多的企业使用电子数据来管理企业生产与经营过程中的相关资料。而专业从事云计算、云平台等服务功能的科技公司利用其专业技术，可为小微企业提供储存平台与管理体系，企业将用于管理、查询、交易、计算的相关资料储存在云平台，一方面降低了企业在 IT 资源上的投入，另一方面专业人员的服务也可以保证数据的安全，让企业更专注于产品的开发与营销策略的制定与实施。

（4）社交电商、私域运营等策略有助于万物互联　随着智能手机的普及、手机网络与互联网信息的高效融合、线上支付技术的完善、自媒体行业的飞速发展，新媒体技术更加广泛地渗入人类社会生活之中。中国已经成为全球最大的移动终端市场，在知名购物网站销售业绩之中，约七成支付方式来源于手机移动端支付。直播带货、短视频宣传、社交电商、私域运营等营销新形式正在不断更新扩大营销的范围，促进万物互联的实现。

随着信息技术的不断发展，网络信息管理制度也愈加规范严格。2017 年 6 月 1 日施行的《互联网新闻信息服务管理规定》对互联网新闻信息服务的许可、运行、监督检查、法律责任等方面作出了细致的规定。2020 年 4 月，国家互联网应急中心发布《2019 年我国互联网网络安全态势报告》，重点从拒绝服务攻击、高级持续威胁（APT）分析、安全漏洞、数据安全、移动互联网安全、互联网黑灰产、工业控制系统安全等 7 个方面总结了 2019 年我国互联网网络安全状况。未来随着新媒体技术的飞速发展与国家网络安全管理措施的出台与完善，新媒体技术在市场营销中的应用比例将愈加提升。

···· 目标检测

答案解析

一、单项选择题

1. 市场构成的最基本要素是（　　）

    A. 人口　　　　　　　B. 购买力　　　　　　C. 市场需求　　　　　　D. 购买欲望

2. 引导消费者将潜在需求转变为现实购买行为的重要条件是（　　）

    A. 人口　　　　　　　B. 购买力　　　　　　C. 购买欲望　　　　　　D. 市场需求

3. 下列不属于组织市场的是（　　）

    A. 生产者市场　　　　B. 转卖者市场　　　　C. 政府市场　　　　　　D. 消费者市场

4. 交换的基本组成单位是（　　）

    A. 交易　　　　　　　B. 购买　　　　　　　C. 欲望　　　　　　　　D. 以物易物

5. 顾客购买某产品（或服务）所实际获得的利益（　　）

    A. 顾客总价值　　　　B. 整体总成本　　　　C. 产品价值　　　　　　D. 顾客让渡价值

6. 顾客总价值与顾客总成本之间的差额，是（　　）

    A. 顾客整体价值　　　B. 整体顾客成本　　　C. 产品价值　　　　　　D. 顾客让渡价值

7. 下列不属于药品的是（　　）

    A. 化学药品　　　　　B. 生物制品　　　　　C. 化学试剂　　　　　　D. 中成药

8. 药品的质量特性不包括（　　）

    A. 有效性　　　　　　B. 专用性　　　　　　C. 安全性　　　　　　　D. 稳定性

9. 以消费者为中心的营销观念是（　）

    A. 传统营销观念   B. 社会营销观念   C. 整体营销观念   D. 市场营销观念

二、简答题

简述药品市场营销的定义与特点。

书网融合……

重点小结　　　　　　微课　　　　　　习题

学习目标

知识目标：通过本项目的学习，应能掌握营销环境的概念；熟悉宏观环境和微观环境的内容；了解营销环境的特点。

能力目标：能运用 SWOT 分析法对企业所处的环境进行分析。

素质目标：通过本项目的学习，树立依法经营的意识；培养守护人民用药安全的责任感和使命感。

任务一 药品市场营销环境概述

一、药品市场营销环境的概念

药品营销环境是指直接或间接影响制约医药企业市场营销活动的各种因素和社会力量的总和。这个环境可以进一步细分为医药营销微观环境和医药营销宏观环境。

二、药品市场营销环境的特点

（一）客观性

医药市场营销环境的客观性意味着企业无法控制或改变市场环境的基本条件。这些环境因素包括法律法规、经济状况、社会文化、技术进步、竞争态势等。企业必须接受这些客观存在的条件，并在此基础上制定营销策略。例如，如果政府出台了新的医疗补贴政策，企业需要认识到这一变化，并调整产品定价和市场推广策略以适应新的市场环境。

（二）复杂性

医药市场营销环境的复杂性源于多种因素的交织和相互作用。这些因素可能包括消费者需求的变化、医疗保健体系的演变、科技进步、全球化趋势、竞争格局的变化等。企业在制定营销策略时，需要考虑这些因素的多样性和差异性，以及它们对医药企业营销活动的直接和间接影响。例如，一项新药的研发可能受到专利政策、临床试验要求、药品监管机构的审批速度等多种因素的影响。

（三）相关性

医药市场营销环境中的各个影响因素之间存在相互依存和相互制约的关系。一个因素的变化可能会引起其他因素的连锁反应。例如，药品价格的变动不仅受到市场供求关系的影响，还可能受到国家价格政策、医药卫生体制改革、科技进步和社会文化观念的影响。企业在分析市场环境时，需要综合考虑这些相关因素，以预测市场变化并制定有效的营销策略。

（四）动态性

医药市场营销环境是医药企业营销活动的基础和条件，但这并不意味着营销环境是不变的，静止的。相反，它始终处于不断变化过程中，这些变化也许是渐进的，也许是突发的。这些变化包括消费者偏好的演变、技术进步、竞争格局的变动、法律法规的更新、经济环境的波动等。例如，随着健康意识的提高，消费者可能更倾向于选择天然成分的药品或保健品，这就要求企业及时调整产品线和营销策略，以满足市场的最新需求。

（五）相对不可控性

医药市场营销环境中的宏观环境因素，如政治稳定性、经济状况、社会文化、法律政策等，通常是企业难以直接控制的。这些因素可能对企业的营销活动产生重大影响，如药品价格的监管、医疗保险政策的变动等。然而，企业可以通过微观环境的控制，如产品开发、品牌建设、渠道管理等，来创造有利的营销条件。例如，通过加强与分销商的合作，优化供应链管理，来提高产品的市场可得性和降低成本。

知识链接

仿制药一致性评价

2015年，中国政府开始推动仿制药质量和疗效一致性评价工作。仿制药一致性评价对医药企业的影响是深远和多方面的，以下是一些主要的影响点。

1. 提高产品质量 仿制药一致性评价要求企业在质量和疗效上达到与原研药一致的水平，这促使企业提升生产标准，采用更高质量的原材料，改进生产工艺，以确保产品的安全性和有效性。

2. 增加研发投入 为了通过一致性评价，企业需要增加研发投入，进行更多的临床试验和生物等效性研究，以确保产品的疗效与原研药相当。

3. 市场竞争加剧 一致性评价可能导致市场上只有少数几家企业的产品能够满足标准，这可能会加剧市场竞争，对于那些无法通过评价的企业来说，可能会面临市场份额的丧失。

三、药品营销环境的分类

根据医药企业的营销活动受制于营销环境的紧密程度，它可分为宏观环境和微观环境。

（一）医药市场营销宏观环境

这是指那些间接影响医药企业营销活动的更广泛的因素，包括人口环境、政治法律环境、经济环境、社会文化环境、自然地理环境和科学技术环境等要素。例如，经济发展水平、政府政策、国家产业政策和有关法律都是宏观环境中的重要组成部分。此外，新环境下的临床销售、药店销售和第三终端销售也受到这些宏观因素的影响。

（二）医药市场营销微观环境

这是指那些直接影响医药企业营销活动的各种因素，如供应商、经销商、营销服务机构、金融机构等。例如，药品经销商、货物储运商和营销服务机构都是微观环境中的关键组成部分。

任务二 药品营销宏观环境分析

情境导入

情境：2019年8月26日，十三届全国人大常委会第十二次会议表决通过了新修订的《药品管理法》，新法于2019年12月1日开始执行。新修订的《药品管理法》与2015版的《药品管理法》相比有以下的变动：①打破了禁止网络销售处方药的规定，明确除疫苗、血液制品、麻醉药品、精神药品、医疗用毒性药品、放射性药品、药品类易制毒化学品等国家实行特殊管理的药品外，其他药品可以通过网络销售。②对于未经批准进口少量境外已合法上市的药品，不再按假药论处，但仍需经过严格审批程序。③对于医疗机构因临床急需进口少量境外已合法上市的药品，如果该药品在临床急需的情况下，可以免于取得进口药品注册证书。④明确了药品上市许可持有人的义务和责任，包括对药品的安全性、有效性和质量控制负责。⑤加强了对药品广告的监管，禁止发布虚假、夸大、误导性的药品广告。⑥对于生产、销售假药的行为，除了追究刑事责任外，还规定了行政处罚措施。

思考：根据新修订的《药品管理法》，哪些情形属于假药？

一、人口环境分析

人口是构成市场的第一要素。人口的多少直接决定市场的潜在容量，人口越多，潜在市场规模就越大。人口的年龄结构、地理分布、婚姻状况、出生率、死亡率、人口密度、人口流动性及其文化教育等人口特征，会对市场格局产生深刻的影响，并直接影响企业的市场营销活动。医药企业必须重视对人口环境的研究，密切注视人口特征及其发展动向，不失时机抓住市场机会，当出现威胁时，应及时果断调整营销策略以适应环境的变化，避免威胁带来的损失。

（一）人口规模与增长率对企业营销活动的影响

人口规模是指一个国家或地区人口数量的多少，人口增长率是指一个国家或地区人口出生率与死亡率的差，它反映了一个国家或地区人口增长速度的快慢。一个国家或地区的人口规模和增长率能够反映这个国家或地区市场规模的大小以及发展潜力。人口增长率对企业营销有着重要的影响，主要体现在以下几个方面。

1. 市场规模　人口增长率可以影响市场的规模。如果一个国家或地区的人口增长率较高，那么这个市场的潜在消费者数量就会增加，这对企业来说是一个机会。企业可以通过扩大生产、提供更多的产品和服务来满足增长的需求。

2. 消费模式　人口增长率的变化可能会改变消费者的消费模式。例如，随着年轻人口的增加，他们可能更倾向于购买新的、时尚的产品和服务。因此，企业需要调整他们的营销策略，以吸引这些新的消费者。

3. 竞争环境　人口增长率的变化可能会改变企业的竞争环境。如果一个行业的消费者数量在增加，那么这个行业的竞争可能会加剧。企业需要通过提供更好的产品和服务，或者通过更有效的营销策略来获得竞争优势。

4. 投资决策　人口增长率的变化可能会影响企业的投资决策。例如，如果一个地区的人口在减少，那么企业可能会选择减少在这个地区的投资，因为潜在的消费者数量在减少。

5. 社会政策　人口增长率的变化可能会影响政府的社会政策，这反过来又会影响企业的营销策略。例如，如果政府为了应对人口老龄化问题，推出了鼓励生育的政策，那么企业可能需要调整他们的产品和营销策略，以吸引年轻的家庭。

▪ **知识链接**

第七次全国人口普查

第七次全国人口普查（简称"七人普"）于2020年11月1日零时正式启动，并以2020年为标准时间点。这次普查的主要目的是全面查清我国人口数量、结构、分布等方面的情况，进一步掌握人口变化的趋势性特征。通过这次普查，可以更好地了解我国的人口状况，为完善人口发展战略和政策体系提供重要依据，进而制定更为精准的经济社会发展规划。

"七人普"结果显示，全国人口总量为 141178 万人，与"六人普"的 133972 万相比，增加了 7206 万。其中，0～14 岁人口为 25338 万，占 17.95%；15～59 岁人口为 89438 万，占 63.35%；60 岁以上人口为 26402 万，占 18.7%。

根据普查结果，我国人口平均预期寿命达到了 78.6 岁，这是一个值得关注的数据，它反映了我国人民生活水平的提高和医疗卫生条件的改善。

（二）人口结构对企业营销活动的影响

人口结构主要包括人口的年龄结构、性别结构、城乡结构等。

1. 年龄结构 不同年龄的消费者对商品的需求不一样。第七次全国人口普查结果显示，中国人口年龄结构的显著特点是已经进入典型的老龄化社会。国际上通常标准是，当一个国家或地区 60 岁以上老年人口占人口总数的 10%，或 65 岁以上老年人口占人口总数的 7%，即意味着这个国家或地区的人口处于老龄化社会。中国全面二孩政策实施到 21 世纪中叶可以使老龄化水平降低 1.5 个百分点，对于人口老龄化水平的短期和中期影响不明显，而远期下降作用比较显著。对人口年龄结构有一定修复作用。

随着老龄化问题出现，延长生命和抑制疾病已经成为人类共同面对的课题，医药企业迎来了机遇，药品、保健品、营养品等市场潜力巨大。患高脂血症、糖尿病、高血压、冠心病等老年慢性病的人口数量将会上升，所以降血脂药（如他汀类）、抗胃溃疡和十二指肠溃疡药以及精神疾病（如抑郁症等）治疗药将会占据世界畅销药物排名榜的主导地位。

2. 性别结构 男性和女性由于生理、心理、社会和文化等多方面的原因在药品需求方面存在着差异，这种差异主要体现在以下几个方面。

（1）生理差异 男性和女性的生理结构和功能存在显著差异，这可能导致他们在疾病类型和发病率上有所不同。例如，女性更容易患上自身免疫性疾病，而男性则更容易患上心血管疾病。因此，他们可能需要不同类型的药物来治疗这些疾病。

（2）荷尔蒙差异 男性和女性的荷尔蒙水平不同，这可能影响他们对某些药物的反应。例如，雌激素对女性心血管系统具有保护作用，而雄激素对男性心血管系统具有保护作用。因此，在治疗心血管疾病时，医生可能会根据患者的性别来调整药物剂量或选择不同的药物。

（3）心理差异 男性和女性在心理特点和应对压力的方式上存在差异，这可能影响他们对药物的需求。例如，女性可能更倾向于寻求心理治疗和药物治疗相结合的方法来应对压力，而男性可能更倾向于依赖药物治疗。

（4）社会和文化差异 男性和女性在社会地位、角色和期望方面存在差异，这可能影响他们对药物的需求。例如，在某些文化中，女性可能被期望承担更多的家庭和照顾孩子的责任，这可能导致她们在应对压力和疲劳时更依赖于药物。此外，社会对男性和女性在健康问题上的关注程度也可能影响他们对药物的需求。

（5）用药习惯和依从性 研究表明，男性和女性在用药习惯和依从性方面存在差异。例如，女性可能更关注药物的副作用和安全性，而男性可能更关注药物的效果。此外，女性可能更容易遵循医生的建议，而男性可能更容易自行调整药物剂量或停药。

（6）药物代谢差异 男性和女性在药物代谢方面存在差异，这可能影响他们对药物的需求。例如，女性往往比男性更容易出现药物代谢酶的变异，这可能导致她们对某些药物的反应不同。

3. 城乡结构 城市和农村在用药需求上存在一些差异，主要体现在以下几个方面。

（1）疾病类型差异 由于生活环境、饮食习惯和生活方式的不同，城市和农村居民的疾病类型存在一定差异。城市居民更容易患上与生活压力、环境污染等相关的疾病，如高血压、糖尿病、心脏病等；而农村居民则更容易患上与劳动强度、环境卫生等相关的疾病，如关节炎、腰腿痛、皮肤病等。因此，城市和农村在用药需求上会有所不同。

（2）药品种类差异　由于疾病类型的差异，城市和农村在用药种类上也存在一定的差异。城市居民可能需要更多针对心脑血管疾病、内分泌疾病等方面的药物；而农村居民则需要更多针对骨关节疾病、皮肤病等方面的药物。

（3）药品价格差异　由于经济条件的差异，城市和农村在药品价格上也存在一定差异。城市居民通常有较高的消费能力，可以承受较高价格的药品；而农村居民的消费能力相对较低，可能更倾向于选择价格较低的药品。因此，在药品供应上，需要考虑到城市和农村居民的经济条件，提供不同价位的药品供其选择。

（4）药品获取途径差异　城市居民通常可以通过药店、医院等正规渠道购买药品，而农村居民可能更多地依赖于乡村医生提供的药品。这可能导致农村居民在用药安全方面存在一定的风险。因此，需要加强对农村药品市场的监管，确保农村居民用药安全。

（5）健康教育差异　城市和农村在健康教育方面也存在一定差异。城市居民通常有更多的健康知识来源，如医疗机构、网络等；而农村居民的健康知识来源相对较少。这可能导致农村居民在用药方面存在一定的盲目性。因此，需要加强农村健康教育工作，提高农村居民的健康素养，引导其合理用药。

二、经济环境分析

（一）直接影响营销活动的经济环境因素

1. 消费者收入　是指消费者个人从各种来源中所得的全部货币收入，包括消费者个人的工资、退休金、红利、租金、赠予等收入。消费者的购买力来自消费者的收入，但消费者并不是把全部收入都用来购买商品或劳务，购买力只是收入的一部分。消费者收入包括可支配收入与可任意支配收入。

（1）个人可支配收入　是在个人收入中扣除税款和非税性负担（各类保险）后所剩的余额，是个人收入中可以用于消费支出或储蓄的部分，构成实际的购买力。

（2）个人可任意支配收入　是在个人可支配收入中减去用于维持个人与家庭生存不可缺少的费用（如房租、水电、食物、衣着等项开支）后的剩余部分。这部分收入是消费需求变化中最活跃的因素，也是企业开展营销活动时所要考虑的主要对象。因为这部分收入主要用于满足人们基本生活需要之开支，一般用于购买高档耐用消费品、旅游、储蓄等，是影响非生活必需品和服务销售的主要因素。

2. 消费者支出和消费结构　随着消费者收入的变化，消费者支出模式会发生相应的变化，进而影响到消费结构，经济学家常用恩格尔系数来反映这种变化。恩格尔系数是衡量一个国家、地区、城市、家庭生活水平高低的重要参数。食物开支占总消费量的比重越大，恩格尔系数越高，生活水平越低；反之，食物开支所占比重越小，恩格尔系数越小，生活水平越高。

消费结构指消费过程中人们所消耗的各种消费品及服务的构成，即各种消费支出占总支出的比例关系。优化的消费结构是优化产业结构和产品结构的客观依据，也是企业开展营销活动的基本立足点。中国目前经济发展水平与发达国家相比还有一定差距，随着经济的进一步发展，以及国家在住房、医疗等制度方面改革的深入，人们的消费模式和消费结构都会发生明显的变化。企业要重视这些变化，尤其应掌握拟进入的目标市场中支出模式和消费结构的情况，输送适销对路的产品和劳务，以满足消费者不断变化的需求。

3. 消费者储蓄和信贷　消费者的购买力还要受储蓄的直接影响。当收入一定时，储蓄越多，现实的消费量就越小，而潜在消费量愈大；反之，储蓄越少，现实消费量就越大，而潜在消费量愈小。另外，储蓄目的不同，也会影响到潜在需求量、消费模式、消费内容、消费发展方向的不同。这就要求企业营销人员在调查、了解储蓄动机与目的的基础上，制定不同的营销策略，为消费者提供有效的产品和服务。

消费者信贷对购买力的影响也很大，允许购买超过消费者现实购买力的商品。消费者信贷，指消费者凭信用先取得商品使用权，然后按期归还贷款，以购买商品。消费者信贷主要有短期赊销、购买住宅分期付款、购买昂贵消费品分期付款、信用卡信贷、互联网消费信贷等几类。中国经济发展不断增速，消费信贷范围逐步扩大，从住房、汽车等昂贵产品分期付款，到以信用卡、花呗、京东白条等日常型消费信贷，到现在的移动端消费逐渐成为主流模式，消费信贷模式也在不断进步升级，创造并满足了人们更多的消费需求。

（二）间接影响营销活动的经济环境因素

1. 社会经济发展水平　企业的市场营销活动还要受到整个国家或地区的经济发展水平的制约。经济发展阶段不同，居民的收入不同，顾客对产品的需求也不一样，从而会在一定程度上影响企业的营销。如在经济发展水平比较高的地区，消费者更注重产品的款式、性能及特色，品质竞争多于价格竞争。而在经济发展水平比较低的地区，消费者往往更注重产品的功能及实用性，价格因素显得比产品品质更为重要。因此，对于不同经济发展水平的地区，企业应采取不同的市场营销策略。

2. 地区与行业发展状况　中国地区经济发展很不平衡，逐步形成了东部、中部、西部三大地带和东高西低的发展格局。这种地区经济发展的不平衡，对企业的投资方向、目标市场以及营销战略的制订等都会带来巨大影响。比如，如果西部建立医药企业可能劳动力成本比较低，但将产品推向东部储运等费用增高。同时行业和部门发展由于政府支持程度等不同也有所不同。

3. 城市化程度　是指城市人口占全国总人口的百分比，它是一个国家或地区经济活动的重要特征之一。城市化是影响营销的环境因素之一，城乡居民之间存在着某种程度的经济和文化上的差别，进而导致不同的消费行为。城市居民一般受教育较多，思想较开放，容易接受新生事物，而农村农民的消费观念较为保守，故而一些新产品、新技术往往首先被城市所接受。医药企业在开展营销活动时，要充分注意消费行为的城乡差别，相应地调整营销策略。

三、政治法律环境分析

政治和法律环境是指在特定社会中影响和限制各个组织与个人的制度政策、法律法规、政府机构及公众团体等。政治和法律相互联系，共同对医药企业的市场营销活动产生影响。

（一）政治环境

政治环境指企业市场营销活动的外部政治形势和状况以及国家方针政策的变化对市场营销活动带来的或可能带来的影响。

1. 政治、经济体制　对医药企业营销存在影响，比如在经济体制改革之前中国的医药企业可以说是政府的附属物，没有多大的自主权，而在市场经济体制确立后才真正成为独立的市场主体，自主经营、自负盈亏。

2. 政府方针政策　各个国家在不同时期，根据需要制定经济发展的方针政策，这些方针、政策不仅要影响本国企业的营销活动，还要影响外国企业在本国市场的营销活动。例如，降低存款利率，营改增的税收政策，全面"二孩""三孩"的生育政策等。

医药行业直接与人们的生命健康相联系，是一种特殊的行业，所以政府对其进行的宏观指导和监管则更多、更严格。比如，2019 年修订的《中华人民共和国药品管理法》实施后，明确提出要强化动态监管，药品监督管理部门随时对《药品生产质量管理规范》（GMP）和《药品经营质量管理规范》（GSP）等执行情况进行检查，对医药企业生产经营质量的监管更加严格。

3. 政治局势 是指医药企业营销所处国家或地区的政治稳定状况。一个国家的政局稳定与否会给企业营销活动带来重大的影响。如果政局稳定，人民安居乐业，就会给企业营造良好的营销环境。相反，政局不稳，社会矛盾尖锐，秩序混乱，这不仅会影响经济发展和人民的购买力，而且对企业的营销也有重大影响。

在国际贸易中，不同的国家也会通过一些相应的政策来干预外国企业在本国的营销活动。如进口限制、税收政策、价格管制、外汇管制、国有化政策等。面对政治环境，医药企业采用的策略如下。

（1）预见政府可能的行动，提早做出反应；主动争取政府的优惠条件。

（2）根据国家政策导向调整企业的经营战略；把握政策带来的发展机遇谋求政府和企业的共同发展。

（3）分析现行政策，把握有利时机，拓展市场，回避不利因素，减少损失。

（二）法律环境

企业的法律环境是指对企业经营活动具有现实或潜在影响的法律和法规等。法律环境包括国家制定的法律法规和法令等，这些因素既对企业经营活动具有限制性规定，又为保护企业合法权益、消费者利益、促进公平竞争、维持良好的企业运营环境提供有力的保障。企业作为经济社会中的"法人"，处于由各式各样的法律法规和条例构成的法规体系环境中，并受到法律的制约和保障。企业只有用好法律，才能保障自身的发展。

医药企业的法律意识，最终都会转化为一定的法律行为，并产生结果。因此，每个医药企业都必须面对法律环境，特别是医药企业的法人代表要有法治意识，运用法律依法治理企业。法律对医药企业的保护和制约不是孤立存在的，而是相辅相成的，一方面企业要遵纪守法树立良好的企业形象，另一方面也要积极地促进法律体系的建设和完善。

四、社会文化环境分析

社会文化环境是指一个国家或地区的社会性质、教育水平、价值观念、伦理道德、风俗习惯、审美观和宗教信仰等的总和。医药企业的运营和发展不仅要关注自身的价值观和企业文化，还需要深入理解消费者的风俗习惯、宗教信仰和价值观，这些因素对消费者的购买行为有着直接的影响。

（一）消费者风俗习惯

医药企业在市场营销和产品设计时，需要考虑到不同地区和文化背景下消费者的风俗习惯。这些习惯可能会影响消费者对药品的选择和使用方式。例如，一些地区可能有特定的自我诊疗习惯，或者对某些药物成分有特别的偏好或忌讳。

（二）消费者宗教信仰

宗教信仰对消费者的行为有着深远的影响，尤其是在医疗健康领域。虔诚的宗教徒可能会根据宗教教义来选择药品，或者在治疗过程中遵循特定的宗教仪式。因此，医药企业在市场推广时，应尊重并适应消费者的宗教信仰，避免冲突。

（三）消费者价值观

价值观是影响消费者购买决策的重要因素之一。不同的价值观会导致消费者在面对健康问题时有不同的处理方式和产品选择。如一些消费者可能更重视自然疗法，而另一些则可能更倾向于现代医药产品。

（四）消费者购买行为类型

医药消费者的购买行为可以分为习惯性、经济型、理智型等不同类型。习惯性消费行为可能与个人的历史经验和文化背景有关，而经济型和理智型购买则可能更多地受到价格、效果和品牌信誉等因素的影响。

综上所述，医药企业在制定市场策略和产品开发时，需要综合考虑消费者的风俗习惯、宗教信仰和价值观，以及不同的购买行为类型，以便更好地满足市场需求，提供符合消费者期望的产品和服务。同时，企业还应关注社会物质条件和历史传统对消费者行为的影响，这些都是企业在进行市场分析和营销时不可忽视的重要因素。

五、自然环境分析

自然环境是由水土、地域、气候等自然事物所形成的环境。我国土地辽阔，地形错综复杂，气候条件多种多样。不同地区的地形、土壤、气候等条件，形成了不同的道地药材。如河北、山东、山西以及内蒙中部，主产党参、酸枣仁、柴胡、板蓝根和金银花，而在青藏高原地区，则主产冬虫夏草、雪莲花、炉贝母和麝香。独特的环境下，物种形成了自己的品质与生长、繁衍习性，而一旦环境改变，无论是人为变化还是自然本身的发展，必然迫使该物种作出适应性调整；如果该物种无法适应，最终必将遭受灭绝的厄运。

（一）资源依赖性

医药企业需要依赖自然资源，如植物提取物、矿物质等，这些资源的可持续性和质量直接影响药品的生产和质量。也需要关注资源的采集、加工和利用过程中的环境保护和可持续性，以确保资源的长期供应和生态平衡。

（二）环境影响

医药企业的生产活动可能会对环境造成影响，包括废水、废气的排放，以及固体废料的处理等。企业需要遵守相关的环保法规，采取有效措施减少对环境的负面影响，如通过清洁生产、节能减排等技术和管理手段。

（三）气候变化适应性

气候变化可能会影响医药企业的原材料供应、生产成本和市场需求。企业需要评估气候变化对业务的影响，并制定相应的适应策略。包括改进供应链管理、提高生产线的适应性、加强产品的研发以应对气候变化带来的挑战。

（四）生态保护与修复

在医药企业的生产和研发活动中，需要重视生态保护，尤其是在生物多样性丰富的地区开展活动时。企业应当参与或支持生态保护和修复项目，以补偿生产活动对生态环境的影响。

（五）社会责任与可持续发展

医药企业在自然环境中的行为不仅关系到企业自身的可持续发展，还关系到社会的健康和福祉。企业需要承担社会责任，通过实施环境管理体系、开展环保教育和培训等措施，提升企业的环保意识和行动。

（六）环境风险管理

医药企业面临的环境风险包括自然灾害、环境污染事件等，这些风险可能会对企业的生产和声誉造成重大影响。企业需要建立环境风险管理体系，进行风险评估、制定应急预案，以减轻环境风险带来的影响。

通过上述分析，可以看出医药企业在自然环境中的发展机遇与挑战。在未来的发展中，医药企业需要不断适应自然环境的变化，加强环境保护和可持续发展，提高资源利用效率，以及加强环境风险管理和应对能力，以保持和提升在激烈的市场竞争中的核心竞争力。

六、科技环境分析

（一）科技创新的现状与趋势

医药行业作为技术密集型行业，科技创新是其发展的核心动力。当前，全球医药科技创新正朝着个性化医疗、精准医疗、生物技术药物等方向发展。我国在医药科技领域正逐步加大研发投入，鼓励创新药物的研发，以及新技术的应用，特别是在基因编辑、细胞治疗等前沿技术领域。

（二）科技政策与法规

科技政策对于医药企业的研究方向、研发投入及成果转化具有指导性作用。如我国推动的"创新驱动"战略，为医药科技创新提供了良好的政策环境。法规方面，包括药品注册管理、知识产权保护、临床试验规范等，对医药企业的科技活动进行规范和保障。

（三）科技成果转化

科技成果转化是医药企业科技创新链的重要环节。目前，我国正通过建立科技成果转化激励机制，提高科技成果的产业化水平。企业在科技成果转化过程中，面临着信息不对称、技术对接难度大等问题，需要通过产学研合作等方式加以解决。

（四）科技服务平台

科技服务平台对于医药企业科技创新具有支撑作用。当前，我国科技服务平台建设正逐步完善，提供从研发到市场推广的全链条服务。包括科技信息交流、技术咨询、技术孵化等服务平台，都在为医药企业提供着重要的支持。

（五）国际合作与竞争

在全球医药科技领域，国际合作日益紧密，同时竞争也日趋激烈。我国医药企业需要加强与国际先进科技资源的对接，提升国际竞争力。面对国际市场的挑战，企业需要持续加大研发投入，提高产品质量，以及加强知识产权保护。

（六）科技人才培养与引进

科技人才是医药科技创新的关键。我国正通过优化人才培养体系、加大人才引进力度等措施，为医药企业提供人才支持。企业应当建立与高校、研究机构的合作机制，通过联合培养、人才交流等方式，提升科技人才的综合素质。

通过上述分析，可以看出医药企业在科技环境中的发展机遇与挑战。在未来的发展中，医药企业需要不断适应科技环境的变化，加强科技创新，提高科技成果转化的效率，以及培养和吸引高水平的科技人才，以保持和提升在激烈的市场竞争中的核心竞争力。

知识链接

人工智能在医药领域的应用

1. 药物研发 人工智能通过分析大量化学、生物和临床数据，辅助科学家发现新的药物分子、靶点和生物标志物。预测药物的副作用、药动学和药效学特性，降低药物研发风险和成本。

2. 诊断辅助　人工智能通过分析医学影像、病理切片、基因组数据等，辅助医生诊断疾病。如深度学习算法可以识别肿瘤组织的特征，帮助病理医生准确地判断肿瘤类型和分级。

3. 药物剂量个体化　人工智能根据患者的基因型、年龄、性别、体重等因素，为患者推荐最佳剂量，提高疗效，减少不良反应和浪费。

4. 虚拟助手和聊天机器人　人工智能通过语音识别和自然语言处理技术，为患者提供医疗咨询、预约挂号、用药提醒等服务。提高医疗服务的可及性和便利性。

任务三　药品营销微观环境分析

药品市场营销微观环境指直接影响企业营销活动的因素和条件，包括企业内部、顾客、供货商、中间商、竞争对手、公众。

一、企业内部环境分析

企业内部营销环境是指企业内部的各种因素和条件，这些因素和条件对企业的营销活动产生影响。这些因素包括企业的组织结构、企业文化、员工素质、技术水平、财务状况和研发能力等。企业内部营销环境是企业进行市场营销的基础，对企业的市场营销活动具有重要的影响。

（一）组织结构

企业的组织结构决定了企业的决策流程和信息传递方式，对市场营销活动的实施产生重要影响。一个灵活、高效的组织结构有利于企业快速响应市场变化，提高市场营销活动的效果。

（二）企业文化

企业文化是企业内部共享的价值观、信仰和行为规范，对企业员工的行为和态度产生重要影响。一个积极向上、创新进取的企业文化有利于激发员工的创造力和工作热情，提高市场营销活动的效果。

（三）员工素质

企业员工的素质直接影响市场营销活动的实施效果。高素质的员工具有较强的市场分析能力、沟通能力和执行能力，有利于提高市场营销活动的效果。

（四）技术水平

企业的技术水平决定了企业在市场竞争中的优势地位。一个技术先进的企业能够生产出更具竞争力的产品，提高市场营销活动的效果。

（五）财务状况

企业的财务状况决定了企业在市场营销活动中的投入能力。一个财务状况良好的企业能够投入更多的资源进行市场营销活动，提高市场营销活动的效果。

总之，企业内部营销环境是企业进行市场营销的基础，对企业的市场营销活动具有重要的影响。企业应充分了解和分析自身的内部营销环境，制定合适的市场营销策略，以提高市场营销活动的效果。

二、消费者环境分析

消费者是医药企业最重要的微观环境。他们不仅是企业服务的对象，也是企业的目标市场。任何产品和服务，得到了消费者的认可也就得到了市场。医药企业所面对的消费者群体具有其独特性，因为医药产品和服务与人的生命健康直接相关联。以下是医药消费者的一些特点。

（一）普遍性和必需性

由于医药产品涉及健康和治疗，理论上每个人都可能成为医药产品的消费者，这使得医药市场拥有巨大的潜在用户基数。

（二）动态发展性

随着经济的发展和卫生保障体系的完善，人们对医药保健的消费比重逐年提高，对医药产品质量和精细化程度的要求也越来越高。

（三）特殊性和专业性

医药产品作为特殊商品，消费者在购买时往往需要专业的指导和咨询，因此，医药企业的服务通常要结合专业知识来满足消费者的需求。

（四）对安全性和有效性的关注

消费者在选择医药产品时会非常关注其安全和有效性，医药企业必须确保其产品能够达到规定的医疗标准，并有效地传达这些信息给消费者。

（五）情感连接

除了产品的基本功效外，消费者与医药品牌之间的情感连接也是影响消费决策的重要因素。良好的品牌形象和温馨的广告语可以增强消费者的信任感和忠诚度。

（六）受电子商务的影响

互联网的发展使得医药电商成为行业新的增长点，越来越多的医药企业通过在线渠道向消费者提供服务，这包括 B2B、B2C、O2O 等多种商业模式。

（七）个性化和定制化

随着科技的进步，医药消费者越来越倾向于寻求个性化和定制化的服务，例如基于遗传信息的精准医疗和个性化药物。

（八）便利性和即时性

现代生活节奏加快，消费者对于购药的便利性和即时性有更高的要求，例如在线咨询、快速配送等服务。

（九）经济因素的考量

药品价格和医疗保险覆盖范围直接影响消费者的购买力和消费选择。

（十）受政策和法规的影响

政府政策和法规对医药产品的市场准入和价格控制有严格的规定，这也间接影响了消费者的选择。

综上所述，医药企业在制定市场策略和产品开发时，需要考虑到以上这些消费者特点，以确保能够满足市场需求，并在竞争中保持优势。同时，医药企业还需要遵守相关的法律法规，确保产品的质量和服务的合规性。

三、竞争者环境分析

企业很少垄断某一市场，它总会面对各种各样的对手。企业的竞争对手不仅包括同行业的竞争者，还包括跨行业的竞争者。企业在开拓市场时，经常与上述不同的竞争者形成竞争关系，而且这种竞争关系受多种因素影响而处于不断变动中，如何适时调整竞争策略，取得竞争优势，是企业必须考虑的问题。从消费需求的角度可以将竞争者划分为以下四种。在医药行业中，根据市场的竞争情况和消费者的需求角度，竞争者可以被细分为愿望竞争者、普通竞争者、产品形式竞争者和品牌竞争者。以下是对这些类型竞争者的具体分析。

1. 愿望竞争者　指那些满足不同需求提供不同产品或服务的竞争者。

2. 普通竞争者（属类竞争者）　指那些满足相同需求但提供不同产品或服务的竞争者。

3. 产品形式竞争者　指产品相同，但规格或者型号、剂型或者款式不同的竞争者。

4. 品牌竞争者　指与本品牌具有相同产品形式但品牌不同的竞争者。

四、供应商环境分析

医药企业的供货商通常指的是为医药公司提供原材料、中间体、包装材料以及其他相关产品和服务的供应商。医药企业的供应商管理是确保药品生产稳定性和质量的关键环节，它涉及合规性、可靠性和灵活性等多个方面。以下是一些关于医药企业供应商管理的重点。

（一）供应商的选择

在供应商的开发选择上，以往制药企业可能会依赖于 GMP 证书等资质作为选择标准。但随着法规的变化，例如《中华人民共和国药品管理法》的修订，取消了药品 GMP、GSP 认证，制药企业需要自行把控供应链，并对最终产品质量和安全负全责。这意味着企业在选择供应商时，需要更加关注供应商的质量管理体系、生产能力和信誉等方面。

（二）采购管理策略

由于制药行业的特殊性，供应链采购管理需要高度的合规性和可靠性。企业可能需要建立多渠道的供应商体系，以规避和降低质量风险问题。同时，企业还需要对供应商进行定期评估和审查，确保供应商能够持续满足企业的质量要求。

（三）数字化转型

随着数字化时代的到来，医药企业可以通过数字化手段来优化供应商管理。例如，利用大数据和人工智能技术来分析供应商的风险信息，实现对供应商的动态监控和管理。数字化采购协同平台可以帮助企业规范采购行为，推动采购的标准化和数字化，从而提高供应链管理的效率和效果。

（四）研发阶段的管理

在药品研发阶段，物料和供应商的管理同样重要。由于这一阶段使用的物料可能不断变化，因此需要灵活地调整物料采购计划和供应商选择。研发阶段的供应商管理可能不需要像生产阶段那样严格的质量标准，但仍需确保物料的基本质量和供应商的可靠性。

（五）风险管理

医药企业在供应商管理中还需要关注风险管理。由于涉及的客商规模庞大且构成复杂，企业需要定期更新客商档案，包括工商信息、风险数据等，以确保信息的准确性。此外，企业还需要及时获取存量客商的风险信息，以避免潜在的坏账或断供风险。

综上所述，医药企业在供应商管理方面需要采取一系列措施，包括严格的供应商选择标准、多渠道的采购策略、数字化转型的应用、研发阶段的特殊管理以及全面的风险管理，以确保供应链的稳定性和药品质量的安全。

五、中间商环境分析

医药行业中的中间商通常指的是那些不直接生产药品但参与药品分销和销售的公司。具体来说，中间商发挥着多方面的作用。

（一）分销配送

医药商业公司负责将制药企业生产的药品进行仓储和配送，最终送达医院或药店等终端销售点。

（二）代理经销

代理商则是专门负责销售药品的公司，他们将药品销售给医院或其他医疗机构。

（三）市场推广

中间商还可能涉及药品的市场推广活动，帮助制药企业提升产品知名度和市场占有率。

（四）信息提供

一些中间商还会提供市场信息，如原料供应情况、新药研发动态等，帮助制药企业及时了解行业趋势。

综上所述，医药中间商在医药行业中扮演着重要的角色，它们通过各种服务和活动，帮助制药企业的药品能够更有效地到达消费者手中。同时，随着行业的发展和监管的加强，医药中间商也在不断地进行自我革新和调整，以适应市场的变化。

六、公众环境分析

在营销领域中，公众指的是对企业完成其营销目标的能力有着实际或潜在利益关系和影响力的群体或个人。这些公众群体可以分为以下几类。

（一）金融公众

金融公众包括银行、投资公司、证券公司、股东等，它们对企业的融资能力有重要的影响。企业与金融公众的关系良好，可以帮助企业获得必要的资金支持，促进企业的发展和扩张。

（二）媒介公众

媒介公众主要包括报纸、杂志、电台、电视台等传播媒介。媒介公众对企业的形象和品牌知名度有着直接的影响。通过与媒介建立良好的关系，企业可以更有效地传播信息，管理危机，提升品牌形象。

（三）政府公众

政府部门和监管机构对企业的运营活动有着监管和指导作用。企业需要与政府公众保持沟通，确保其业务活动符合法律法规的要求，同时也可以获取政策上的支持和优惠。

（四）民间团体

民间团体包括各种非政府组织、社团和行业协会等。民间团体可以在特定的领域内为企业提供支持，帮助企业与特定群体建立联系，或者在社会责任和可持续发展方面发挥作用。

（五）地方公众

地方公众是指特定地区内的居民、社区组织等，他们对企业的当地运营可能有特别的影响。

（六）一般公众

一般公众是指能深刻影响消费者对医药企业及其产品的看法的团体和个人，比如医生、产品代言人等。

（七）内部公众

内部公众包括企业内部的所有员工，员工的行为和态度能够对外传递企业形象，尤其在服务行业中尤为重要。

综上所述，企业在进行市场营销时，需要考虑到这些不同的公众群体，并制定相应的策略来与它们互动，以实现企业的营销目标和维护企业的正面形象。

任务四　企业环境分析与战略选择

企业的宏观环境和微观环境都会对企业的管理产生重大影响，因此企业应该重视对环境的分析。常用的环境分析方法有 SWOT 分析法、波士顿矩阵分析法和波特"五力"模型。

一、SWOT 分析法 🅔 微课

SWOT 分析是一种综合考虑企业内部条件和外部环境的各种因素，进行系统评价，从而选择最佳经营战略的方法，其中的 S 是指企业的优势（strengths），W 是指企业的劣势（weaknesses），O 是指企业外部环境的机会（opportunities），T 是指企业外部环境的威胁（threats）。

（一）SWOT 分析的步骤

1. 优势分析　优势是指企业所具有的、相对于竞争对手而言的优势资源或技术。企业的优势主要体现在技术、成本、竞争能力、规模经济、管理水平、员工素质、分销能力、品牌声誉、企业文化等方面的优势。

2. 劣势分析　劣势是指使企业在行业中处于劣势地位的条件和因素。企业的劣势主要体现在关键技术、人才引进、设备资源、组织管理能力等方面的劣势。

3. 机会分析　机会是指企业经营环境中出现的对企业的发展具有利好作用的形势。主要体现在市场增长速度快、新客户开发状况良好、产品线扩展满足消费者需求、并购联盟整合企业资源、有利的政府政策等方面。

4. 威胁分析　威胁是指企业经营环境中出现的对企业业务发展、营利能力或市场地位不利的因素。主要体现在市场增长速度慢、强大的竞争者进入、优质产品的出现、消费者需求产生偏移、买方或供应商讨价还价能力提高、不利的政府政策等方面。

（二）基于 SWOT 分析的战略选择

在利用 SWOT 分析法确定企业战略时，一般采用十字图结构（图 2-1）。具体方法是建立一个十字象限，X 轴表示为内部优势与劣势，Y 轴表示外部机会与威胁，然后将各类要素逐项打分，按其重要程度加权并求其代数和，再将所得结果在 SWOT 分析图上具体定位，根据其所在的象限，确定企业的战略选择。根据所在象限不同，企业战略可以分为以下几种。

1. 增长型战略（SO）　即依靠内部优势去抓住外部机会的战略。如一个资源雄厚的企业（具有内部优势）发现某一国际市场尚未饱和（存在外部机会），那么它就应该采取 SO 战略去开拓这一市场。

2. 扭转型战略（WO） 即利用外部机会来弥补企业内部劣势的战略。例如当市场上对于某项业务的需求快速增长的时候（外部机会），企业自身却缺乏这一方面的资源（内部劣势），企业就应该抓紧时机采取扭转型战略，购买相关设备、技术，雇用技术人员或者直接并购一个相关企业，以抓住这个机会。

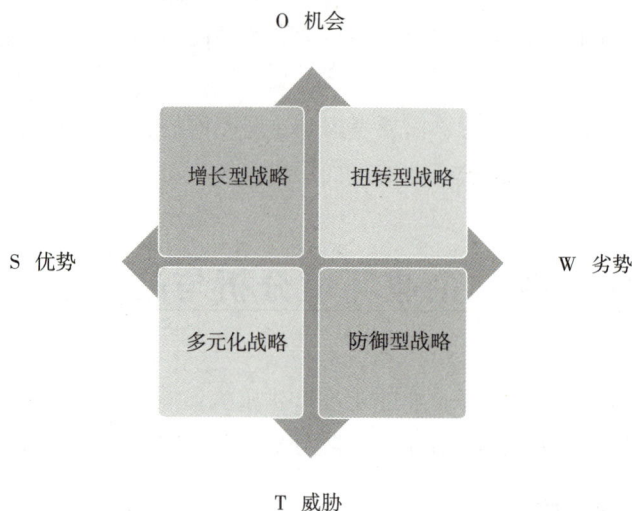

图 2-1 SWOT 分析战略选择的十字结构图

3. 多元化战略（ST） 即利用企业的优势去避免或减轻外部威胁的打击。如一个企业的销售渠道很多（内在优势），但是由于种种限制又不允许它经营其他产品（外在威胁），那么企业就应该采取多元化经营战略，在产品的多样化以及其他优势方面创造优势。

4. 防御型战略（WT） 即减少内部弱点同时避免外部威胁的战略。例如一个资金不充裕（内在劣势），而市场对其产品的认知度又不高（外在威胁）的企业就应该采取防御型战略，稳扎稳打地强化企业管理，提高产品质量，稳定供应渠道，或者以联盟、合并的方式谋求长期的生存和发展。

二、波士顿矩阵分析法

波士顿矩阵（Boston matrix）是一种内部环境分析法，又称市场增长率-相对市场份额矩阵，是由美国著名的管理学家、波士顿咨询公司创始人布鲁斯·亨德森于 1970 年创建的。它是一个产品组合管理框架，旨在帮助公司对不同业务进行优先级排序，并根据规则将公司的业务放入四个象限中。这样，CEO 就可以使用它作为依据，决定如何分配公司的资源和资金，以发展最有价值的业务，同时减少损失。

波士顿矩阵的核心思想是基于销售增长率（反映市场引力的指标）和市场占有率（反映企业实力的指标）来分析决定企业的产品结构。市场吸引力包括企业的销售量增长率、目标市场容量、竞争对手的强弱和利润高低等因素。其中，销售增长率是决定企业产品结构是否合理的外在因素。而企业实力则涉及市场占有率、技术、设备和资金利用能力等方面，其中市场占有率是决定企业产品结构的内在因素，直接反映了企业的竞争实力。

这个矩阵将产品类型分为四种：明星类产品（高销售增长率且高市场占有率）、金牛类产品（低销售增长率但高市场占有率，市场占有率稳定，可以带来稳定的现金流）、问题类产品（高销售增长率但低市场占有率，需要大量投资以维持或提高市占率）和瘦狗类产品（低销售增长率且低市场占有率，可能需要考虑退出市场或重新定位）。

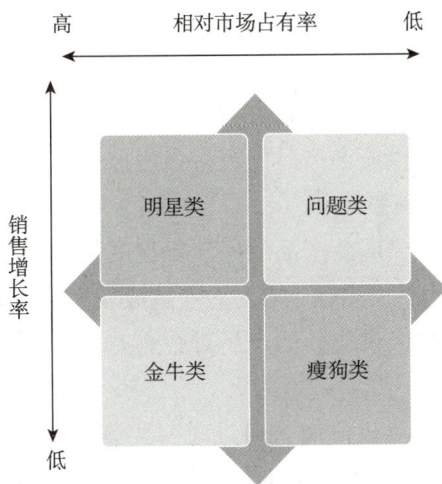

图 2-2　波士顿矩阵图

（一）明星业务

明星业务市场增长快，并处于市场领先地位，一般是企业的名牌产品。这类业务发展前景好，竞争力强，企业需加大投资以支持其发展，争取赢得较多的收益。

（二）金牛业务

金牛业务是市场处于饱和期（或成长期）的产品，它们在市场上占主导地位，给企业带来大量的现金流。对这些业务不再需要投入大量的资金，只需设法延长其盈利期，依靠足够的市场份额，为企业获取大量利润。

（三）问题业务

问题业务市场增长速度快，企业需要投入大量资金支持其发展；但该业务市场份额较小，能够产出的资金较少。问题业务多数是新业务或投机性业务，具有一定的风险性。对能够成长为明星业务的问题业务采取增长型战略，相反则采取收缩型战略。

（四）瘦狗业务

瘦狗业务的市场份额不断下降，市场增长可能性极小。维持这类业务经营对企业来说不仅占用资金和资源，还会影响其他业务的发展。因此可以考虑撤退或淘汰。

三、波特"五力"模型

波特"五力"模型是由美国著名战略管理学家迈克尔·波特（Michael E. Porter）于 20 世纪 80 年代初提出的一个管理理论。他认为：每个行业中都存在着五种力量，这五种力量共同决定行业竞争的强度以及行业的利润率，这五种力量分别是供应商的讨价还价能力、购买者的讨价还价能力、潜在进入者的威胁、替代品的威胁和行业内现有竞争者。

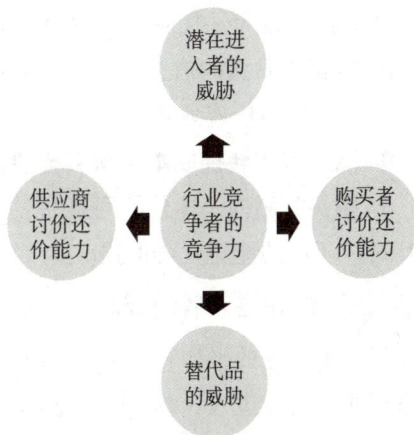

图 2-3　波特"五力"模型

（一）供应商的讨价还价能力

企业一般都拥有原材料或设备等的供应商，企业的供应商可以通过其在市场中的地位与企业进行讨价还价，可表现为提高所供应产品或服务的价格，或降低所供应产品或服务的质量，从而使下游产业的利润降低。供应商讨价还价能力的大小取决于以下几个因素。

1. 供应商的集中度 供应商集中程度越高，就会出现由少数几家企业控制的局面，供应商就会在产品价格、质量和供应条件上对企业施加较大的压力。

2. 供应商产品的可替代程度 供应商产品的可替代程度越高，对企业越有利。即使供应商有较强的竞争优势，其竞争能力也会受到影响。

3. 供应商产品的标准化程度 供应商产品的标准化程度越高，企业就要面对付出较高的转换成本，此时，供应商讨价还价的能力就会增强，会对企业造成较大的压力。

4. 供应商产品对企业的重要性 供应商的产品对企业产品的质量、性能有重要的影响时，供应商将有较高的讨价还价的能力。

5. 供应商前向一体化的可能性 供应商若通过收购或兼并的方式获取对下游分销系统的控制，即实施前向一体化战略，则其讨价还价的能力将会增强。

> ### 知识链接
>
> **纵向一体化战略**
>
> **1. 前向一体化** 是指企业通过收购或兼并其下游购买商，拥有或控制其分销系统，实施产销一体化。企业根据市场的需要和生产技术条件，利用自身优势，把成品进行深加工的战略，目的是为获得原有成品深加工的高附加值。这通常是制造商的战略。
>
> **2. 后向一体化** 是指企业通过收购或兼并其上游供应商，拥有或控制其供应系统，实施供产一体化。企业利用其在产品上的优势，把原来属于外购的原材料和零件，改为自行生产的战略。在供货成本太高、供货方不可靠或不能保证供应，而企业本身有后向一体化能力时，常常采用这种战略。

（二）购买者的讨价还价能力

购买者通过在市场上重要的地位与企业进行讨价还价。购买者的讨价还价能力表现为要求产品的价格更低廉、质量更好或提供更为优质的售后服务等。购买者讨价还价能力的大小，取决于以下几个因素。

1. 购买者的集中度或购买量 当某产品的购买者集中度大或数量少，且每个购买者的购买量大，购买量占企业总销售量的比重较大时，购买者就具有较强的讨价还价能力。

2. 购买者所购买产品的标准化程度 购买者所购买的产品如果是标准的或差异性较小的，购买者的选择性就较大，从而使卖方处于劣势，购买者的讨价还价能力就越强。

3. 购买者掌握的信息 购买者拥有关于需求、市场价格以及生产者的制造成本等信息越详尽和全面，其讨价还价能力越强。

4. 购买者的转换成本 购买者的转换成本越低，则其讨价还价的能力越强。

5. 购买者后向一体化的可能性 购买者通过收购或兼并若干供应商，拥有和控制其供应系统，则其讨价还价的能力就会增强。

（三）潜在进入者的威胁

当一个行业的平均利润率高于社会平均利润率，且该行业进入壁垒较低时，就会有新的投资者进入该行业。潜在进入者是一个产业的重要竞争力量，其进入威胁的强弱取决于进入壁垒和现有企业的反击力度。

1. 进入壁垒 行业进入壁垒主要包括规模经济、产品差异化、资金需求、转换成本、销售渠道、成本优势和政府政策7个方面。进入壁垒越高、潜在进入者的威胁就会越小。

2. 现有企业的反击力度　行业内现有企业的反击力度越大，新进入者进入该行业的可能性越小，威胁就越小。

（四）替代品的威胁

替代品是指满足相同消费者同一需求的其他产品或服务，该产品或服务具有相同或类似功能，可与现有产品或服务相互替代。替代品的威胁程度主要取决于以下几个因素。

1. 替代品的价格　替代品生产企业若具有成本优势或采用低价策略，则在产品或服务的价格上具有优势，对于消费者来说性价比较高，此时，替代品的威胁较大。

2. 消费者的转换成本　若消费者选择替代品的转换成本较小，则消费者放弃原有产品而购买使用替代品的可能性较大，这样，替代品构成的威胁就较大。

3. 顾客的转换欲望　若顾客对原有行业产品或服务购买欲望下降，则会对替代品的购买使用欲望增强，此时，替代品的威胁增强。

（五）行业内现有竞争者

行业内企业之间的竞争是企业获得竞争优势的必然存在。通常情况下，产业内企业竞争的激烈程度主要由以下一系列因素决定。

1. 竞争者的数量　一个产业内企业数量越多，竞争越激烈。每个企业都想通过竞争改善其市场地位，众多企业行动的必然结果便是竞争程度的加剧。

2. 产业增长速度　产业增长缓慢时，企业为寻求发展，便会把力量放在争夺现有市场上，这样就会使现有企业竞争程度加剧。相反，产业快速增长时，产业内各企业可以与产业同步发展，企业还可以在发展的过程中充分利用自己的资金和资源，竞争程度有所下降。

3. 产品差异化程度　产品和服务差异化程度越小，企业之间的竞争就会停留在价格层面，此时，行业内企业之间的竞争越激烈。相反，当产品和服务差异化程度较大时，消费者会产生差异化偏好和选择，进而形成消费忠诚度，则企业之间的竞争较缓和。

4. 固定成本或库存成本　当固定成本或存货成本较高时，各个企业为了实现盈亏平衡或获得较高的利润，就会充分利用其生产能力抢占市场份额，当生产能力利用不足时，企业宁愿降低价格、扩大销售量也不愿闲置生产设备，因而企业间的竞争加剧。在库存成本高或产品不易保存的行业内，企业急于销售产品，也会使行业内竞争加剧。

5. 消费者转换成本　若消费者购买产品或服务的转换成本较低时，消费者就可能转买另一企业的产品或服务，则竞争比较激烈。相反，若消费者购买产品或服务的转换成本较高时，消费者转换产品或服务的概率则降低，不同企业产品各具特色，而各自拥有不同的消费者人群，则竞争比较缓和。

6. 生产能力　若由于产业的技术特点和规模经济的要求，产业内不断增加新的生产能力，则必然会打破供求平衡，导致供过于求，产生过剩的产能，从而增加现有竞争者之间的抗衡，导致竞争加剧。

7. 退出障碍　是指企业在退出某一行业时所遇到的困难。当企业退出障碍高时，行业中因为存在过剩的生产能力而导致竞争加剧。企业退出障碍主要体现在以下几个方面：固定资产的专业化程度高，清算价值低或转换成本高；退出的固定费用高；战略上的协同关系影响；情感上的因素；政府和社会的限制等。

（六）企业环境案例分析

江中集团是一家以中药为核心的大型综合性企业，其业务涵盖了中药材种植、中药饮片生产、中成药研发、生产和销售等多个环节。为了更好地分析江中集团的竞争力，可以从以下五个方面进行波特"五力"模型分析。

1. 供应商议价能力 江中集团在中药材种植和中药饮片生产环节需要大量的原材料,这些原材料的供应主要依赖于外部供应商。由于中药材市场竞争激烈,供应商众多,因此江中集团在与供应商的谈判中具有较强的议价能力,可以争取到较低的原材料价格。

2. 买方议价能力 江中集团的中成药产品在市场上具有较高的知名度和品牌影响力,消费者对其产品的认可度较高。此外,中成药市场竞争激烈,同类产品众多,消费者在选择时有更多的选择余地。因此,江中集团在面对消费者时,买方议价能力较强,可能会对产品价格产生一定的压力。

3. 新进入者威胁 中药行业具有较高的技术壁垒和政策壁垒,新进入者需要投入大量的资金和时间进行技术研发、市场推广等工作。此外,政府对中药行业的监管力度加大,新进入者需要满足更加严格的法规要求。因此,江中集团面临的新进入者威胁相对较低。

4. 替代品威胁 虽然中药具有独特的疗效和优势,但在一定程度上,西药和其他替代疗法也对中药市场产生了一定的替代作用。随着科技的发展和人们健康观念的转变,替代品的威胁可能会逐渐增大。因此,江中集团需要不断创新,提高产品的竞争力,以应对潜在的替代品威胁。

5. 行业内竞争 中药行业竞争激烈,各大企业之间的竞争主要体现在产品质量、品牌影响力、市场份额等方面。江中集团作为行业内的领军企业,拥有较高的市场份额和品牌影响力,但在面临其他竞争对手的挑战时,仍需保持警惕,不断提升自身的核心竞争力。

从上面五个方面分析可知,江中集团在供应商议价能力和买方议价能力方面具有一定的优势,面临的新进入者威胁和替代品威胁相对较低。然而,行业内竞争仍然激烈,江中集团需要不断创新和提升自身实力,以应对潜在的市场风险。

目标检测

答案解析

一、单项选择题

1. 下列不属于微观环境的因素是（　　）

　　A. 竞争者　　　　　　B. 供应商　　　　　　C. 顾客　　　　　　D. 亚文化群

2. （　　）是医药企业营销环境最重要的微观环境,是企业服务的对象,也是企业的目标

　　A. 供应商　　　　　　B. 营销中介　　　　　　C. 顾客　　　　　　D. 公众

3. 恩格尔系数越大,说明这个家庭或社会的生活水平（　　）

　　A. 越高　　　　　　B. 越低　　　　　　C. 不变　　　　　　D. 难以确定

4. 对于金牛类的业务,企业应该采取的策略是（　　）

　　A. 不再需要投入大量的资金,只需设法延长其盈利期

　　B. 撤退或淘汰

　　C. 加大投资以支持其发展

　　D. 对能够成长为明星业务的问题业务采取增长型战略,相反则采取收缩型战略

5. 低销售增长率但高市场占有率的产品属于（　　）

　　A. 明星类产品　　　B. 金牛类产品　　　C. 问题类产品　　　D. 瘦狗类产品

6. SWOT 中的 W 代表的是（　　）

　　A. 优势　　　　　　B. 劣势　　　　　　C. 机会　　　　　　D. 威胁

7. 下列不属于波特"五力"模型中五力的是（　　）

　　A. 供货商的讨价还价能力　　　　　　　　B. 消费者的讨价还价能力

　　C. 替代品的威胁　　　　　　　　　　　　D. 中间商的讨价还价能力

二、简答题

1. 医药市场营销环境有哪些特点?

2. 什么是宏观环境?

3. 基于 SWOT 分析法的战略选择有哪些?

书网融合……

| 重点小结 | 微课 | 习题 |

项目三 药品市场购买行为分析

学习目标

知识目标： 通过本项目的学习，应能掌握药品消费者市场的概念、购买行为分析要点、购买决策，药品组织市场的含义和特征；熟悉影响药品消费者市场和药品组织市场购买行为的因素，药品消费者市场的特征；了解生产者市场、中间商市场、政府市场的购买行为。

能力目标： 能够判断药品消费者市场和药品组织市场购买行为的类型和特点，并采取合适的营销策略。能够分析药品消费者市场和药品组织市场购买行为的各种影响因素。能够分析药品消费者的需求特征和消费心理。

素质目标： 通过分析药品市场购买行为，树立以消费者为中心的理念。

任务一 药品消费者购买行为分析

情境导入

情境： 某顾客来到药店，药店营业员迎上前打招呼。

营业员：您好，请问有什么需要帮助？

顾客：我想买 A 品牌感冒药。

营业员：您有什么症状？我来帮您推荐一下。

顾客：我最近有点发烧、咳嗽。

营业员：应该是流感，最近流感比较厉害，这个药（手拿起药盒）效果比较好，买的人也很多，这是中成药，副作用小一点。

顾客：以前没听过这个药啊，厂家也没听过。

营业员：这个是新药，您看成分，都是针对发烧、咳嗽的。

顾客：算了，我还是买 A 品牌感冒药吧，一直吃这个。

营业员递给顾客一个药盒（不是 A 品牌感冒药）。

顾客：没有 A 品牌感冒药吗？

营业员：有，但是这个现在有活动，第二盒半价，比较划算，而且效果是一样的。

顾客：我还是要 A 品牌感冒药，一直吃这个牌子，放心。

思考： 1. 该顾客是什么类型的消费者？

2. 对待这类消费者，营业员接下来该怎么做？

一、药品消费者市场的概念和特点

（一）药品消费者市场的概念

根据购买者及其购买目的的不同，将药品市场划分为两大类：药品消费者市场和药品组织市场。

两类市场的特征不同，其购买行为也有着明显的差异。

药品消费者市场是个人或家庭为了满足其维护健康、预防疾病、治疗疾病等生活需要，而购买药品及相关服务的消费群体的总和。药品消费者市场是药品营销的主要对象，是一切药品市场的基础，是最终起决定作用的药品市场。

（二）药品消费者市场的特点

1. 规模性和发展性　消费者市场不仅购买者人数众多，而且购买者地域分布广，消费者市场可谓无处不在。我国人口基数庞大，药品消费者市场购买者数量多，购买范围广。随着社会经济的发展，人们生活水平提高，保健意识也越来越强，药品消费者市场的规模不断壮大。近年来，我国着力建设覆盖城乡居民的基本医疗保障体系，城乡居民医疗保险制度运行良好，我国的人均医药产品消费水平将有极大的提高，对医药产品的消费需求，不论是从数量上还是从质量上，都在不断发展。药品消费者市场可谓是潜力巨大，这也为医药企业的发展带来了很好的机会。

2. 信息的不对称性和消费的低选择性　药品具有高度的专业性，疾病的诊断和药品的使用需要专业的医学、药学知识，而一般消费者不具备专业的医药学知识，药品及相关服务的提供者与消费者在医药信息和知识方面，存在着极为悬殊的不对称性，因此，消费者在医药产品和服务方面的自主选择性非常有限，其购买决策往往不是由一个人完成的。处方药主要由医师来决定用药品种、数量和方式，非处方药也容易受到药品广告、执业药师、药店营业员及他人的影响。针对此种情况，药品企业应该积极开展药品相关知识的宣传教育和科普活动，科学合理地指导消费者用药。

3. 互补性和可替代性　消费者市场需求的药品很多是互相补充品或相互替代品。有些药品往往需要配伍使用，它们是互相补充品。这样，一种药品的销售会带动另一种药品的销售。有些药品互为替代品，比如作用机制相同药理作用相似的药品，它们之间存在着此消彼长的关系，一种药品的销售会限制另一种药品的销售。

4. 需求的多样性　由于消费者个体上的差异，不同消费者对药品的需求千差万别，同一消费者在不同时间、不同情况下，对药品的需求也会有所不同，因此消费者对于药品的需求呈现出选择的多样性和需求的层次性。比如消费者在购买同种疗效的药品时，在关注疗效的前提下，可能有的关注品牌，有的关注价格，有的关注剂型，有的关注成分是中药或西药等。

5. 需求的季节性　不同季节气候环境会对人体产生不同的影响，引发季节性疾病，从而导致用药需求呈现出明显的季节性变化。例如，春冬之交是上呼吸道疾病的易发季节，此时治疗上呼吸道疾病的药品需求量大，销量增加。

二、药品消费者购买行为分析

（一）药品消费者购买行为模式

一般把消费者的行为模式称之为 S－O－R 模式，即"刺激－个体－反应"模式。"S"代表刺激（stimulus），"O"代表有机体（organism）的生理、心理特征，"R"代表反应（response）。可以理解为个人通过刺激，产生一系列的心理活动，最后产生反应。这一系列的心理活动，称为消费者购买行为的"黑箱"，如表 3－1 所示。

表 3-1 消费者购买行为模式

购买者受到外界刺激		消费者的黑箱		购买者的反应
营销刺激	环境刺激	消费者特征	消费者的决策过程	购买者行为
产品 价格 渠道 促销	政治 法律 经济 技术 社会 文化	文化 个人 社会 心理 经济	引起需要 收集信息 评价方案 购买决策 购后评价	产品选择 经销商选择 购买时机 购买数量

从营销学的角度来看，刺激包括营销刺激和其他刺激。营销刺激是指企业在营销活动中所运用的各种刺激，包括产品、价格、渠道、促销等，这些因素一般是可控的，它们对消费者的"黑箱"产生直接而具体的影响；其他刺激包括政治、法律、经济、技术、社会、文化的刺激，这些因素相对营销刺激是不可控的因素，它们是影响消费者"黑箱"的宏观环境，制约着整个消费需求。购买过程是从购买者的某种需要开始的，而消费者的需要是由各种外界刺激因素引起的。消费者"黑箱"由两部分组成：一是消费者的特征，不同的消费者在文化、个人、社会、心理等属性上有自己的特征，它会影响消费者对外界刺激的反应；二是消费者的决策过程，不同的消费者在确认需要、收集信息、评价方案、做出决策的过程中有不同的表现，会影响消费者的最终决定及购后评价。

对营销人员来说，营销客体的质量、价格、销售状况都是显而易见的，是"白箱"；而营销对象的心理活动和购买欲望则是难以把握的消费者"黑箱"。只有打开"黑箱"，营销活动才能得以顺利进展，企业才能更好地满足消费者的需求，获得长期利润。

知识链接

黑箱理论

黑箱，指人们不能或暂时无法分解或剖开以直接观察其内部结构，或分解、剖开后其结构和功能即遭到破坏的系统。黑箱方法，即在不直接影响原有客体黑箱内部结构、要素和机制的前提下通过观察黑箱中"输入""输出"的变量，得出关于黑箱内部情况的推理，找寻、发现其内部规律，实现对黑箱的控制。黑箱方法从综合的角度为人们提供了一条认识事物的重要途径。

消费者黑箱，指消费者在受到外部刺激后所进入的心理活动过程，它对企业来说是一种看不见、摸不着、不透明的东西。对企业来讲，对消费者购买行为的分析和研究最重要的恰恰是对消费者黑箱中发生的情况的分析和研究，以便安排适当的"市场营销刺激"，使消费者产生有利于企业市场营销的反应。

（二）药品消费者购买行为类型 [e] 微课

药品消费者的购买行为复杂多样，各种行为类型特点各有不同，作为营销人员来说，需要有不同的营销策略。根据消费者的购买态度和个性特点，可将消费者购买行为类型划分为习惯型、理智型、经济型、冲动型、疑虑型、排斥型、躲闪型等。

1. 习惯型　消费者具备一定的药品知识，或常年患有某种疾病，久病成医者，忠诚于一种或数种老牌、名牌产品，习惯于购买自己熟知的常用产品，不轻易购买别种同类产品，更不贸然接受新产品。对于此类消费者，不需要过度介绍，要做的就是按照顾客需求，迅速拿出顾客想要的药品。而对于企业，应该以优惠的价格、强有力的宣传、良好的质量来扩大自己药品的影响力，使其成为消费者偏爱、习惯购买的对象。

2. 理智型　这类型消费者在购买前会收集医药产品的相关信息，对同类产品经过周密的考虑和反复的比较，或者具备相应的专业知识，消费者非常重视产品的质量、性能、价格和实用性等，往往要经过深思熟虑，主观性较强，不易受到广告宣传和药店营业员的影响，过多的推荐反而会引起他们的反感。对于此类消费者，营销人员需要具备充足的医药学专业知识，以备应付各种疑问，有条理地把产品的突出特点分析、介绍给消费者，而且不应过多推荐其他品种的产品，以免引起反感，应以准确的导购服务为主。

3. 经济型　消费者由于经济条件的限制，购买时特别重视产品的价格，偏向买便宜的产品，且注重其实用性，对于包装、式样等不一定太讲究，即追求性价比高的产品。营销人员应推荐一些经济实惠的产品，或进行各类低价促销活动，满足此类消费者的需求。

4. 冲动型　这种消费者往往缺乏相应的医药知识，很容易受到产品外观质量、广告宣传、营业推广、他人劝说等外界因素的影响，较少认真考虑产品性价比，不愿做反复的选择比较，接受了宣传刺激或是药店店员的推荐，就会冲动地做出购买决策。营销人员可采取临时减价、独特包装、现场表演、医药产品展销会等策略促成这类消费者的冲动购买，同时，应根据其症状、认真负责地为其推荐合适产品，并告知有效期等信息，避免购买太多造成浪费。

5. 疑虑型　消费者在购买过程中小心谨慎、行动迟缓，购买时拿不定主意，举棋不定，对他人的劝说也往往疑虑重重。购买行为经常因为犹豫不决而中断，购买后还会疑心是否上当受骗，是优柔寡断型人。对此类消费者需要热情服务，耐心介绍医药知识，应用一种不伤其自尊心的方式，暗中替他拿主意、做决定，然后根据其病情需要，有策略地重点介绍某一种产品，促使其购买行为的发生。

6. 排斥型　消费者对任何人都有排斥感，不亲近别人，也不容易相信别人；对事情的看法第一个直觉的反应就是排斥，然而一旦排斥的障碍被克服了，就会产生完全的信任。针对此类消费者，营销人员说话要小心，注意不要冒犯顾客，应注重培养这类顾客对自己的信赖及信心，彼此无所顾忌地商谈，达成成交的目的。

7. 躲闪型　这类消费者由于患有隐私型疾病，或购买隐私类产品，购药时吞吞吐吐，躲躲闪闪，快速购买，低头疾行，往往会表现出躲闪、不安的行为。针对此类消费者，营销人员不要过多询问和特别关注，令其放松，适当关心引导购物。应以专业的知识为其解答疑难问题，以专业人员的身份避免其尴尬的窘境，对于超出自身解决范围的问题要劝其去正规医院就诊。

三、影响药品消费者购买行为的因素

药品消费者购买行为的影响因素主要包括文化因素、社会因素、个人因素和心理因素。其中，个人因素和心理因素是内因，文化因素和社会因素是外因，共同决定消费者的购买行为。分析影响消费者购买行为的因素，对于企业有针对性地开展市场营销活动，"击中"消费者的心，有着重要意义。

（一）个人因素

个人因素是消费者购买决策过程最直接的影响因素，也是最容易识别的因素，它包括消费者的年龄、职业、经济状况、生活方式、个性和自我观念等。

1. 年龄　不同年龄的消费者，需要与欲望有所不同，需求存在较大差别。例如，就药品消费而言，儿童消费者大多对片剂、胶囊剂等吞咽感到困难，对口感又较挑剔，色、香、味、形俱全的制剂才易于被儿童接受；中青年消费者大多是上班族，生活节奏较快，选择用药时更倾向于服用次数少、作用时间长的制剂；老年消费者对预防和保健治疗药品的需求量比较高。

2. 职业　对消费的影响极为明显，特别是一些职业容易形成职业病。一般来说，同种职业的人往往有类似的医药需求，而不同职业的人需求差异较大。例如，教师购买较多治疗咽喉炎的药品，办公族往往对治疗肩周炎和颈椎病等药品的需求较大，而蓝领工人对治疗腰腿疼痛等疾病的药品需求较高。

3. 经济状况　包括收入、储蓄、资产、债务、借贷能力以及对待消费与储蓄的态度等。消费者的经济状况决定着个人和家庭的购买能力，是制约其消费行为的一个基本因素。消费者经济状况好，其消费水平就高，容易做出购买决策；反之，就会制约其购买行为。

4. 生活方式　就是人们在活动、兴趣和思想见解上表现出的生活模式。不同的生活方式，会有不同的需求特征和购买行为。生活方式的影响主要通过改变疾病谱而表现出，比如不良饮食习惯、吸烟、酗酒、缺乏运动等不健康的生活方式会造成相应的疾病，出现用药需求。另外，不同生活方式的人对同一种产品往往表现出不同的看法，这种看法会直接影响其购买行为。例如，有的消费者更重视时间，因此喜欢起效快的产品。有的消费者更重视金钱，会选择保守治疗甚至不治疗。

5. 个性　是一个人在个体生活过程中所形成的对现实产生稳定的态度，以及与之相适应的习惯行为的心理特征。个性是在一定的家庭环境和社会环境中长期形成的，它导致一个人对其所处环境的相对一致和持续不断的反应，个性差别也会导致购买行为不同。例如，外向型的消费者，求新心理较强，往往是新产品的首批购买者，而且购买过程中受促销因素影响较大；内向型消费者则相反。

（二）心理因素

消费者购买行为要受到动机、感觉、学习以及信念和态度等主要心理因素的影响，它支配着消费者的购买行为。

1. 动机　是引起人们为满足某种需要而采取行动的驱动力量，动机产生于未满足的某种需要，它能够引导人们去探求满足需要的目标。心理学家提出许多有关人类动机的理论，其中最著名的是美国心理学家亚伯拉罕·马斯洛的需要层次理论。该理论认为人类的需要具有层次性，根据不同时期对需要的不同追求，将人的需要由低到高分成五个层次，依次是生理需要（如对空气、阳光、食物、水分、睡眠、衣物、住房等的需要），是个人为了满足生存所必不可少的需要，在人类各种需要中占据重要位置；安全需要（如对人身安全、健康保障、财产安全等的需要），使人类对安全和稳定的需要，当生理需要得到满足后，人们会追求安全需要；社会需要（包括亲情、友情、爱情、归属、交流等），是指人作为社会成员需要与他人建立联系和关系；尊重需要（包括自我尊重、信心、成就、地位等），既包括对他人的和对自我的尊重，也包括他人对自我的认可与尊重；自我实现需要（包括创造力、自觉性、问题解决能力、接受现实能力等），属于人的最高层次需要。该理论认为人的需要是由低层次向高层次发展的，一般情况下，人们在满足了低层次的需要后才会追求较高层次的需要。需要层次论在一定程度上反映了人类需要的发展规律，对于研究消费者需求结构、购买动机和制定营销策略具有重要的参考作用。

2. 感觉　心理学认为，感觉是人对各个事物的个别属性的反映，即消费者在购买产品时，通过自己的感觉器官，对产品及服务产生一定的印象。一个产生购买动机的消费者，如何行动受其对刺激物的知觉程度的影响。人们对于刺激物的理解是通过感觉进行的，即通过视、听、嗅、味、触五种器官对刺激物的反应，将感觉到的材料通过大脑进行分析综合，从而得到知觉。营销人员要通过改变药品的剂型、成分、功效、形状、颜色、味道、包装等区别于其他药品的特性，以及改变药品的价格、广告、促销等方式，给予消费者感官上的刺激，以加深消费者的印象而促使购买。

3. 学习　人类有些行为是与生俱来的，但大多数行为，是通过学习而来的。学习是指人们经过实践和经验而获得的，能够对行为产生相对永久性改变的过程。心理学认为，学习是驱动力、刺激物、诱因、反应和强化诸因素相互影响和相互作用的过程。消费者对药品知识的学习途径主要有：观察家人、朋友、同事等相关群体的行为；通过媒体广告无意识的学习；通过科普讲座、专业人员讲解学习；非正式的自主学习等。例如，某个消费者在电视广告上看到了某一种新品牌的维生素，如果该消费者在看到消息的当天就去药店购买了这种产品，就表明该消费者通过媒体广告对这种产品已经有了一定的了解。因此，营销人员需要时常为消费者做药品宣传，重复是促销活动的一个关键因素，它可以增加消费者对产品的学习，简单重复是广告策略中最常用的方法。

4. 态度 是一个人对待事物所持的一种较具持久性和一致性的心理倾向，这种见解和倾向表现为对外界所持有的偏爱或厌恶的特殊感觉。态度能帮助消费者选择目标，影响购买决策。态度是后天学习获得的，当一个产品满足了消费者的需要，对这一产品的积极的态度就强化了。反之，则形成消极的态度。因此，企业应根据消费者的态度设计和改进产品，或者利用促销手段不断改变消费者的态度，促进产品的需求。

（三）文化因素

文化因素是影响消费者需求和购买行为的最基本因素。文化是知识、信念、艺术、法律、伦理、风俗和其他由一个社会的大多数成员所共有的习惯、能力等构成的复合体。每个人都会自觉不自觉地接受其所处的文化环境中的共同价值观、道德规范、风俗习惯和思维模式。因此，文化会对人们的消费观念和购买行为产生潜移默化的影响。例如，我国消费者受传统中医药文化的影响，普遍认为中药毒副作用小，疗效全面，可以从根本上治疗疾病，且在预防和保健方面也作用显著。营销人员必须了解文化如何影响人们的购买行为，再制订相应的营销策略。尤其跨文化营销，更应引起注意一些问题，比如哪些价值观与本产品的购买和使用有关，对产品有哪些政治法律限制，营销该产品是否引起伦理或道德上的问题等。

（四）社会因素

影响消费者行为的社会因素，主要包括消费者相关群体、家庭、社会角色与地位等。

1. 社会相关群体 是指对个人的态度、意见和偏好有重大影响的群体。具体可分为三类：第一类，对个人影响最大的群体，如家庭、亲朋好友、邻居和同事等；第二类，影响较次一级的群体，如个人所参加的各种社会团体；第三类，个人并不直接参加，但影响也很显著的群体，如社会名流、影视明星、体育明星等。相关群体对消费者购买行为的影响表现为：展示新的行为模式和生活方式，影响对某些事物的看法和对某些产品的态度，促使消费者的行为趋于某种"一致化"，影响对某些产品和品牌的选择。企业在营销活动中必须充分重视相关群体对消费者购买行为的影响，搞清他们是如何影响消费者购买行为的，据此制订相应营销策略。

2. 家庭 是社会组织的一个基本单位，它强烈影响着人们的价值观、人生态度、自我观念，对消费者购买行为有着重要影响。一个家庭的收入变化和需要产品的重点会随着家庭生命周期的变化而变化。西方营销学者将家庭生命周期划分成七个不同阶段。第一阶段：单身阶段。由于年轻且几乎没有经济负担，往往是新消费观念的带头人，属于娱乐导向型消费。第二阶段：新婚阶段。此阶段是指从结婚开始到生育后代之前，属于年轻夫妻无子女家庭。该阶段购买力强，对耐用品、大件商品的欲望强烈。第三阶段：满巢一，是指年轻夫妻且有 6 岁以下子女的阶段。该阶段是家庭用品消费的高峰期，尤其是儿童产品。第四阶段：满巢二，是指年轻夫妻且有 6 岁或 6 岁以上未成年子女的阶段。此阶段家庭经济状况较好，消费较理智，受广告及其他营销刺激较少，注重商品消费的档次及品牌，注重子女教育投资。第五阶段：满巢三，是指年长的夫妇且与已能自立的成年子女居住的阶段。此阶段家庭经济状况较好，夫妇双方及子女都有工作，该阶段注重家庭储蓄。第六阶段：空巢阶段，是指年长的夫妇，没有孩子与他们住在一起的阶段。此阶段家庭消费多为老年用品，如医疗保健用品，娱乐及服务性消费支出也有可能增加。第七阶段：寡居阶段，即单身老年人独身的阶段，此阶段更注重安全保障以及情感需要。随着家庭生命周期阶段的变化，消费者的消费心理和消费观念也会随之发生变化，会有不同的消费需要和偏好，从而导致其购买行为的变化。营销人员可以根据家庭生命周期阶段的不同消费行为特点，制订相应的营销策略。例如，在空巢阶段和寡居阶段，由于年龄的增大，各种疾病的产生，使得消费者更注重医疗保健的消费，对各种老年慢性病的药品需求也会相应增加，企业可深入研究中老年消费者的心理及消费行为，开发出适合中老年消费的药品。

3. 社会角色和地位　决定个人在社会中的位置，人们总是选择那些能够代表他们地位的产品。例如社会地位高的人群，就诊时会选择最好的医疗机构、最好的医生和最好的产品，以求尽快恢复健康。而处于社会底层的人群，就诊时会优先选择基层医疗机构、普通医生和廉价的产品，对价格十分敏感。消费者的购买行为会随着社会地位的变化而发生显著的变化。

四、药品消费者市场购买决策内容

消费者购买决策，就是消费者为了满足自身需求而寻找最适合的产品的过程。消费者购买决策的内容主要可分为六个方面，购买什么（what）、何时购买（when）、何地购买（where）、何人购买（who）、如何购买（how）、为何购买（why），简称"5W1H"。

（一）购买什么

购买对象的确定是购买决策最基本的内容。满足消费者同一种需求的产品是多种多样的，消费者确定购买对象不只是确定要购买产品的类别，还包括要购买医药产品的品牌、价格、服务等。也就是说，消费者购买产品，不仅仅是关注产品本身的效用，还关注该产品带来的附加值，即购买的是药品的整体概念。因此，医药企业在营销过程中，除了注重产品质量，还要不断塑造企业品牌、降低医药产品成本和价格、提供完善的服务等，给消费者带来更多的附加利益。

（二）何时购买

消费者购买时间的确定受很多因素影响，如消费者的闲暇时间、促销活动等，但最主要的还是消费者购买需要的迫切性大小。如消费者急需某种药品，就会很快进行购买，以解决自身需求。因此，医药企业要通过针对性营销活动，一方面让消费者产生购买的迫切感，使其尽快实现购买行为；另一方面，注意了解消费者购买药品的时间习惯和规律，比如药品消费的季节性、节日性等特征，以便适时满足消费者需求。

（三）何地购买

消费者购买药品的地点主要有医院、药店（包括实体药店和网上药店），处方药的主要销售渠道为医院，非处方药的主要销售渠道为药店。企业要对消费者购买药品的地点做细致的研究，根据自身产品，采取相应的营销对策。

（四）何人购买

消费者购买药品并非都是自己使用，同样，消费者使用的药品也并非都是自己亲自购买。一项已经决定了具体购买目标、购买时间、购买地点、购买数量的购买决策，可能会因购买人的不同而使决策在执行过程中发生变换。因此营销人员需要了解特定药品的购买者情况，如购买者角色、主要的患病种类、年龄构成、收入情况、职业、地区分布等，才能更有针对性地开展营销活动。

（五）为何购买

消费者购买行为主要是由其购买目的引起的。对于处方药，消费者主要依据医生的处方行为间接消费，企业能做的就是审方给药，指明药品所在位置，提供用药指导和健康教育，或根据病情推荐具有辅助作用的相关药品；对于非处方药，消费者有自己的偏好，不同消费者对药品的品牌、包装、价格、使用方法等也有不同的要求，医药企业应探明消费者的购买动机，了解消费者的购买需求，为消费者提供更满足自身需要的产品。

（六）如何购买

如何购买是指消费者购买产品的方式，如现场购买、网上购买等；支付方式，主要指消费者货款结算的方式，如现金、信用卡、微信、支付宝、医保等支付形式。消费者如何购买，受个性、职业、年龄、性别等若干因素的制约。企业须通过市场调研，了解消费者的购买方式，以便为其提供更适合的服务。

五、药品消费者购买决策过程

药品消费者购买决策就是消费者为满足自身的某种需求而寻求最适合的药品或服务的解决方案。药品消费者的购买决策一般可分为五个阶段：需求确认、收集信息、评价方案、购买决策、购后评价。

（一）需求确认

确认需求是消费者决策过程的起点。消费者只有认识到有待满足的需求时，才能产生购买动机。引起需求确认的刺激可以来自两个方面，一种是人体内部的刺激，如消费者生病导致生理上的一些不适症状，就会产生购买药品的需求；另一种是人体外部的刺激，如在电视上看到美容养颜类产品的广告宣传，可能会产生此类产品的需求。在此阶段，营销人员应通过各种调查手段去发现消费者的需求，适当安排诱因，引导其需求倾向，设置能引起消费者某种需要的环境，促使消费者对本企业药品产生强烈需求。

（二）收集信息

在确认需求后，消费者一般情况下不会马上做出购买行为，而是为了更好决策去搜集各方面信息。信息来源主要有：①个人来源（家庭成员、朋友、邻居、同事和其他熟人）；②商业来源（广告、推销人员、中间商、商品包装、商品陈列、产品说明书）；③公共来源（大众媒体如报纸、杂志、广播、电视、互联网的宣传报道，科普教育）；④经验来源（以前的使用经验、已有的商品知识、使用产品的过程）。在此阶段，企业的营销任务是了解消费者收集信息的渠道和偏好，灵活选择各种信息来源组合，向消费者有效传递信息，促使消费者最终选择本企业的药品。

（三）评价方案

消费者在获取足够的信息之后，要对备选的药品进行分析评估。评估项目一般包括三个方面：药品方面（包括适应证、安全性、疗效、毒副作用、价格、品牌形象、广告宣传等）；服务方面（包括销售门店数量、所处位置、门店的形象、服务项目、知名度、商品陈列、POP广告、店员的服务态度和质量等）；政策制度方面（包括医疗保险制度、处方药购买限制等）。

在此阶段，企业要努力提高本企业产品的知名度，使其进入消费者比较评价的范围之内。同时，还要调查研究人们比较评价某种药品时考虑的主要因素，并突出这些因素相关方面的宣传，以此对消费者的购买选择产生重大影响。

（四）购买决策

通过充分的产品评估，消费者在心目中会对各种药品进行排序，作出相应的购买决策。但从"购买意念"转变为"实际购买"的过程中，会受到两种因素的干扰：一是别人的态度，包括家庭成员、相关群体、医生、药品销售人员的态度等。这种影响往往取决于消费者与他人的密切程度、消费者对待他人意见的态度、他人对该消费者购买选择的反对程度等。他人与消费者关系越密切、越被消费者信赖、反对程度越激烈，对该消费者的购买决定影响也就越大。二是意外情况因素，也称风险因素或未知因素，是指消费者的预期与实际之间可能存在的差异，如财务风险、功能风险、生理风险、社会风险、服务风险等。在此阶段，企业应采取多种措施树立企业及企业产品的形象，增加知名度，争取各方"别人的态度"的支持，设法减少各种"意外情况因素"的影响，并采取适宜的优惠促销手段和沟通技巧，坚定消费者的购买决心，促使消费者做出购买药品的行为。

（五）购后评价

消费者购买和使用某种药品后，会对满足其需要的情况产生一定的感受，如满意、基本满意和不满意等。消费者是否满意，直接影响其以后的购买行为。满意感能强化消费者对所购药品的信念，增加其重复购买的可能性，而且他可能向他人宣传或推荐该产品；反之，不满意感则可能使消费者要求退货或放弃该品牌，并对该品牌作反宣传，甚至投诉，这些行为都会对企业有一定负面影响甚至造成巨大的损失，因此，企业必须十分注意消费者的购后评价，以提高消费者的购后满意度，并建立起专门接待顾客投诉的机构与相应的制度，妥善解决各种售后问题。

通过分析购买决策过程得知，消费者购买决策过程的每个阶段都会对购买决策造成影响，或者成为下一次购买决策的重要依据，因此，企业不能仅仅局限于"决定购买"阶段，而要着眼于消费者购买过程的每一个阶段，争取每个阶段都能"击中"消费者的心。

任务二 药品组织市场购买行为分析

▶▶ 情境导入 //

情境：小王是某药品生产企业的一名销售人员，他想要向某零售连锁企业推广一个本企业生产的新品种。通过前期调研，小王了解到该药品零售连锁企业每个月第一周的周五，召开新品论证会。论证会参会成员三分之二以上同意通过新品采购方案，方可采购新品。新品论证会成员组成为固定成员和非固定成员，其中固定成员为公司总经理、采购部经理、销售部经理、质量管理部经理、门店管理部经理，非固定成员为1个区域经理、2个店长、2个营业员，非固定成员在新品论证会前两天随机抽取。

思考：1. 该零售连锁企业的购买属于哪一种购买类型？
2. 如果你是小王，会如何设计对该零售连锁企业的开发路线？

一、药品组织市场的概念和特点

（一）药品组织市场的概念

药品组织市场是指为维持经营活动，对药品进行再加工、转售，或向社会提供服务而购买药品和服务的组织，包括生产者市场、中间商市场、政府市场等。

（二）药品组织市场的特点

1. 购买者数量少，购买量大 由于组织市场的购买者不是个人，因此药品组织市场购买者的数量远比药品消费者市场购买者的数量少得多。但单个用户的购买量却比消费者市场单个购买者的需求量大得多，药品市场上所有的产品都要经过组织市场的交易过程才能实现销售，每个购买者购买的数量之大，是任何个人消费者所不可比拟的。

2. 理性购买，专业性强 药品组织市场的购买人员都具备专业的医学和药学知识，对需要采购的药品非常熟悉，购买的理性程度很高。同时，他们还训练有素，具备一定的营销知识和谈判技巧，专业性非常强。

3. 派生需求，需求价格弹性小 药品组织市场的需求是从消费者对药品及其服务的需求中派生出来的，属于派生需求。因此，药品组织市场购买者的需求取决于药品消费者市场对最终产品的需求，如对原料药、辅料、包装材料等的需要量，取决于药品消费者市场对以这些物料为材料的产品的需求。由于市场结构原因，一般情况下，药品组织市场对中间产品价格的波动敏感性不大，需求价格弹性小。

4. 决策程序复杂，参与者众多 与药品消费者市场相比，药品组织市场参与购买决策的人员较多，审批程序复杂，监管更严格，受到的影响因素也更多。这就要求营销人员必须具备良好的专业素质，同时还要掌握相应的营销技巧。

5. 直接购买，连续购买，购买较稳定 由于药品组织市场购买专业性强、产品替代性差、质量要求严格、需求具有连续性和稳定性，因此药品组织经常从供应厂家直接购买，尽量减少中间环节，降低成本。一旦合作成功，其业务关系会长久维持下去。

二、影响药品组织市场购买行为的因素

影响药品组织购买行为的主要因素可分为四个方面：环境因素、组织因素、人际因素和个人因素等。分析影响组织购买行为的因素，对于企业正确把握组织购买行为、有效开展市场营销活动具有重要意义。

（一）环境因素

环境因素是指一个企业赖以生存的外部环境因素，包括经济环境、政治法律环境、科技环境、文化环境、竞争环境等。这些因素是多变而广泛的，可能给组织带来市场机会，也有可能为组织制造市场威胁。例如，基本药物制度的实施对医疗机构的采购影响非常大，未进入基本药物目录的药品很难列入基层医疗机构的采购计划。环境因素影响广泛，组织通常无法改变外在环境，只能想方设法地适应环境。营销人员应该密切关注这些外部环境的变化，做出正确判断，及时调整营销策略，以充分利用机会，避免环境威胁。

（二）组织因素

组织因素是指药品组织购买者自身的因素，比如企业目标、采购政策、采购制度、业务流程、机构设置等。由于是一种组织购买，所以其内部组织状况对其购买行为的影响有着特殊的重要性。这种影响又可分为两个方面来考察：一方面，企业总体组织状况，如企业目标、经营政策、管理程序、组织结构等，都会影响企业的购买行为；另一方面，企业的采购部门状况，如采购部门的地位、采购决策权的集中与分散、采购政策的制定与执行、采购活动的管理制度等，都会直接影响企业的购买行为。营销人员必须对这些方面进行充分了解，如医院的采购程序、药事委员会的构成、参与采购工作的所有人员对供货时间、产品质量、付款时限的具体规定等，根据这些内容进行自我调整，尽量与这些具体的要求相吻合，适应这些因素。

（三）人际因素

人际因素是指参与购买过程中各种角色的地位、态度及利益等因素和相互关系对购买行为的影响。组织购买过程中参与者多，所承担的角色和地位各不相同，因此组织内部的人际关系也会影响其购买活动。购买决策的参与者包括使用者、影响者、采购者、决策者和信息控制者，他们在组织中的地位、影响力、相互之间的关系会使组织的购买行为产生巨大的不同。人际因素是营销人员最难掌握的因素，但却是营销成功的关键要素之一，因此营销人员要深入了解，建立良好的人际关系，才能避

免失误，取得成功。

（四）个人因素

组织市场的购买活动，最终都是要由人来完成的，即由购买决策参与者做出购买决定和采取购买行动。购买决策参与者的个人因素，如年龄、受教育程度、个性、职位、权力、知识、经验等，会影响对购买产品和供应商的态度，从而影响购买决策和购买行为。营销人员应该仔细观察每个采购核心成员的性格特点和偏好，以便推动营销业务的开展。

三、生产者市场的购买行为分析

医药生产者市场，是指医药生产企业购买医药原材料或半成品，生产医药产品以供销售获取利润而形成的市场。由于生产资料要按特定的技术要求进行交易，专用性强，所以生产者常常直接从生产厂商那里购买产品，较少经过中间商环节，尤其是科技含量高、单位价值贵的产品。

生产者市场购买行为主要包括三种类型。

（一）首次购买

首次购买，指药品生产企业向某一药品生产企业或经营企业首次购进某种产品。这是最复杂的购买行为。由于企业不了解该产品，在采购过程中需要大量的相关信息，往往比较慎重，采购的成本高，风险性大。这种购买行为为所有潜在供应商提供了平等竞争的机会，同时也意味着最大的挑战。他们在设法对采购方施加尽可能多的影响的同时，还需提供各种信息，帮助其消除疑虑，促使其购买。

（二）直接重购

直接重购，指从熟悉的供应商那里订购过去采购过的同类产品。购货方购买行为是惯例化的，通常选择熟悉并满意的供应商，持续采购，而且不变更购买方式和订货条款，甚至建立自动订货系统。对原有供应商来说，应努力保证产品和服务的质量，并尽量简化买卖手续，提高购买者的满意度，稳定客户关系，争取更多的订货份额。对新的供应商来说，虽然机会很小，但仍可以通过提供一些新产品或消除不满意来争取获得订单的机会，也可以通过接受小订单来打开业务。

（三）修正重购

修正重购，指购货方为了更好地完成采购任务，部分调整采购方案，比如供应商的改变、所需产业用品的数量、规格、价格的调整。修正重购对原有供应商提出了更高的要求，原供应商需要做好市场调查和预测，努力提高产品的质量，降低成本，并不断开发新产品，从而迎合采购商变化的需求，设法巩固其现有顾客，保住其既得市场。对新的供应商而言，修正重购则意味着获得新业务的机会，需要认真对待。

四、中间商市场的购买行为分析

（一）购买类型

1. 直接重购型　直接采购是指采购人员根据过去和供应商打交道的经验，从合格供应商名单中选择供货企业，并直接重新订购过去采购过的产品。

2. 新购型　新购是指本企业首次采购的药品，即首营药品；或者购进药品时，与本企业首次发生供需关系的企业，即首营企业。这是组织购买中最复杂、成本风险相对较大的购买行为。此种购买，应依据《药品经营质量管理规范》对首营企业、首营品种进行审核。

3. 调整购买型 是指购买者对产品规格、价格、交货条件或者供应商等要素进行调整的购买行为。

知识链接

药品经营质量管理规范（2016 年修订）

第六十二条 对首营企业的审核，应当查验加盖其公章原印章的以下资料，确认真实、有效。

（一）药品生产许可证或者药品经营许可证复印件。

（二）营业执照、税务登记、组织机构代码的证件复印件，及上一年度企业年度报告公示情况。

（三）《药品生产质量管理规范》认证证书或者《药品经营质量管理规范》认证证书复印件。

（四）相关印章、随货同行单（票）样式。

（五）开户户名、开户银行及账号。

第六十三条 采购首营品种应当审核药品的合法性，索取加盖供货单位公章原印章的药品生产或者进口批准证明文件复印件并予以审核，审核无误的方可采购。以上资料应当归入药品质量档案。

注：根据《国务院办公厅关于加快推进"三证合一"登记制度改革的意见》"营业执照、税务登记、组织机构代码证"三证合一为《营业执照》。自 2019 年 12 月 1 日起，国家药监局取消 GMP、GSP 认证。

（二）购买过程

药品经营企业购进药品，应满足《药品经营质量管理规范》的相关要求，遵循药品购进的原则，比如确定供货单位的合法资格、确定采购药品的合法性、审核供货单位销售人员合法资格、进行首营企业和首营品种的审核、对供货单位实地考察、与供货单位签订质量保证协议等。其购买决策过程较复杂，主要包括 5 个阶段。

1. 提出需要 需要的形成是组织由于某种刺激引起的购买动机，提出需要是购买行为的起点。

2. 选择供应商 企业会千方百计寻找供应商的有关信息，并对各供应商的产品质量、商业信誉、价格、品牌知名度、财务状况、交货能力、售后服务、地理位置等属性进行比较分析，最后选择。

3. 审核供应商，建立合格供货方档案 根据《药品经营质量管理规范》，进行首营审批。对审核合格的企业，建立合格供货方档案。

4. 确定供应商，签订购销合同 经各方面权衡、比较选择后，选择合格且合适的供应商进行采购，签订购销合同。购销合同是供货方与需求方之间，就货物的采购数量、价格、质量要求、交货时间、地点和交货方式等事项，经过谈判协商一致同意而签订的"供需关系"的法律性文件。

5. 购买评估 购进产品后，对所购产品的满意度进行评估，并了解供应商的履约情况，根据评估结果，决定以后是维持、修正还是终止供货关系。

五、政府市场的购买行为分析

政府采购方式主要有招标采购、议价采购、谈判采购等方式。

（一）招标采购

招标采购流程主要包括以下步骤。

1. 需求审批、制订采购计划。

2. 发布招标公告或投标邀请书，公开药品的采购信息。

3. 进行资格预审，筛选出符合条件的投标申请人。

4. 编制和发出招标文件，详细说明采购要求和条件。

5. 投标人编制和递交投标文件，包括药品的详细信息和报价。

6. 组建评标委员会，对投标文件进行评审。

7. 进行开标、评标和定标，确定中标药品和供应商。

8. 公示中标结果，让公众了解采购决策。

9. 签署合同，正式确立药品采购关系。

（二）议价采购

药品集中采购议价管理办法的执行流程一般包括以下几个步骤。

1. 分析需求，制定药品采购规划，确定采购的品种和数量。

2. 发布招标信息，邀请供应商参与议价和竞标。

3. 进行供应商的筛选和评估，选择合作伙伴进行议价和采购。

4. 供应商根据招标信息进行报价，政府部门进行议价和交流，最终确定采购价格和数量。

（三）谈判采购

采用谈判方式采购的，一般要遵循下列程序。

1. 成立谈判小组 谈判小组由采购人的代表和有关专家共三个以上的单数组成，其中专家的人数不得少于成员总数的三分之二。

2. 制定谈判文件 谈判文件应当明确谈判程序、谈判内容、合同草案的条款以及评标成交的标准等事项。

3. 确定邀请参加谈判的供应商名单 谈判小组从符合资格条件的供应商名单中确定不少于三家的供应商参加谈判，并向其提供谈判文件。

4. 谈判 谈判小组所有成员与单一供应商分别进行谈判。在谈判中，谈判的任何一方不得透露与谈判有关的其他供应商的技术资料、价格和其他信息。谈判文件有实质性变动的，谈判小组应以书面形式通知所有参加谈判的供应商。

5. 确定成交供应商 在规定时间内进行最后报价，采购人根据符合采购需求、质量和服务相等且报价最低的原则，从谈判小组提出的成交候选人中确定成交供应商，并将结果通知所有参加谈判的未成交的供应商。

政府部门在采购过程中，会严格按照规定程序进行，合理配置采购资金和使用采购工具，并与供应商签订严密的合同，进行标准化采购和管理，确保采购质量和效果。政府市场巨大而有潜力，政府采购向市场化发展，为许多药品企业提供了大量的营销机会。因此，药品营销企业必须识别政府市场购买者行为，制定针对性营销策略，比如阅读招标公告并按规定报名、领取相关招标文件、仔细制作投标文件并按时提交、收集竞争者情报、提高公司声誉、提升产品质量和独特性等。

▪ 知识链接

国家组织药品集中采购

国家组织药品集中采购，即国家统一组织，全国各省（市、区）组成采购联盟，在原研药、参比制剂以及通过质量和疗效一致性的药品中遴选药品，并汇总医疗机构药品采购需求量进行集中采购、以量换价，目的是让群众以较低廉的价格用上质量好的药品。

截至2024年3月，国家医保局已组织开展九批国家组织药品集采，共纳入374种药品，平均降价超50%。国家组织药品集中带量采购是对既往药品集中采购制度的重大改革，可从源头上治理医药购销中的不正之风，规范医疗机构药品购销工作。可让人民群众以比较低廉的价格用上质量更高的药品，通过带量采购，以量换价，减轻患者负担，节约医保基金支出，提升医保基金使用效率，提高老百姓医疗保障水平。

目标检测

答案解析

一、单项选择题

1. 下列有关药品消费者市场说法不正确的是（ ）

    A. 是药品市场的基础，是最终起决定作用的市场

    B. 大部分消费者都可以对药品的品种、数量和方式进行自主决策

    C. 属于非专业购买，购买决策较为简单

    D. 具有急迫性、安全性、较强的非自主性的特点

2. 处方药消费者购买力的主要影响者是（ ）

    A. 执业药师　　　　　B. 朋友　　　　　C. 药店营业员　　　　　D. 医生

3. 以下有关药品组织市场的特点表述正确的是（ ）

    A. 市场的需求属于原发性需求　　　　　B. 市场由最终药品消费者构成

    C. 市场较分散，多为小型购买　　　　　D. 专家购买，购买决策较为复杂

4. 消费者的一个完整购买过程是从（ ）开始的

    A. 确定需求　　　　　B. 筹集经费　　　　　C. 收集信息　　　　　D. 决定购买

5. 消费者购买决策过程中，通过家庭成员、朋友、邻居、同事和其他熟人介绍和推荐收集到有关信息，此种信息来源属于（ ）

    A. 个人来源　　　　　B. 商业来源　　　　　C. 公共来源　　　　　D. 经验来源

6. 家庭生活消费以小孩为重心，孩子的教育、医药消费是家庭的最大支出项目，具备这一特点的家庭生命周期是（ ）

    A. 单身阶段　　　　　B. 新婚阶段　　　　　C. 满巢阶段　　　　　D. 空巢阶段

7. 消费者购买决策过程中，通过大众媒体如报纸、杂志、广播、电视、互联网的宣传报道或科普教育收集到有关信息，此类信息来源属于（ ）

    A. 个人来源　　　　　B. 商业来源　　　　　C. 公共来源　　　　　D. 经验来源

8. 下列关于消费者购买决策过程，正确的是（ ）

    A. 需求确认→评价方案→收集信息→购买决定→购买后行为

    B. 需求确认→收集信息→购买决定→评价方案→购买后行为

    C. 需求确认→购买决定→评价方案→收集信息→购买后行为

    D. 需求确认→收集信息→评价方案→购买决定→购买后行为

二、简答题

1. 什么是药品消费者市场和药品组织市场？

2. 药品消费者市场购买决策内容包括哪些方面？

书网融合……

重点小结　　　　　微课　　　　　习题

项目四 药品市场营销调研与预测

PPT

学习目标

知识目标：通过本项目的学习，应能掌握药品市场调研的概念、类型、内容，调研方案的主要内容，调研问卷的基本要求，药品市场预测的概念、分类和内容；熟悉药品市场调研和药品市场预测的方法；了解调研报告的基本内容。

能力目标：能运用药品市场调研的程序和方法进行药品市场调研，能运用药品市场预测的程序和方法进行药品市场预测，为药品市场营销决策提供依据。

素质目标：通过本项目的学习，培养刻苦钻研、实事求是的职业道德，团队合作精神，敏锐的洞察力和应变思维，具有一定的社会责任心和社会协调能力。

任务一 药品市场营销调研

情境导入

情境：某医药公司是一家正在发展壮大的企业，公司生产的药品A目前在国内销售趋势良好。该企业为随时掌握市场变化和竞争态势，经常会根据自身的需求和市场变化情况定期或不定期地展开对同类药品市场竞争情况的调研，并对营销策略进行恰当调整。

思考：请问针对上述情况，应采用哪种调研方法呢？

一、药品市场调研的概念和类型

（一）药品市场调研的概念

营销大师菲利普·科特勒指出市场调研是系统地设计、搜索、分析和提出数据资料，以及提出与公司所面临的特定的营销状况有关的调研结果。菲利普·科特勒特意强调市场调研和企业营销活动的关系，将市场调研作为开展营销活动的重要前提。

药品市场调研是指根据药品市场预测和决策的需要，运用科学的手段与方法，有目的、有计划、系统地收集、记录、整理和分析与药品市场有关的信息，并提供各种市场调研数据资料，形成市场分析报告，为医药企业经营决策提供依据的活动。掌握及时、准确、可靠的药品市场信息是医药企业经营管理中的重要任务。

（二）药品市场调研的类型

根据市场调研的性质、目的、对象不同，药品市场调研的类型也就不同。

1. 根据市场调研的性质和目的不同分类　可分为探测性调研、描述性调研、因果关系调研、预测性调研四种类型。

（1）探索性调研　又称非正式调研或试探性调研，是指企业对需要调研的问题尚不清楚，无法确定应调研哪些内容时所采取的方法。它的主要作用是发现问题，查明产生问题的原因，找出问题的关键，探讨解决问题的办法。即利用一些初步的数据来探讨某个问题的性质。一般处于整个调研的开始阶段。企业只是收集一些有关的资料，以确定经营者需要研究的问题的症结所在。例如，某医药企业发现该企业的某个品种的销售量突然下降，要弄清是什么原因，是质量问题还是价格问题，或是消费者的消费习惯的改变等。要明确问题的原因，这时就需要采用探索性调研来从中发现最有可能的原因。

（2）描述性调研 是为进一步研究问题症结所在，通过调研如实地记录并描述收集的资料，以说明"是什么""何时""如何"等问题。其结果通常说明事物的表面特征，并不涉及事物的本质及影响事物发展变化的内在原因。例如，调研药品市场的潜在需求、某种药品市场销售情况、市场竞争情况等，采用的是描述性调研。

（3）因果关系调研 是指对企业管理活动中出现的一些现象和问题，对深层次的原因进行的研究性调研活动。其主要目的是确定有关事物的因果联系，或者影响事物发展变化的内在原因；为企业经营决策提供信息。因果关系调研常用于确定为什么某目标没有达到。例如，某种治疗性药品销量的下降，是否由于某种防疫性药品的推出而导致；某种药品销量的增加是否受到政府某种调控政策的影响等。

从位置关系来看，因果性调研总是在描述性调研和探索性调研之后，即在描述性调研或探索性调研的基础上，进一步确定变量之间的相互关系。

（4）预测性调研 是指对市场未来的发展进行预测所进行的市场调研活动。预测性市场调研是根据研究对象过去和现在的市场情况资料，分析并掌握其发展变化的规律，运用一定方法估计未来一定时期内市场状况的发展趋势。其主要用于支持企业营销战略决策。例如，某医药企业在原有颗粒冲剂感冒药的基础上推出胶囊制剂，在投放市场之前，可以对患者使用便利性的要求进行预测，从而确定新剂型药品的生产量。

2. 根据市场调研的对象范围不同分类 可分为普查、重点调研、典型调研、抽样调研。

（1）普查 又称全面调研，是对调研对象的总体进行的全方位调研，如人口普查、中药资源普查、某种疾病的普查等。这种方法可以获得大量的比较准确的总体资料。普查是一种一次性调研，获得的是在某一时间点上和一定范围内的调研对象的多种信息。此方法的优点是获得的数据全面且可靠；缺点是费时、费力、费钱，组织难度大，一般不轻易采用。

（2）重点调研 是指在全体调研对象中选择一部分重点单位进行调研，以取得统计数据的一种非全面调研方法。这种方法主要用于紧急情况使用，费用少、开支小。例如，疫情调研就是一种重点调研，为了对某种疫情进行有效的控制，应对影响疫情的有关因素进行分析，同时对有关药物也进行调研，以指导这类药品在一定时间内的生产和销售，从而达到适量生产且能控制疫情的双重效果。

（3）典型调研 是指在调研对象中选择某些典型或重点因素进行调研，并根据调研结果推断总体状况的方法。典型调研适用于调研总体庞大、复杂，调研人员对情况比较熟悉，能准确地选择有代表性的典型作为调研对象，而不需要用抽样调研的市场调研。典型调研在药品市场调研中经常采用。典型调研的关键在于正确选择典型。选择典型不当就会失去调研的意义，不仅不能正确反映药品市场一般情况，甚至会走向反面。

知识链接

选择典型的标准

一般可以选择中等或平均水平的调研个体。在数量上，一般来说，如果总体发展条件比较一致，选一个或几个有代表性的典型个体进行调研；如果总体较多，而且个体差异较大，则需要把总体按一定的标志划区分类，然后选择典型为调研对象。

（4）**抽样调研** 是指从调研对象总体中按一定规则抽取部分样本进行的调研。在药品抽样调研中，样本可以是某个品种的一部分，也可以是某些品种的一个或多个。例如，某药品企业购进大批量的枸杞，需要进行质量和等级验收，此时可不必对全部来货拆包检查，而只需随机抽取一部分进行检查，计算出等级品率和抽样误差，从而推算出这批药品的质量和等级情况，并用概率表示推算结果的可靠程度。

抽样方法大体上可以分为两类，一是随机抽样；二是非随机抽样。随机抽样是按照随机的原则抽出样本，即完全排除人们主观的意识进行选择，在总体中每一个体被抽出的机会是均等的。非随机抽样又称非概率抽样技术，它是指按照调研目的和要求，根据一定的主观设定的标准来选择抽取样本，也就是说，总体中的每一个体被选择抽取的机会不均等。

> **知识链接**
>
> 随机抽样与非随机抽样
>
> **一、随机抽样**
>
> **1. 简单随机抽样** 从总体中随机抽取若干个体为样本，抽样者不做任何目的的选择，以纯粹偶然的方法抽样。
>
> **2. 分层随机抽样** 把总体按属性不同分为若干层次，再从各层中随机抽样。
>
> **3. 分群随机抽样** 把总体按一定标准分为若干群体，再用简单随机抽样法抽取部分群体。
>
> **4. 等距离随机抽样** 把总体按一定标志顺序排列，根据总体单位数和样本数计算出抽样距离，再按相同距离抽样。
>
> **二、非随机抽样**
>
> **1. 任意抽样** 完全根据调研者的方便选择样本，通常没有严格标准。
>
> **2. 判断抽样** 按调研者对实际情况的了解和主观经验选定样本。
>
> **3. 配额抽样** 将调研对象按规定的控制特征分层，按一定控制特征规定样本配额，再由调研人员随意抽样。

二、药品市场调研的程序和内容

（一）药品市场调研的程序

药品市场调研是有科学程序的，科学的调研程序是取得调研成功的基础，遵循它就会使调研顺利有效地进行，对改善医药企业的经营管理有重要作用。由于调研的目的、条件、时间和范围不同，调研程序也不尽相同，但归纳起来，药品市场调研一般按照以下程序进行。

1. 确定调研目标 是药品市场营销调研的重要环节。通过确定调研目标可以明确为什么要调研，调研什么问题，具体要求是什么，搜集哪些资料等。全部调研过程都要为达到这个目标而展开。

2. 制定调研方案 确定调研目标后，接着要制定调研方案。调研方案，就是对某项调研的设计和安排，包括调研的目的要求、调研项目、调研对象、调研问卷、调研范围、调研资料的收集方法等内容，它是指导具体调研实施的依据。

制定调研方案主要做好以下几个方面的工作。

（1）根据调研目标，将调研项目按其重要程度进行排队，突出重点。

（2）根据调研项目，确定收集资料的来源、性质和数量。

（3）根据调研任务的大小，明确调研人员，并将责任落实到人。

（4）明确调研方法，并按不同的调研内容确定不同的调研方法。

（5）明确调研的起止时间，安排调研进度。

（6）做出调研经费预算。

3. 实施调研、收集资料 调研的组织实施方案确定后，要按调研方案组织实施，按确定的时间进度，组织资料的收集工作。收集资料是市场调研最基本的工作，是最重要的一环。资料收集，通常先收集第二手资料，后收集第一手资料，先近后远，先易后难。

（1）收集二手资料 二手资料是指通过别人收集并经过整理的现成资料，包括内部资料和外部资料两类。内部资料指企业经营信息系统中贮存的各种数据或资料。外部资料指公开发布的统计资料和有关市场动态及行情等信息资料，其来源于政府相关部门、市场研究或咨询机构、广告公司、期刊、文献和报纸等。二手资料的收集费用小、来源多、涉及面广，但适用性差，须进一步加工处理。

（2）获取第一手资料 一手资料是指调研人员现场收集或通过与企业内部的工作人员座谈、访问某些专家、用户和有关的营销人员而获取的资料。实地调研得到的资料直接反映了市场活动过程和问题，可靠性大、适用性强、质量好，是进行市场研究的基础。

调研问卷是获取第一手资料，实现调研目的非常重要的工具。调研问卷是系统地记载需要调研的问题和项目的书面登记材料。拟定统一的调研问卷，可以使调研内容标准化、系统化，便于收集、整理和汇总。

4. 整理分析资料 包括筛选、分类、分析三个内容。

（1）筛选 筛选的目的在于去粗取精，去伪存真，剔除非本质的、不真实的、不客观的资料，但筛选要围绕调研目的取舍和选择，有价值的残缺资料不可轻易放过。

（2）分类 分类的目的在于使资料系统化，便于查找分析。

（3）分析 经筛选和分类后的资料还仅仅是数据和事实，往往因资料的来源不同，有些资料之间差距很大，还应根据这些数据和事实进行分析，找出问题的实质，发现现象之间的因果关系和内在规律性；才能做出有价值的判断和结论。对资料的分析，要根据不同的需要采用不同的分析方法，如时间序列分析、因素分析、相关分析、方差分析、判断分析等。

总之，对调研资料经过筛选、分类、分析的整理过程，得出调研结论，以供决策参考。

5. 编写调研报告 撰写调研报告是市场调研的最后一步。调研报告是用文字、数字、图表的形式反映整个调研报告内容和结论的书面材料，是整个调研结果的集中表现。用调研得来的资料对所调研的问题进行分析，得出结论，并提出实现调研目标的建设性意见。调研报告是反映调研质量的重要标志，也是决策者最为关心的。

药品市场调研报告主要包括以下内容：调研目的、方法、步骤、结果以及调研结论、建议和必要的附件，附件是报告所引用过的重要数据和资料。调研报告要力求做到：正面回答调研方案中提出的问题，合理运用调研得来的资料，数字要客观准确，文字要简明扼要重点突出，分析问题力求客观，避免主观武断和片面性，要提出解决问题的办法或措施，避免不着边际的空谈和无明确结论的报告。

（二）药品市场调研的内容

药品市场营销调研的内容十分广泛，涉及市场营销活动的整个过程。具体来说，药品市场调研的内容主要包括四个方面。

1. 药品宏观环境调研 药品宏观环境制约着医药企业的生产经营活动，影响着药品市场的供求状况。具体调研内容包括经济结构、人们的购买力水平、国家的方针政策和法律法规、风俗习惯、人口构成、家庭构成、文化教育水平、审美观念、科学发展动态、气候等各种影响市场营销的因素。

2. 药品市场供给调研 药品供应量调研是指在一定时期内，在某一价格水平上，厂商愿意而且能够供应的药品数量。药品供应量调研主要包括现实供应量、潜在供应量、供求结构状况及影响供应量和供求结构变化的因素调研等。

3. 消费者调研 是药品市场调研的核心内容。消费者调研的内容主要包括医药产品需求变化趋势调研、消费结构调研、消费者行为调研、消费者对产品的消费态度等。

4. 药品营销组合调研 主要包括产品、价格、渠道和促销的调研。产品调研主要有了解市场上新产品开发的情况、设计的情况、消费者使用的情况、消费者的评价、产品生命周期阶段、产品的组合情况等。产品价格调研主要是了解消费者对价格的接受情况、对价格策略的反应等。渠道调研主要包括了解渠道的结构、中间商的情况、消费者对中间商的满意情况等。促销活动调研主要包括了解各种促销活动的效果，如广告实施的效果、人员推销的效果、营业推广的效果和对外宣传的市场反应等。

5. 药品市场竞争情况调研 竞争情况调研的主要内容有以下几个方面。

（1）竞争对手总体情况的调研 即了解竞争者的数量、规模、分布、可提供的产品总量、满足需要的总程度等，进行这些情况的调研是为了判断本企业在竞争中所处的地位，正确地估计自己的竞争实力。

（2）竞争对手竞争能力的调研 包括竞争企业的资金拥有情况、企业规模、技术水平、产品的情况、营销策略、市场占有率等。

（3）潜在竞争对手的调研 潜在的竞争对手包括两部分：一是原来竞争能力非常弱小的竞争对手发展壮大，可能迅速成为强有力的竞争对手。二是将要出现的新竞争对手。如新建的企业投产了与本企业产品相同或相似的产品。

三、药品市场调研的方法 e微课

（一）二手资料调研方法

当需要二手资料时，应该采用案头调研法。案头调研法就是对二手资料进行搜集、筛选。其特点是可以以较快的速度和较低的费用得到二手资料，但是时效性较差。主要包括以下三个方面。

1. 搜集资料 调研项目确定后，遵循着从一般线索到特殊线索的路径进行搜集，最终得到详尽的、较可靠的材料。

2. 筛选资料 资料搜集结束后，调研人员要根据要求，剔除与课题无关紧要的资料和不完整的情报。

3. 应用资料 评价二手资料就是看资料是否正确、全面满足课题要求；是否具有一定的时效性；是否具有一定的专业程度和水平；是否真实可靠。

（二）一手资料调研方法

当需要第一手资料时，应该采用实地调研法。实地调研是对第一手资料进行搜集、筛选的调研活动。针对不同的对象，要采用不同的方法搜集信息资料，主要有询问法、观察法、实验法。

1. 询问法 是指以询问的方式向被调研者收集了解市场信息的一种调研方法。它是药品市场调研中收集第一手资料最常用、最基本的一种调研方法。按照与被调研者接触方式不同，询问方式主要有以下五种具体方法。

（1）当面询问 是指调研者面对面地向被调研者询问有关问题，对被调研者的回答可当场记录。调研者可根据事先拟定的调研问卷或调研提纲提问，也可采用自由交谈的方式进行。

这种方法的优点是能当面听取意见并观察反应，能相互启发和较深入地了解情况，对问卷中不太清楚的问题可给予解释；可根据被调研者的态度灵活掌握，或进行详细调研，或进行一般性调研，或停止调研；资料的真实性较大，回收率高。缺点是调研成本较高，尤其是组织小组访问时，调研结果易受调研人员技术熟练与否的影响。

（2）电话询问　是指调研人员根据抽样设计要求，通过电话询问调研对象。这种方法的优点是资料收集快，成本低，可以询问一些面谈感到不自然或不便的问题；可按拟定的统一问卷询问，便于资料统一处理。缺点是调研对象只限于有电话的用户，调研总体不够完整；不能询问较为复杂的问题，不易深入交谈。

（3）信函询问　是指调研者将设计好的询问表直接邮寄给被调研者，请对方填好后寄回。这种方法的优点是：调研区域广泛，凡邮政所达到地区均可列入调研范围；被调研者有充分的时间考虑；调研成本较低；调研资料较真实。缺点是询问表的回收率较低，回收时间也较长；填答问卷的质量难以控制，被调研者可能误解调研问卷中某些事项的含义而填写不正确。一般限于调研较简单的问题，不易探测用户的购买动机。

（4）留置问卷　是介于邮寄调研和面谈之间的一种方法。具体做法是，由调研员按面谈的方式找到被调研者，说明调研目的和填写要求后，将问卷留置于被调研处，约定几天后再次登门取回填好的问卷。

（5）网上调研　有电子邮件调研和互联网调研两种。该调研方法的特点：调研对象有一定的局限性；回答率难以控制，整个调研较难控制；成本较低，传播迅速。

2. 观察法　是市场调研研究的最基本方法。它是由调研人员根据调研研究的对象，利用眼睛、耳朵等感官以直接观察的方式对其进行考察并搜集资料，也可以通过安装照相机、摄像机和录音机等进行拍摄和录制。例如，某药店想了解一周客流量的变化情况，就可以安排调研人员在药店的入口处和停车场观察不同时间段顾客人数变化情况；想了解顾客进入药店后的行进方向，就可以在店内天花板上安装摄像机，记录顾客行进路线等。

观察法调研的具体方式有以下三种。

（1）直接观察　是指调研人员亲自到现场进行观察。例如，调研人员亲自到药店观察顾客走过货架或选购药品时，对不同品牌药品的兴趣和注意程度。

（2）痕迹观察　是指调研人员通过观察某事项留下的实际痕迹来了解所要调研的情况。例如，调研人员通过对小区垃圾的调研，了解小区居民食品消费倾向与档次。

（3）行为记录　是指在调研现场安装一些仪器设备，调研人员对被调研者的行为和态度进行观察、记录和统计。比如，通过摄像机观察顾客购买产品的过程、选购产品的情况等，借以了解消费者对品牌的爱好与反应，了解消费者的购买心理，为更好地了解消费者的需求奠定基础。

3. 实验法　起源于自然科学的实践法，它是指在给定的实验条件下，在一定的市场范围内观察经济现象中自变量与因变量的变动关系，并作出相应的分析判断，为预测和决策提供依据。这种方法主要用于市场销售实验和消费者使用实验。

比如，药品陈列实验法。某药店欲调研药品陈列位置和陈列方法对该药品销售量的影响程度进行实验，采取的方法是首先选择连锁药店中地理位置相近的甲、乙两个药店。第一个月，将该药品陈列在甲药店货架上的黄金位置，而在乙药店中将该药品陈列在货架的最底层，记录两个药店销售量的变化情况；第二个月，在两个药店中，将陈列位置与方法对调，再次进行销售情况的对比，进而观察药品陈列对销量的影响程度。

四、药品市场调研方案设计

（一）药品市场调研方案的含义

药品市场调研方案也称为药品市场调研计划书，指在进行实际调研之前，根据药品市场调研的目的和调研对象的性质，对调研工作总任务的各个方面和各个阶段进行通盘考虑而制定出的实施计划。设计市场调研方案是药品市场调研活动的重要步骤，是对调研本身的具体设计，对调研起指导性作用。

（二）设计药品市场调研方案

市场调研方案要根据具体的药品市场调研项目有针对性地设计，主要从以下方面进行。

1. 确定调研的目的　调研目的应该明确、具体。在确定要进行调研时，可以考虑以下问题："为什么要进行这项调研""想要知道什么""知道后有什么用"等。根据市场调研目的，在调研方案中列出本次市场调研的具体要求。如通过调研了解药品市场基本情况，调研市场需求情况、竞争对手状况、顾客状况等。

2. 确定调研内容　即确定调研哪些事项和搜集哪些方面的资料。调研内容还应根据调研目的细分为更具体的指标和项目，并针对所选择的调研方法设计出具体的调研问卷、观察表或调研大纲。

3. 确定调研对象和地区范围　确定调研对象是明确被调研个体的特性和调研的总体范围，解决向谁调研和由谁来具体提供资料的问题。在以消费者为调研对象时，要注意有时某一产品的购买者和使用者不一致，如对婴儿药品的调研，其调研对象应为孩子的监护人。调研地区范围应与企业产品销售范围相一致，如调研范围定为销售范围中的某一个或两个城市。由于调研样本数量有限，可在城市中划定若干个小范围调研区域，将总样本按比例分配到各个区域实施调研。

4. 确定调研的方式和方法　调研方式是指市场调研的组织形式，通常有普查、重点调研、典型调研、抽样调研等；调研方法是指搜集资料的方法，如询问法、观察法、实验法、文案法等。当需要二手资料时，可以采用文案调研法；当需要第一手资料时，应采用实地调研法。用什么方式方法进行调研主要应从调研的具体条件出发，以有利于搜集到需要的信息资料为原则。在方案中还可以进一步明确资料整理和分析的方法。

5. 确定调研人员和调研工作进度　将调研工作明细化，根据调研任务和工作量，进行调研人员合理安排和分工，明确各调研人员的工作职责。调研人员应具备良好的职业道德，相当的文化知识水平，认真务实的工作态度，处理问题和灵活应变的能力。组织调研人员进行相应的培训，使他们了解调研工作的基本情况和相关的要求，提高调研业务能力。安排调研进度，制定进度时间表。同时，需要对人员履职、经费使用、工作进度、实际效果等进行监督。

6. 确定调研经费预算　经费预算是调研活动的资金安排，按可能发生的项目逐一列表估算，主要考虑方案设计费、问卷设计费、培训费、调研费用、出差补助、交通费、资料整理费、其他费用等方面（表4-1）。

表4-1　市场调研费用预算表

项目序号	项目名称	项目费用（元）	备注
1	问卷设计、打印		
2	调研员培训		
3	文案资料搜集费		
4	实地调研费		
5	调研差旅费		
6	数据资料处理		
7	调研报告撰写		

不同的医药市场调研方案包含的内容并不都是千篇一律的，在设计调研方案时，其内容和详尽程度可以根据调研的实际情况进行调整。

五、药品市场调研问卷设计

实地调研法中最常用的方法是询问法，不同的询问方式都离不开调研问卷，了解调研问卷并掌握调研问卷的设计，有助于提高调研技能。

调研问卷又叫调研表，它是指调研者根据调研目的与要求，设计出由一系列问题、备选答案及说明等组成的向被调研者搜集资料的一种工具，是用于搜集资料的一种最为普遍的工具。

（一）调研问卷的结构

调研问卷的基本结构，通常包括标题、引言、正文、附录等内容。

1. 标题　概括说明调研的研究主题，表明这份调研问卷的调研目的是什么。

2. 引言　主要包括问候语、自我介绍、填表说明等，这部分文字要简明易懂，能激发被调研者兴趣，争取合作和支持。

3. 正文　是问卷的主体部分，也是调研问卷最重要的部分，是市场调研所要搜集的主要信息，由一个个精心设计的问题与答案所组成。

4. 附录　告知调研活动的结束和对被调研者合作的感谢，记录下调研人员姓名、调研时间、调研地点和问卷编号等。要求简短明了，简单的问卷也可以省略。

（二）调查问卷设计技巧

1. 确定问题类型　问题类型主要有两种形式，即封闭式问题、开放式问题。

（1）封闭式问题　这种问题是事先设计好问题的答案，被调查人员能从中选择答案。这种提问方式应答者回答简单，便于统计，但答案的伸缩性较小，显得呆板，被调查者有时可能不能完全表达自己的想法。封闭式问题主要有是非选择题、多项选择题、顺序题、程度评判题等。

（2）开放式问题　这种问题允许被调查者用自己的话来回答问题，不受限制，调查人员可以获得足够全面的答案，可以了解更多真实情况。在一份调查表中，开放式问题不宜过多。开放式问题回答的难度大，答案过于分散，不易统计。开放式问题主要有自由回答题、词汇联想题、语句完成题、故事完成题等。

2. 设计调研问卷的注意事项　包括问卷和问题设计的相关要求。

（1）相关性要求　问卷中的问题必须与调查主题密切关联，避免可有可无的问题；避免问题与所设答案不相关，设计问题的答案要具有相同层次或相同类别的关系；避免被调查者不符合要求，可以在问卷开始设置一个"过滤性"问题，检查被调查者的合格性，如果合格可继续提问，否则就可终止提问。

（2）可接受性要求　问卷的设计要让被调查者接受，问卷要充分尊重被调查者，提问部分要亲切自然；应使用适合所有被调查者身份和水平的问题，使被调查者有能力回答，措辞要通俗易懂，避免使用被调查者不熟悉的、过于专业化的术语；尽量避免提出让被调查者难堪的问题。调查时可采取一些物质鼓励，并为被调查者保密。

（3）简明性要求　调查内容明晰，调查时间简短，问题和问卷形式要简明易懂，措辞避免有歧义提问要有单一性，避免把不同特性的问题合并提问，如"您对产品的价格和服务质量满意还是不满意"，这个问题就存在不妥当的多重提问，对"价格"和"服务质量"的满意程度可能是不一样的，问卷设计还要注意问题的数量，回答全部问题所用时间控制在20分钟左右。

（4）非诱导性要求　避免使用诱导性的问题或暗示性的问题。例如，"您感冒常用小柴胡吗"容易将答案引向具体产品，造成偏差，应改为"您感冒常用什么药"。

（5）易统计性要求　问卷设计要考虑问卷回收后容易进行数据统计汇总，便于用计算机进行统计处理，以节省人力和时间，保证时效。例如，"你们这类岗位人员月收入是多少？"这个问题不适合用开放式提问，应使用封闭式提问，设定收入界限供选答案。

（6）结构顺序要求　设计问卷时，应按一定的逻辑顺序，合理安排问题结构顺序。一般是先简单容易，后敏感复杂，以减少被调查者的抵触心理；同类问题尽量放在一起，以利于被调查者思考方便；封闭式问题放在前面，开放式问题放在后面；同一个问题和相关答案尽量编排在同一页。问题数量要适度，一般应控制在30个问题以内，最好在20分钟内能答完。

（三）设计调查问卷的程序

设计问卷一般来说主要包括8个环节，如图4-1所示。

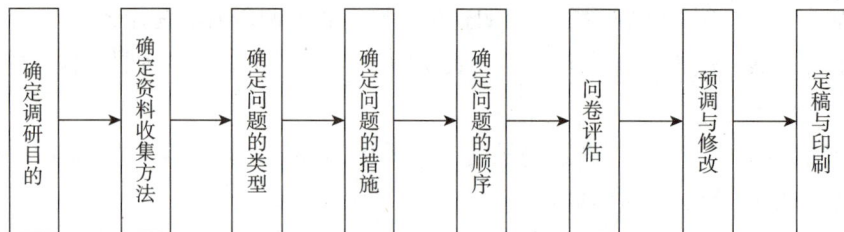

确定调研目的 → 确定资料收集方法 → 确定问题的类型 → 确定问题的措施 → 确定问题的顺序 → 问卷评估 → 预调与修改 → 定稿与印刷

图4-1　设计问卷的八个环节

六、药品市场调研报告撰写

（一）药品市场调研报告的含义

药品市场调研报告是利用在药品市场调研中所得的事实材料对所调研的问题做出系统的分析说明提出结论性意见的一种书面表现形式。市场调研报告的撰写是市场调研过程中的重要组成部分，一份好的调研报告，能大大提高企业领导据此决策行事的有效程度。

（二）药品市场调研报告的结构

药品市场调研报告的结构一般由标题、目录、引言、正文、附件等组成。

1. 标题　是调研报告的题目，由调研的内容决定，提示调研的主题思想。标题的形式主要如下。

（1）直接叙述式　是直接反映调研意向的标题。例如"抗感冒药零售市场调研报告"，这种标题简明、客观，市场调研报告常采用这种标题形式。

（2）表明观点式　是直接阐明作者的观点、看法或对事物的判断、评价的标题。如"降价竞争不可取"。

（3）提出问题式　是以设问、反问等形式，突出问题的焦点，以吸引读者阅读，并促使读者思考的标题。如"某某保健品为何如此畅销"。

2. 目录　如果调研报告的内容比较多，为了便于阅读，使用目录和索引形式列出调研报告的主要章节、附录及对应页码。如果报告内容不多，也可以省去目录。

3. 引言　主要是阐述市场调查的基本情况，是对市场调研项目的背景、目的和概况的说明。

4. 正文　是对调研资料的统计分析和结果进行的全面准确的阐述，通过对统计结果的分析发现问题，引出结论和建议。这是调研报告中篇幅最长的部分，也是调研报告最重要的部分，一般包括调研内容、调研方法、调研设计、数据分析、调研结果、结论和建议。其中，结论和建议是撰写调研报告的主要目的，由调研结果分析得出，是给调研报告使用者提供决策建议和参考依据。

5. 附件　是指调研报告文体中包含不了或没有提及，但与调研过程有关的各种资料总和，包括样本分配、数据图表、调研问卷、访问记录、参考资料等。

（三）撰写市场调研报告的流程

1. 选题构思　选题即确定市场调查报告的题目，报告的题目与市场调研的主题要一致，要能反映调研的目的。构思过程是对收集到的资料，进行判断推理，根据调研目的，确立主题思想，进而确立观点。

2. 选取数据资料　数据资料是形成调研报告的基础，是撰写报告的成败关键。介绍情况要有数据点作依据；列出论点、论据，构筑写作思路；反映问题要用数据做定量分析；结论和建议同样要用数据来论证其可行性与效益。恰当地选用数据可以使报告主题突出、观点明确、论据有力。

3. 拟定提纲　报告撰写者根据市场调研报告的内容要求对其框架进行设计，是围绕着主题，从层次上列出报告的章节目，集中表现出报告的逻辑网络。提纲可以细化到目或更深层次，尤其要列出每层的小论点和主要支撑材料，则在撰写报告时思路会比较清晰。

4. 撰写初稿　按照拟定好的提纲，在把握观点的基础上，运用恰当的表达方式和文字技巧，充分运用调研中的材料，撰写调研报告初稿。

5. 修改定稿　对撰写好的市场调研报告初稿反复进行修改和审定，包括整体修改、层次修改、文字润色，保证调研报告的质量和水平。修改好后的调研报告就可以定稿，定稿的报告就可以提交给报告使用者了。

（四）撰写市场调研报告的要求

1. 实事求是、准确可靠　调研数据必须客观真实，方法、结论要如实阐述，准确表达，不能想当然，不能歪曲研究结果以迎合管理层的期望。

2. 目的明确、有的放矢　市场调研报告要紧扣调研目的和主题，必须围绕调研的目的来进行阐述，不要堆砌一些与调研目的和主题无关的资料和解释说明。

3. 简明扼要、突出重点　不要面面俱到，重点内容较详细介绍，可以用图表来加强和突出报告的重要部分和中心内容。一份优秀的调研报告应该是简洁、有效，重点突出，避免篇幅冗长。

4. 通俗易懂、便于阅读　在调研报告中，要力求用简单准确、通俗易懂的文字表述，避免晦涩的词语、术语和陈词滥调。报告结构要有层次，摘要要有概括性，可以用表格表示的少用文字描述，较长的报告要有目录索引，以方便阅读。

任务二　药品市场预测

一、药品市场预测的概念和分类

（一）药品市场预测的概念、作用

1. 药品市场预测的概念　药品市场预测是指在药品市场调研的基础上，运用科学的预测方法和技术，对影响药品市场供求变化的各种因素进行调查研究，以推测未来一定时期药品市场的发展变化趋势，为药品企业营销决策提供科学的依据。

药品市场预测是我国发展市场经济的客观需要。医药企业要想在竞争中立于不败之地，必须掌握药品市场变化趋势，做到超前决策，避免市场风险，把握市场机会。同时，医药行业是一个特殊行业，它肩负着救死扶伤的社会历史使命，这就要求做到药到病除。为此，企业必须掌握病情疫情的发展变化趋势，保证供给。因此，药品市场预测不仅是市场经济发展的客观要求，也是人类生存的客观需要。

市场调研与预测既有联系，又有区别。二者的联系主要表现在：市场调研是市场预测的基础，准确的市场预测要求有准确的市场调研；市场调研和市场预测共同为制订药品经营决策和计划提供依据。二者的区别主要表现在：市场调研是对过去和现在的市场状况进行记录和分析，而市场预测是依据已经发生的情况，推测未来的市场发展变化趋势；调研的结果是市场过去和现在的有关信息，预测的结果是市场未来的发展趋势；调研是收集资料，预测是用定性和定量的方法推测将来的可能性。

2. 药品市场预测的作用 在市场经济条件下，竞争激烈，市场千变万化，市场预测极为重要，它直接关系到企业的兴衰成败。药品市场预测的作用主要表现在以下几个方面。

（1）有利于医药企业制定科学合理的经营决策 医药企业要做出正确的经营决策，必须了解市场的发展方向和需求变化，掌握必要的市场信息，从而做出正确的药品市场发展变化的趋势预测。

（2）有利于为医药企业制订经营计划提供依据 药品经营企业在制订经营计划时，除了依据国家指导性政策外，还必须考虑社会、市场和用户的需求及企业本身经济效益的要求。这就要求企业能够预测并根据市场需求的变化，及时调整自身经营计划。

（3）有利于提高医药企业竞争能力 在市场经济中，任何企业都面临严峻的市场竞争，竞争的结果是优胜劣汰。正确的市场预测可使医药企业了解市场上的竞争对手、竞争领域和竞争形势，可使医药企业制定正确的竞争策略，提高竞争能力，在竞争中居于优势地位。

（4）有利于医药企业开拓市场，提高市场占有率 企业竞争能力的一个重要指标是市场占有率，通过市场预测可以发现目标市场及市场潜在的需求量，从而有效地开展销售推广工作，占领目标市场，扩大销量，提高市场占有率。

（5）有利于改善经营管理，提高经济效益 现代市场经济，药品品种繁多，信息错综复杂，竞争频繁激烈，流通形式多种多样。企业管理者必须具有远见卓识、科学的管理方法和较高的管理水平。而市场预测正是提高科学管理水平的重要手段。只有通过市场预测，对市场进行科学的分析，才能达到指导当前、把握未来，实现科学管理的目的。也只有通过市场预测，才能合理利用人、财、物、时间和空间，正确安排购、销、储运的数量及比例。做到人尽其才、物尽其用，生产出适销对路的药品，加速资金周转，提高资金占有率，节约流通费用，提高经济效益。

（二）药品市场预测的分类

1. 按预测范围的大小分类 分为宏观市场预测和微观市场预测。

（1）宏观市场预测 是对整个药品市场在一定时期内的发展变化总趋势进行预测分析，研究总量指标、相对指标以及平均数指标之间的联系与发展变化趋势。宏观市场预测对企业确定发展方向和制定营销战略具有重要的指导意义。

（2）微观市场预测 是对一个生产部门、公司或企业的营销活动范围内的各种预测。微观市场预测是企业制定正确的营销战略的前提条件。微观市场预测是宏观市场预测的基础和前提，宏观市场预测是微观市场的综合与扩大。

2. 按市场预测时间的长短分类 分为长期、中期、短期预测。

（1）长期预测 又称远景预测，是指对5年以上的市场变化趋势的预测，侧重预测药品市场的长远发展趋势，为编制经营战略规划提供依据。

（2）中期预测 是指对1年以上、5年以内的市场变化趋势的预测，侧重预测医药商品的供求结构变化、品种剂型、产品的生命周期等的变化，为制订中期经营目标和经营计划提供依据。

（3）短期预测 又称近期预测，是指对1年以内的市场变化趋势的预测，预测期以年、季、月、旬为单位，为短期计划的制订和执行提供依据。

3. 按预测方法、方式分类 分为定性、定量、定性定量预测。

（1）定性预测　是指依靠主观判断，对药品市场的发展变化趋势进行预测。比如，消费者对药品品牌偏好程度的预测。

（2）定量预测　是指运用数学模型、数学统计等方法，对各种统计资料和信息进行数据处理，着重从数量关系上分析推算，从而预测市场的发展变化趋势。

（3）定性定量预测　是指将定性预测与定量预测有机结合起来，进行定性分析、定量推算，从而预测市场的发展变化趋势。

4. 按预测的内容分类　分为综合预测和专题预测。

（1）综合预测　是将所有与药品生产经营活动相关的因素，或将药品经营活动的全部内容作为研究对象进行的预测，目的是为了全面了解市场而进行的预测。

（2）专题预测　是指根据医药企业生产经营的需要，有针对性地进行某一项内容的重点预测。比如品种预测、价格预测、经济效益预测等。

5. 按预测的空间分类　分为国际市场预测、全国市场预测、区域市场预测。

（1）国际市场预测　是指对国际市场在一定时间内发展变化趋势的预测。经济全球化背景下，国际市场预测显得尤为重要。

（2）全国市场预测　是指对全国药品市场在一定时间内发展变化趋势的预测。

（3）区域市场预测　是指对某一区域范围内的药品市场预测。如珠三角区域、长三角区域等区域性的市场预测。

二、药品市场预测的程序和内容

（一）药品市场预测的程序

市场预测的过程是一个有机系统，这个系统可以看作是根据预测目标，输入有关信息进行分析处理，最后输出预测结果的过程。药品市场预测的程序大体包括以下几个步骤。

1. 明确预测目标　确定预测目标是指预测应达到什么要求，要解决哪些问题。这是组织预测的重要前提。有了明确的目标，才能确定预测的对象、目的和范围，制定工作计划，选择预测方法，决定信息来源，选配预测人员。预测目标是根据企业一定的经营目的选择的。例如，为了确定下年度的经营计划，对企业下年度的销售额进行预测，预测目标选得准确，才能提高预测效果。

2. 确定预测的信息来源　预测需要大量的信息，也就是能够反映预测对象发展趋势的各种数据和资料。根据预测目标和期限长短的不同，一般来说要收集以下资料。

（1）历史资料　指的是预测年份以前的各种数据和情况，如预测销售额，则要收集有关的历史销售情况，销售品种结构变化等。

（2）现实资料　指的是有关预测内容的当前数据和情况，如货源情况、需求情况等。

（3）内部资料　主要包括企业生产、销售、存货等各种数据，市场占有率、经营利润等资料。

（4）外部资料　主要包括政府统计部门、行业情报部门、专家学者、报刊等发布的资料。

3. 选择适当的预测方法　是确保预测准确性的关键。因为每种预测方法，都有它特定的用途和作用，根据预测目标、内容和要求的不同，以及掌握资料的情况不同，选择相应的预测方法。在同一项预测中，可以同时采用不同的方法进行预测，以便比较，在进行定性预测的同时，应尽量结合采用定量预测，即多采用相关的数学模型，这样既应用了现代计算技术，又可以用不同的预测方法互相验证其预测结果，实现预测的科学化，提高预测的准确性。

4. 编制预测计划　编制计划就是把预测的内容、目的和要求，作时间上的安排和空间上的部署，以保证预测有秩序地进行。

5. 安排预测人员 预测人员必须明确预测的目的和要求，熟知预测的时间安排，并具备必要的经济、政治、业务、技术、管理知识，懂得预测方法，为此，必须对预测人员进行专门培训。

6. 研究收集分析资料 调研研究是预测的起点，预测的效率在很大程度上取决于调研研究的深度和广度。要根据预测目标的要求，广泛收集预测所需的资料。对调查研究中获取的资料，无论是数字性资料，还是文字性资料都要按照预测的目的分类整理，有的要制表、绘图。对预测中碰到的难以测定的因素，要进行科学的分析，排除偶发事件，剔除一些由偶发因素造成的不适用数据，找出其变化发展的规律性。

7. 综合分析预测 就是把历史的和现实的、社会的和企业的、定性的和定量的资料结合起来进行分析，然后运用确定的预测方法推出具体的预测值，在实际工作中预测的结论有时不止一个，甚至会出现两个结论截然相反的情况。因此，对所得的预测结果要进行分析评价，以使预测更符合未来实际情况。

对预测结论要提供文字说明，并写出有数字和情况资料的论证及预测报告。预测报告的内容一般包括预测值、预测依据、预测的评价、利弊说明等，然后送交决策部门审查选定。

（二）药品市场预测的内容

药品市场预测的内容十分广泛，既涉及宏观预测，也涉及微观预测。凡是影响药品市场变化的因素都属于预测的范围。医药企业所做的预测内容，主要包括以下几个方面。

1. 外部环境预测 外部环境是影响医药企业经营活动的不可控因素，企业在充分认识和掌握有关资料和信息的前提下，采用必要的措施来适应其发展变化，变不利因素为有利因素，变被动为主动。外部环境预测主要有经济环境预测、政治环境预测、自然灾害预测、人口预测、科学技术预测等。

2. 需求预测 是根据有关历史资料和现实状况，以及以往的经验和教训，对未来市场需求进行的预测，也就是对企业销售量（额）的预估。

3. 药品预测 主要包括药品组合预测、药品寿命周期预测、新药品开发与应用预测、新剂型和新规格发展预测、药品市场占有率预测等。

4. 供应预测 主要包括各类药品供应量、供应潜在量、供应结构预测，药品供求关系变化预测，药品生产数量、结构变化预测等。

5. 竞争预测 主要包括药品竞争主体变化预测、竞争策略与手段变化预测、竞争实力变化预测、竞争作用与结果预测等。

6. 价格预测 价格是反映市场供求的灵敏信号，也是市场预测的主要内容。价格预测主要包括价格政策预测、成本变化预测、价格波动幅度与影响因素预测、定价策略与方法发展预测、价格心理预测等。

7. 促销组合预测 促销组合是企业最为重视并经常采用的方法，对它的应用及其产生的效果进行预测，可降低或消除企业经营决策的盲目性。促销组合预测主要包括广告促销预测、人员推销预测、营业推广预测、公共关系活动效果预测、促销费用支出预测等。

8. 经济效益预测 经济效益是医药企业从事经营活动的直接目的。经济效益预测包括劳动效率预测、销售收入预测、税利预测、流通费用及流通费用率预测、资金占用和资金周转预测、资金利用效果预测等。

三、药品市场预测的方法

药品市场预测的方法按性质一般分为两大类，即定性预测方法和定量预测方法。

（一）定性预测方法

定性预测是根据个人的经验和知识对未来市场发展变化趋势做出分析和判断的方法，常用的有以下几种。

1. 经验判断法　是指预测者根据占有的历史资料和现实资料，凭借自己的直觉、主观经验、知识和综合判断能力，对药品市场未来一定时期发展趋势做出判断的预测方法。

这种方法简单实用但预测结果受预测人员业务知识水平，掌握资料的情况以及分析综合能力的影响。经验判断法进一步细分又有主管人员判断法和专业人员判断法以及主管人员与专业人员结合判断法。医药企业可根据企业的管理方式和预测需要选定。

2. 专家会议法　又称专家会议调研法，是根据市场预测的目的和要求，向一组经过挑选的有关专家提供一定的背景资料，通过会议的形式对预测对象及其前景进行评价，在综合专家分析判断的基础上，对市场趋势做出量的推断。采用专家会议法进行市场预测应特别注意以下两个问题。

（1）选择的专家要合适　选择什么样的专家，专家组的人员构成如何，专家的数目为多少等，这与所要研究的问题的性质、问题的复杂程度、现有资料的完备程度以及专家对企业问题的熟悉程度有关。①专家要具有代表性。②专家要具有丰富的知识和经验。③专家的人数要适当。

（2）预测的组织工作要合理　采用专家会议法进行预测，对会议的组织者和组织工作要求较高。①专家会议组织者最好是市场预测方面的专家，有较丰富的组织会议的能力。②会议组织者要提前向与会专家提供有关的资料和调研提纲，讲清所要研究的问题和具体要求，以便使与会者有备而来。③精心选择会议主持人，使与会专家能够充分发表意见。④要有专人对各位专家的意见进行记录和整理，要注意对专家的意见进行科学的归纳和总结，以便得出科学的结论。

3. 头脑风暴法　是根据预测目的的要求，组织各类专家相互交流意见，无拘无束地畅谈自己的想法，敞开思想发表自己的意见，在头脑中进行智力碰撞，产生新的思想火花，使预测观点不断集中和深化，从而提炼出符合实际的预测方案。

4. 德尔菲法　也称"背靠背"的专家征询法。这种方法是按一定的程序，采用背对背的反复函询的方式，征询专家小组成员的意见，经过几轮的征询与反馈，使各种不同的意见渐趋一致，经汇总和用数理统计方法进行收敛，得出一个比较合理的预测结果供决策者参考。这种方法是由美国兰德公司在20世纪40年代首创和使用的，最先用于科技预测，后来在市场预测中也得到广泛应用。它是一种非常实用的方法，其特点有匿名性、反馈性、收敛性。

通过数轮征询后，专家的意见会相对集中，使预测的问题越来越明确，为决策提供依据。

5. 类比推断法　是指遵循类比原则，把预测对象与其同类的或相似的先行事物加以对比分析，来推断预测对象未来发展趋向与可能水平的一种预测方法。类比推断法的突出特点就是要求预测对象与类比对象具有类比性、相似性或近似性。

类比推断法适用广泛，方法简便，论证性强。它要求预测人员具有丰富的实践经验，对预测目标及其关联内容有深入的了解，掌握比较全面的有关类比对象的信息资料，有较强的分析、综合、逻辑推理能力。

企业经常涉及的有以下几方面：与国外同类经济现象类比、与不同地区同类经济现象类比、与性质相近相似的产品类比。

6. 相关推断法　是以事件的因果关系原理为依据，从已知相关事件的发展趋势，来推断预测对象的未来变化趋势。在市场预测中，运用相关推断法，首先要依据理论分析或实践经验，找出同预测对象或预测目标相关的各种因素，特别是要抓住同预测对象有直接关系的主要因素，再依据事件相关的内在因果关系进行推断。

（二）定量预测方法

定量预测法根据统计资料，运用数学模型来确定各变量之间的数量关系，根据数学计算和分析的结果来推断未来的发展趋势。此法适用于统计资料完整、准确详细及市场发展变化相对较为稳定且具有一定规律性的预测对象。如果市场激烈波动，大起大落，就要运用定量分析与定性分析相结合的方法，以提高预测结果的准确性。常用的定量预测方法有以下几种。

1. 简单平均数法　它是利用预测期以前的各期销售统计数据，求其平均值，作为下期预测值。这种方法简单易用，但精确度差，只用于对销售情况稳定的产品做大致的预测。其计算公式为

$$预测值 = \frac{前期销售总量}{期数}$$

例如：某药店 2023 年 6 ~ 10 月份，药品的实际销售额分别为 26 万元、28 万元、28 万元、30 万元、27 万元，预测本年度 11 月份的药品销售额是多少？

根据上述公式计算：

$$11 月份药品销售额预测值 = \frac{26 + 28 + 28 + 30 + 27}{5} = 27.8（万元）$$

2. 加权平均数法　简单算术平均法将所有观察值不论远近在预测中一律同等看待，这不符合市场发展的实际情况。实际上，近期观察值会有更多的时间序列变化趋势的信息，对预测对象影响较大；而远期的观察值所包括的信息较少，对预测对象影响较小。为克服简单算术平均法的这一缺点我们可以根据观察值的远近赋予其不同的权数，近期观察值的权数可大些远期观察值的权数可小些。所以，加权算术平均法是以观察期的加权算术平均数作为下期预测值的预测方法。

加权平均数的计算公式如下。

$$y_{n+1} = \frac{y_1 W_1 + y_2 W_2 + y_3 W_3 + \cdots + y_n W_n}{W_1 + W_2 + W_3 + \cdots + W_n} = \frac{\sum_{i=1}^{n} y_i W_i}{\sum_{i=1}^{n} W_i}$$

式中，y_{n+1} 是 $n+1$ 期的预算值；y_i 是 i 期的统计数据（$i = 1, 2, 3, \cdots, n$）；W_i 是 i 期数据的权数（$i = 1, 2, 3, \cdots, n$）。

例如：某药店 2023 年第二至第四季度的销售额分别是 312.5 万元、216.7 万元和 332.4 万元，预测 2024 年第一季度的销售额。

考虑到时间序列期，离预测期越近，其实际值对预测值的影响就愈大。设第二、三和四季度销售额的权数分别是 0.25、0.35 和 0.40，则 2024 年第一季度的销售预测额为

$$预测值 = \frac{312.5 \times 0.25 + 216.7 \times 0.35 + 332.4 \times 0.40}{0.25 + 0.35 + 0.40} = 286.93（万元）$$

运用加权算术平均法关键在于确定适当的权数。而权数的确定通常要凭借预测者的经验来判断，但必须体现影响力大的观察值对应大的权数这一原则。一般来说，在运用这种方法预测时，如果观察变量变化较大，则应加大近期观察值的权数，以抵消观察变量大幅度变动对预测结果的影响；如果观察变量变动幅度较小，则权数不必相差太大。

3. 一元线性回归预测法　就是通过对历史资料的统计分析，寻找与预测对象有着内在变量上的、相互依存的相关关系的规律，并建立回归数学模型进行预测的方法。通过回归分析，可以把非确定的相关关系转化为确定的函数关系，据此预测未来的发展趋势。

一元线性回归预测法的基本公式是

$$y = a + bx$$

式中，x 为自变量；y 为因变量；a、b 为回归系数。这个公式叫作一元线性回归方程，它的图像叫回归直线。

用一元线性回归预测法时，利用已知的几组统计数据（x_i，y_i），寻找或拟出一条回归直线，即计算回归系数 a、b，使得这条确定的直线反映这两个变量之间的变化规律，从而已知一个变量 x 的值，就可计算出另一个变量 y 的值，计算 a、b 的公式是

$$a = \frac{\sum y_i}{n} \qquad b = \frac{\sum x_i y_i}{\sum x_i^2}$$

在医药企业实际工作中，y 代表销售额，x 是时间变量，n 为所给资料组数。

例如：某制药厂，2014—2018 年的感冒清热颗粒销售额分别是 300 万元、500 万元、400 万元、700 万元、600 万元，预测 2019 年感冒清热颗粒的销售额。从资料看，本题（奇数），按简化方法列表计算回归系数如表 4 - 2 所示。

表 4 - 2　回归系数的计算

年份	时间序号（x）	销售额（y）	xy	x^2
2014	-2	300	-600	4
2015	-1	500	-500	1
2016	0	400	0	0
2017	1	700	700	1
2018	2	600	1200	4
$\sum$	$\sum x_i = 0$	$\sum y_i = 2500$	$\sum x_i y_i = 800$	$\sum x_i^2 = 10$

经计算得：$a = \dfrac{\sum y_i}{n} = \dfrac{2500}{5} = 500 \qquad b = \dfrac{\sum x_i y_i}{\sum x_i^2} = \dfrac{800}{10} = 80$

回归方程为 $y_i = 500 + 80x_i$

2019 年 x_i 编号应为 3，将 $x_i = 3$ 代入回归方程得

2019 年预测值 $y_i = 500 + 80 \times 3 = 740$（万元）

目标检测

答案解析

一、单项选择题

1. 根据（　　），市场调研可分为探测性调研、描述性调研、因果关系调研、预测性调研
   - A. 市场调研的性质和目的不同
   - B. 市场调研的对象范围的不同
   - C. 市场调研任务的大小不同
   - D. 市场调研项目的重要程度不同

2. 整理调研资料包括（　　）
   - A. 筛选、分类、归纳
   - B. 筛选、分类、分析
   - C. 归纳、分类、总结
   - D. 归纳、分析、总结

3. 药品市场调研的程序是（　　）
   - A. 确定调研目标、选择调研方法、实施调研并收集资料、整理分析资料、编写调研报告
   - B. 确定调研目标、制订调研方案、问卷调研、整理分析资料、编写调研报告
   - C. 确定调研目标、制订调研方案、实施调研并收集资料、分析资料、编写调研报告
   - D. 确定调研目标、制订调研方案、实施调研并收集资料、整理分析资料、编写调研报告

4. 资料收集，通常（　　），先近后远，先易后难
   - A. 先收集第一手资料，后收集第二手资料

B. 先收集第二手资料，后收集第一手资料

C. 先收集企业内部资料，后收集企业外部资料

D. 先收集电子版资料，后收集纸质版资料

5. 药品市场调研中收集第一手资料最常用、最基本的一种调研方法是（　　）

    A. 观察法　　　　　　　　B. 访问法　　　　　　　　C. 实验法　　　　　　　　D. 以上均是

6. 按照（　　），访问法主要有五种具体方法

    A. 沟通内容不同　　　　　　　　　　　　　　B. 沟通工具不同

    C. 沟通方式不同　　　　　　　　　　　　　　D. 与被调研者接触方式不同

7. （　　）是由调研人员根据调研研究的对象，利用眼睛、耳朵等感官以直接观察的方式对其进行考察并搜集资料，也可以通过安装照相机、摄像机、录音机等进行拍摄和录制

    A. 访问法　　　　　　　　B. 实验法　　　　　　　　C. 观察法　　　　　　　　D. 抽样调研法

8. 调研人员通过对小区垃圾的调研，了解小区居民食品消费倾向与档次，这种方法属于（　　）

    A. 直接观察　　　　　　　　B. 痕迹观察　　　　　　　　C. 行为记录　　　　　　　　D. 对比实验法

9. 下列关于设计调研问卷的注意事项，说法正确的是（　　）

    A. 使用命题的用语，力求通俗易懂，简明扼要，明白无误

    B. 调研问卷中问题数量越多越好

    C. 调研问卷中调研问题的排列顺序，一般说来，同类型的或成套的问题可以排在一起，简单的问题、被调研者较为关注的问题可放在后面；复杂的问题、被调研者较难回答的问题应放在前面

    D. 调研问卷中的问题必须是开放式问题

10. 按预测范围的大小划分，药品市场预测分为（　　）

    A. 长期预测和短期预测　　　　　　　　　　B. 宏观市场预测和微观市场预测

    C. 定性预测和定量预测　　　　　　　　　　D. 综合预测和专题预测

11. （　　）是指在药品市场调研的基础上，运用科学的预测方法和技术，对影响药品市场供求变化的各种因素进行调查研究，以推测未来一定时期药品市场的发展变化趋势，为药品企业营销决策提供科学的依据

    A. 药品市场调研　　　　　　　　　　　　　　B. 药品市场营销

    C. 药品市场预测　　　　　　　　　　　　　　D. 药品市场营销战略

12. 按预测的内容划分，药品市场预测分为（　　）

    A. 长期预测和短期预测　　　　　　　　　　B. 宏观市场预测和微观市场预测

    C. 定性预测和定量预测　　　　　　　　　　D. 综合预测和专题预测

13. 按预测方法、方式划分，药品市场预测分为（　　）

    A. 长期预测和短期预测　　　　　　　　　　B. 宏观市场预测和微观市场预测

    C. 定性预测、定量预测、定性定量预测　　　D. 综合预测和专题预测

14. （　　）是指预测者根据占有的历史资料和现实资料，凭借自己的直觉、主观经验、知识和综合判断能力，对药品市场未来一定时期发展趋势做出判断的预测方法

    A. 经验判断法　　　　　　B. 德尔菲法　　　　　　C. 头脑风暴法　　　　　　D. 类比推断法

15. 德尔菲法的特点是（　　）

    A. 匿名性、反馈性、收敛性　　　　　　　　B. 匿名性、反馈性、长远性

    C. 匿名性、创新性、收敛性　　　　　　　　D. 匿名性、反馈性、创新性

16. （　　）是根据预测目的的要求，组织各类专家相互交流意见，无拘无束地畅谈自己的想法，敞开思想发表自己的意见，在头脑中进行智力碰撞，产生新的思想火花，使预测观点不断集中和深化，从而提炼出符合实际的预测方案

    A. 德尔菲法　　　　　　　B. 专家会议法　　　　　C. 头脑风暴法　　　　　　D. 类比推断法

17. 运用（　　）进行预测时，需要根据观察值的远近赋予其不同的权数，近期观察值的权数可大些，远期观察值的权数可小些

    A. 指数平滑法　　　　　　　　　　　　　　B. 一元线性回归预测法

    C. 简单平均数法　　　　　　　　　　　　　D. 加权平均数法

18. （　　）将所有观察值不论远近在预测中一律同等看待，这不符合市场发展的实际情况。实际上，近期观察值会有更多的时间序列变化趋势的信息，对预测对象影响较大；而远期的观察值所包括的信息较少，对预测对象影响较小

    A. 加权平均数法　　　　　　　　　　　　　B. 简单算术平均法

    C. 一元线性回归预测法　　　　　　　　　　D. 指数平滑法

二、简答题

1. 简述药品市场调研的程序。
2. 简述药品市场预测的程序。
3. 简要说明调研问卷设计的要求。
4. 简要说明撰写市场调研报告的要求。

书网融合……

重点小结　　　　微课　　　　习题

项目五　药品目标市场营销

PPT

学习目标

知识目标：通过本项目的学习，应能掌握药品市场细分的标准、步骤和方法；熟悉目标市场的选择及策略；了解药品市场定位的方法和策略。

能力目标：能运用市场细分的标准和方法，对市场进行细分，并选择适当的策略。

素质目标：通过本项目的学习，培养营销思维，深化服务理念，树立为人民健康服务的职业理想。

任务一　药品市场细分　e 微课

情境导入

情境：中国补血市场，竞争激烈，某 K 公司凭借"快速补血"的产品定位，在不到两年时间里销售额破亿，牢牢占据行业首领位置，它在人们心目中有着"见效快"的口碑，作为领导品牌，地位十分牢靠。F 公司仔细研究某 K 产品，将补血市场初步细分为农村低收入女性市场和城市高收入白领女性市场后，它认为以 F 公司的经济实力及营销网络，如果定位于农村女性补血市场很难与某 K、某 S 等大公司竞争。而如果定位于城市高收入白领女性补血市场，既能赚得丰厚的利润，又能发挥康富来的技术优势，所以 F 公司最终选择了城市高收入白领女性补血市场，推出了公司的补血产品——"XR"，一经上市，"XR"产品销售量直线上升，占领大半江山，一跃成为中国补血市场行业第二。

思考：F 公司"XR"产品的市场细分给你怎样的启示？

一、药品市场细分概述

（一）概念

药品市场细分是药品企业在市场调研基础上，根据消费者需求的多样性和购买行为的差异性，选用一定的标准，将某一产品的整体市场划分为若干个具有不同特征的子市场（即"细分市场"）的过程。简而言之，市场细分的过程是将具有相同或相似需求的消费者归纳在一起的过程。

（二）药品市场细分的作用

市场细分，可以反映出不同消费者需求的差异性和类似性。因此药品企业在明确药品研制前就需要深入了解消费者的各类需求，按照消费者的个人特征、消费者心理等细分变量，将整个药品市场进行细分，药品市场细分对企业的作用如下。

1. 有利于分析、发掘新的市场机会　医药企业可以通过市场细分，了解现有市场上竞争者的状况及消费需求被满足的程度，将竞争者没有发现的细分市场、不屑占领的细分市场、没有有效满足或满足程度不够的细分市场作为企业未来生存和发展的有利因素，开拓新市场，提高市场份额。市场细分对于中小企业尤为重要，通过市场细分，可以根据自己的经营优势，选择一些大企业不愿顾及、相对市场需求量较小的细分市场，集中力量满足该特定市场的需求，在整体竞争激烈的市场条件下，在某一局部市场取得较好的经济效益，求得生存和发展。

2. 有利于企业资源优化，增强企业市场竞争力　企业的人力、物力、财力是有限的。药品市场细分后，企业可以明确目标市场，定位目标人群，集中人力、物力和财力等资源，避免分散企业竞争力量，获取最大利益。同时，在选定的目标市场上，企业可以更清楚地认识和分析各个竞争者的优势和不足，扬长避短，有针对性地开展营销活动，提高企业在市场上的竞争力。

3. 有利于企业提高应变能力　通过市场细分后，每个目标市场变得更具体和鲜明，市场信息反馈迅速及时，能够准确地掌握目标市场及其需求变化的情况，以此制定不同的营销策略，以适应市场需求的变化，提高企业的应变能力。

二、药品市场细分的标准

市场细分标准是指构成消费者需求差异的各种因素，或是影响消费者需求的各种因素。由于这些因素的变动会引起市场细分的变动，因此，这些因素也就成为市场细分的变量。

消费者市场细分的标准是由一些细分变量产生的，几个具有代表的变量主要有地理因素、人口因素、心理因素和行为因素等，划分方法和具体内容详见表 5-1。

表 5-1　消费者市场细分标准

序号	细分标准	具体变量
1	地理因素	国别、地理区域、气候条件、城乡、城市规模、人口密度、交通运输等
2	人口因素	年龄、性别、收入、职业、受教育程度、家庭生命周期、家庭规模、宗教信仰
3	心理因素	性格、社会阶层、生活方式等
4	行为因素	购买时机、使用状况、购买动机、追求的利益、使用频率、品牌忠诚度等

（一）地理因素

地理因素，就是医药企业按照消费者所处的地理环境来细分市场，这是一种传统的划分市场的方法。这一细分因素一般包括国别、地理区域、城乡、气候条件等方面，是大多数医药企业采用的主要标准之一。主要因为这一因素相对于其他因素比较稳定，比较容易分析。

1. 地理区域　处在不同地理区域的消费者，在消费需求和消费习惯等方面可能存在着很大的差异，这也影响着他们对药品的需求。例如跌打损伤药、食物中毒药在山区、平原和草原的需求有区别。

2. 气候　地区气候的不同，会影响消费者对产品的需求，我国南方和北方的气候条件不同，发病情况也会出现差异，对医药产品的需求也因此会出现差异。例如，风湿类药品在我国南方的需求数量比北方多。

3. 城市与乡村　城乡存在区别，人们的消费水平、消费观念等区别都会造成市场上消费需求和消费规模的不同。按城乡变量可将消费者市场细分为城市、郊区、乡村（农村）市场等。例如，保健品在城市和农村的需求量明显不同。

4. 人口密度　和规模直接相关。例如，居民集中的社区，药店的非处方药销量就相对较大。但需要注意的是人口密度仅表现了单位面积的人口数量，并不考虑土地的质量和产能，因此在运用时确实需要特别注意。

按照国别、地理区域、气候条件、城市乡村、城市规模、交通运输等进行市场细分是必要的，但因为这些因素是较稳定的，消费者需求又是存在差异和不断变化的，所以单一地用地理因素对市场细分必然存在缺陷，还要考虑到其他细分因素。

（二）人口因素

人口因素指各种人口统计变量，是市场细分惯用的和最主要的标准，主要包括年龄、性别、收入、职业、受教育程度、家庭生命周期、家庭规模、宗教信仰等。这些人口因素与需求差异性之间存在密切的因果关系。

1. 年龄　不同年龄的消费者由于生理、习惯、生活方式、社会角色等多方差异，对药品的需求必然会有不同的特点。一方面，不同年龄段的疾病发生情况有很大差异，例如，高血压、骨质疏松、白内障为中老年的多发病，而近视眼、青光眼则在青年人中多见。另一方面，不同年龄段的消费者对药品的选择也有很大的差异，例如，老年人购买药品时通常以经济、方便为首选条件，而年轻人具有时尚、不在意价格、易受广告影响的消费特点。

2. 家庭收入　收入水平决定消费者的购买力的大小，是引起需求差异的一个直接而重要的因素，直接影响人们的用药结构、用药习惯和消费观念，如高收入者，选择药物时，较多考虑疗效，接受新药、特药的观念较强；而低收入者，选择用药时多考虑价格因素。

3. 性别　由于男性和女性的生理特点和社会角色不同，他们对于药品的需求以及购买行为也有着明显的差异，性别经常被用以作为细分标准。如女性比较关心保健、美容、减肥等方面产品。

4. 受教育程度　购买者受教育程度不同，其价值观、文化素养、知识水平不同，会直接影响其选择和购买行为。相对而言，受教育程度高的人获取药品知识的能力较强，自我保健意识也较强，购买行为会相对较为理性；受教育程度较低的人，其购买行为较易受他人和广告的影响。

5. 家庭生命周期　表现了一个家庭生活的变化过程。在药品市场营销学中，主要考虑消费者作为家庭成员所经历家庭各个阶段形态的需求变化。

知识链接

家庭生命周期

家庭生命周期由美国人类学学者首先提出，反映家庭从形成到解体呈循环运动的变化规律。分为六个阶段。

1. 形成阶段　家庭起始阶段，家庭成员通常是结婚伴侣，开始建立家庭，规划未来，充满了新鲜感和期待。

2. 扩展阶段　通常因孩子出生，家庭规模扩大，夫妻需要适应新的角色和责任，充满喜悦和挑战。

3. 稳定阶段　孩子成长，家庭生活相对平稳。夫妻关系更加成熟和稳定。

4. 收缩阶段　随着孩子长大离开，家庭规模减小，夫妻重新审视生活和目标，有时也会面临空巢综合征。

5. 空巢阶段　孩子离开家庭，夫妻独自生活，更加亲近，开始重新定义生活。

6. 解体阶段　可能因离婚、丧失家庭成员等原因导致家庭解体，这是一个痛苦和挑战的阶段，需要适应新的生活状态。

（三）心理因素

心理因素指消费者进行消费活动时所发生的一切心理活动，以及由此产生的消费行为，包括消费行为、消费习惯和购买趋向等方面。药品企业可以按照消费者心理进行市场细分，常用的心理细分标准有性格、社会阶层、生活方式等。

1. 性格　指消费者比较稳定的心理倾向和心理特征，它使得消费者对所处的环境做出相对一致的行为反应，如习惯型、理智型、冲动型和保守型等。不同性格的人，购买行为的差异是很大的。例如，外向型性格的人，会尝试购买新药特药；保守型性格的人，则更注重药品的疗效和毒副作用的大小等，所以医药企业可根据消费者性格因素进行市场细分，针对不同消费者群体的性格，赋予产品相应的品牌个性。

2. 社会阶层　指在社会中的层次结构处于不同地位的社会群体，它是按照消费者的价值观、职业、收入、教育等多种因素来划分的。同一阶层的成员具有类似的价值观、兴趣、爱好、行为方式。

3. 生活方式　指人们对消费、工作和娱乐的特定习惯和行为倾向。消费者追求的生活方式不同，对商品的喜好就会不同，生活方式不同的消费者有不同的购买习惯。例如，朴素型的生活方式和追求时尚型的生活方式对商品的需求就有很多不同。

（四）行为因素

行为因素是市场细分的重要细分标准，是指企业按照消费者的购买时机、追求的利益、使用状况、使用频率、品牌忠诚度等行为因素进行的市场细分。

1. 购买时机　按消费者提出需要、购买和使用产品时机的不同细分，将消费者划分为不同的群体。如不同的季节或时期，消费者可能会出现不同的健康状况，夏季人们会经常购买花露水、防蚊贴等药物；冬季人们会经常购买冻疮膏或鼻炎类药物。

2. 使用状况　消费者的使用状况可以按照其使用程度分为未使用者、潜在使用者、曾经使用者、首次使用者、经常使用者。消费者的使用状况不同，其对产品的需求也不同。一般情况下，大型药品企业习惯于将潜在使用者转变为首次使用者和经常使用者；小企业则注重吸引、保持一部分经常购买者，并制定恰当的竞争策略从大公司手中争取现有使用者。

3. 追求的利益　消费者购买产品时由于购买动机不同，因此追求的利益也是不同的，有的消费者追求疗效迅速，有的追求经济实惠，有的追求价格低廉。医药企业可以根据细分市场追求的利益不同，使自己产品具有明显的特征，有针对性地满足消费者所追求的利益。

4. 使用频率　根据消费者的使用频率细分，可分为大量使用者、中量使用者和少量使用者。掌握消费者的使用频率，有助于医药企业恰当地制定产品价格、选择分销形式和广告宣传促销的方式。如经常购买且大量使用某种产品的人数，可能在市场总人数中所占比重很小，但他们购买的产品数量比重却很大。因此，许多企业把大量使用者作为自己的销售对象。

5. 品牌忠诚度　消费者对价格、服务、广告等的敏感程度以及对品牌、分销渠道的信任程度为品牌忠诚度。按照品牌忠诚度可以把消费者市场划分为四个群体：绝对品牌忠诚者、多种品牌忠诚者、非忠诚者和变换型忠诚者。在绝对品牌忠诚者占很高比重的市场上，其他品牌难以进入；在变换型忠诚者占比重较高的市场上，企业应努力分析消费者品牌忠诚度转移的原因，以调整营销组合，加强品牌忠诚度；而对于那些非品牌忠诚者占较大比重的市场，企业应审查原来的品牌定位和目标市场的确立等是否准确，随市场环境和竞争环境变化重新加以调整和定位。

三、药品市场细分的方法和步骤

（一）医药市场细分的方法

医药市场细分的一般方法有完全细分法、主导因素细分法、综合细分法和系列变量细分法。

1. 完全细分法　就是对某种产品整体市场所包括的消费者的数目进行最大限度细分市场的方法。即最终每一个消费者就是一个细分市场。

2. 主导因素细分法　又称单一细分法，是指对某种具有替代性较大、挑选性强的产品的整体市场,把选择影响消费者最主要的因素作为细分变量进行市场细分。例如,根据年龄这一变量可以将感冒药市场分为成人与儿童两个市场,比如海南亚洲制药根据年龄不同推出两个不同的产品"大快克"和"小快克"分别针对成人市场和儿童市场;根据性别这一变量可以将保健品市场分为男性和女性保健品市场,太太静心口服液就是专门针对女性的保健品。

3. 综合细分法 又称多元细分法,是对某种产品的整体市场,根据两个或两个以上的标准细分市场的方法。例如,滋补品市场的细分,就可以根据影响消费者需求的一些主要因素:年龄(老、中、青)、购买目的(赠送、自用)来细分市场。

4. 系列变量细分法 根据企业经营的特点并按照影响消费的诸多因素,按一定顺序逐步进行,由粗到细、由浅入深地逐步进行市场细分,这种方法称为系列变量细分法。这种方法可使目标市场更加明确而具体,有利于企业更好地制定相应的市场营销策略。例如,某医药企业的销售市场采用此种方法进行细分(图5-1)。

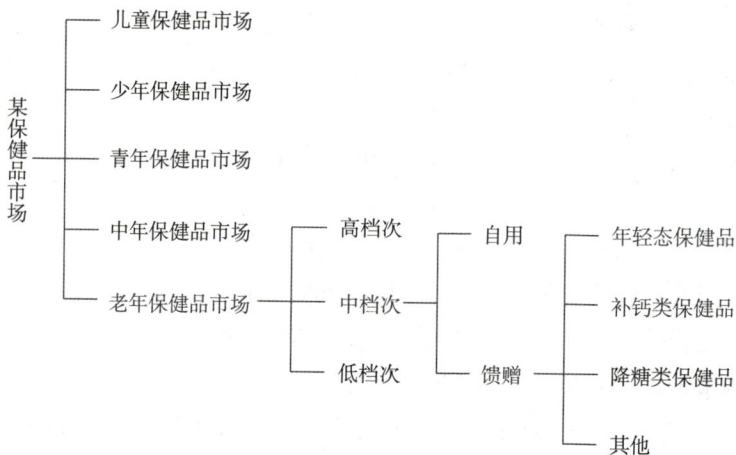

图5-1 某医药企业保健品系列变量细分法

由图5-1可以看出:企业把以馈赠送礼为目的、价格中档、保持年轻态和补钙类的老年保健品市场作为自己的目标市场。如果改变其中的某个因素,就可能构成另一个市场。由此可知,经过这样有层次地应用一系列标准细分市场,该药品企业的目标市场更为明确。

(二)药品市场细分的步骤

一般说来,医药企业的市场细分大致可分为以下七个步骤。

1. 正确选择药品市场范围 药品企业在进行市场细分时,首先要根据自身的经营条件和经营能力确定进入市场的范围,即从事何种药品的生产经营。

2. 设计方案并组织调查 在确定了市场范围后,药品企业要依据所确定的市场范围对相关的消费者市场进行调查,以取得大量翔实的、与细分标准有关的数据和资料。

3. 确定细分标准 药品企业要根据主观经验和客观标准对市场上的现实需求和潜在需求做出可能全面详细地分析研究,进而确定符合市场细分原则的细分标准。并根据细分标准,比较全面地列出潜在顾客的基本需求,作为以后深入研究的基本资料和依据。

4. 初步细分市场 根据确定的市场细分标准和用户需求的具体内容,医药企业要对调查资料进行分析,将整个市场初步细分为具有不同类型需求特征的细分市场。

5. 筛选细分市场 根据市场细分原则,对所有细分市场进行分析研究,剔除不合要求、无用的细分市场,再对各个细分市场进行比较,挑选出企业潜力较大的细分市场。

6. 命名细分市场 深入分析每个子市场的需求,并对细分市场进行必要的合并和分解,进而形成更加明确具体的细分市场，结合各细分市场上顾客的特点，用形象化、直观化的方法为细分市场赋予一定的名称，如女性眼部保健品市场。

7. 确定细分市场　结合调研，进一步对细分后选择的子市场的发展潜力、潜在需求、市场特点等方面进行研究，最终确定一个或几个符合本药品企业经营优势和特色的子市场作为目标市场。继而有针对性地开展市场定位、产品开发、渠道选择、价格策略、促销等营销策略，充分满足目标顾客的需要和实现企业的经营目标。

以上七个步骤，药品企业在具体应用时，可以根据企业的实际情况和市场情况进行必要的简化和合并。

任务二　药品目标市场的选择

情境导入

情境： H 制药曾长期以无差异市场战略为主导，其拳头产品如抗生素系列，在全球范围内采用统一的研发标准、生产工艺和质量控制体系，力求为全球患者提供一致的高品质治疗选择。H 的药品在各大医院、药店随处可见，其品牌效应深入人心，一度成为行业的标杆。M 药业虽比 H 药业晚进入中国市场，但明显 M 药业表现出了更强的适应能力，M 药业深入调研患者的实际需求，针对不同的疾病特点、用药习惯和服务需求，做出了差异化的市场战略，继续强化其在抗病毒、肿瘤治疗等领域的优势产品的同时，积极研发并引入符合中国疾病特点的新药，如针对中国高发病率的肝炎、糖尿病等疾病的创新疗法；推出了改良型药物制剂，如更易吞咽的片剂、适合儿童口味的糖浆剂等；注重提升本地化服务水平，通过建立患者援助项目、加强医患教育、优化药物可及性等方式，提升患者用药体验和治疗效果。面对 M 药业等竞争对手的强劲挑战，H 制药也迅速调整市场策略，开始实施差异化转型。

思考： 在竞争激烈的买方市场条件下，哪种营销策略更具挑战？

一、药品目标市场的含义

目标市场就是企业在市场细分的基础上，根据市场潜力、竞争对手状况和企业自身经营特点所选定的并要进入的一个或几个细分市场。医药企业选择目标市场是在市场细分的基础上进行的，二者既有区别又有联系，市场细分是将一个整体市场按照某种标准或依据划分为几个子市场，而选择目标市场是从众多的子市场中选择一个或几个作为医药企业营销活动的对象。因此，市场细分是目标市场选择的基础和前提，目标市场选择是市场细分的目的。

确定目标市场是企业根据自身条件和特点选择某一个或几个特定细分市场的过程。这一过程首先是评估各个细分市场，接着确定市场覆盖面，最后选定目标市场。

二、评估细分市场

市场细分后，由于每个企业的资源有限制，并不是所有的子市场都可以作为药品企业的目标市场，医药企业还要结合子市场的吸引力，企业自身的资源条件和优势，竞争对手的情况以及企业所处的各种营销环境等因素对子市场进行综合分析评价，最后确立一个合适的细分市场。一般而言，评估考虑三个方面的内容。

（一）细分市场的规模和发展潜力

细分市场的预计规模与发展前景是企业决定是否进入该细分市场的主要因素。目标市场的规模最好具有与企业规模相匹配的销售量和合理的盈利水平，且有良好的发展趋势，即企业需拥有较好的发展前景的行业内市场竞争激烈。因此，分析市场规模既要考虑企业现有的条件，更要考虑发展潜力，以保证企业有长期、稳定的发展前景。

（二）细分市场的竞争状况

对市场竞争状况进行评价，可通过美国管理学家迈克尔·波特的波特"五力"法，从行业内部竞争、潜在竞争者、替代产品、顾客购买能力、供应商议价能力等五个方面进行分析。如行业内部竞争，即如果某个细分市场已经有众多强大的竞争对手，该细分市场对其他企业就失去了吸引力，药品企业若想选择该市场，就必须参与竞争，以重新定位方式取胜。潜在竞争者，即药品企业发展中现在还未出现但将来可能出现的竞争，包括新加入的竞争对手和替代产品。某个细分市场可能吸引新的竞争或存在替代品，他们将会增加新的生产能力和资源，并争夺市场占有率。这样将使竞争趋于激烈，这个细分市场对其他企业就失去了吸引力。

（三）企业目标和资源

企业选择目标市场，首先要考虑自身在该细分市场的目标和所具有的资源，包括企业现有的能力、财力、物力资源能否满足细分市场的需求，以及对细分市场的投资是否能够使企业获得预期利润。

三、药品目标市场的选择与策略

（一）药品目标市场的选择

药品企业在对不同的细分市场评估后要选择目标市场，常见的有市场集中化、市场全面化、市场专业化、产品专业化和选择专业化五种模式。

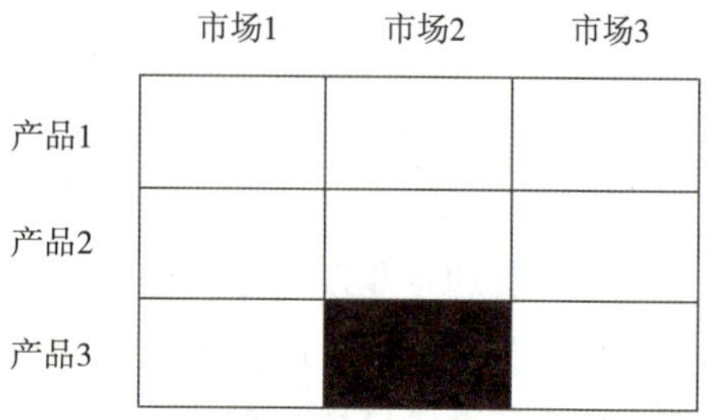

图 5-2　市场集中化

1. 市场集中化　指企业只选择一个细分市场，通过深刻了解目标群体的需求特点，进行专业化营销，获得较有利的市场地位和品牌信誉（图 5-2）。这是最简单的目标市场模式，一般而言，这是刚刚成立的企业采用的模式。由于该模式只选择一个，成本虽小，但风险较大，因此企业一般需要考虑：该细分市场中没有或少有竞争对手；企业资金有限，只能经营一个细分市场；企业具备在该细分市场从事专业化经营或取胜优势条件等。

2. 市场全面化　选择这种模式的企业一般为实力雄厚的超大企业。药品企业生产各种产品满足各种顾客群体的需要，即把所有细分市场均作为目标市场（图 5-3）。此时企业面对的是整体市场，既可以采用差异性营销，也可以采用无差异性营销来满足整体市场的需求。

3. 产品专业化　指企业只集中生产一种产品，并将该产品向市场中的各类顾客销售（图 5-4）。此种模式易使企业塑造专业品牌形象，而且由于规模化的采购和生产，利于形成企业专业化生产与技术优势。但当该产品领域内的技术有了进步或出现一种全新的替代品时，企业将面临巨大威胁。

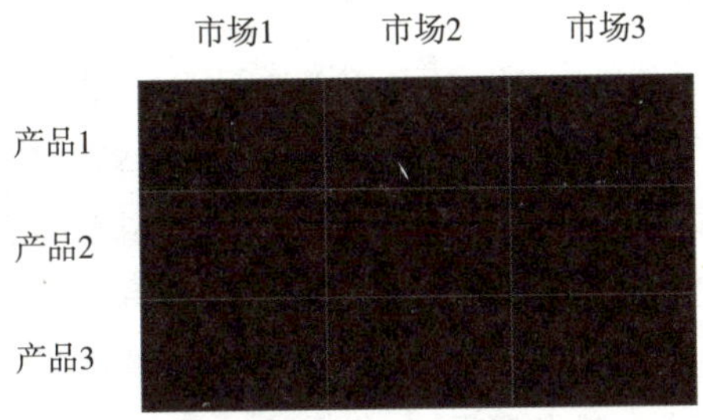

图 5 - 3 市场全面化

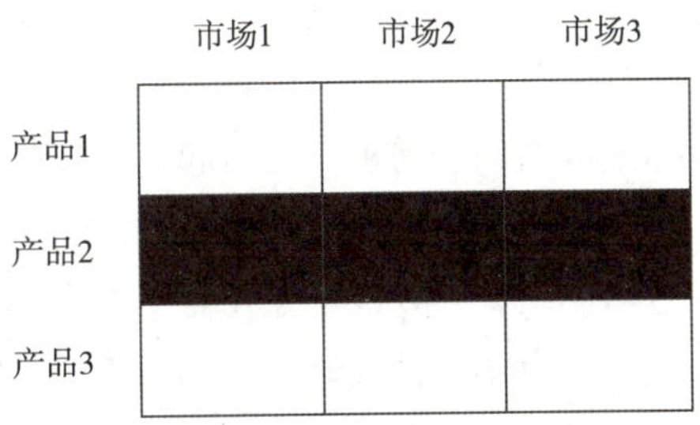

图 5 - 4 产品专业化

4. 市场专业化 企业用多种类型的产品来满足某个单一市场上消费者所需要的各种产品,即面对同一市场生产不同的产品,提供不同的服务(图 5 - 5)。此模式能有效地分散经营风险,降低交易成本,实现与消费群体建立长期、稳定的关系,并树立良好的形象。但当这类顾客由于某种原因购买力下降或者消费者的偏好发生了较大变化时,企业也将会面临较大的危机。

5. 选择专业化 企业选取若干个细分市场作为目标市场,其中每一个细分市场都具有良好的吸引力,且符合企业的目标和资源(图 5 - 6)。该目标市场模型中各个细分市场间较少或基本不存在联系,每个细分市场将提供不同的产品和服务。此模式能有效地分散经营风险,单个细分市场的失利不会影响企业在其他细分市场的盈利,不会影响企业的整体利益,但成本较高。因此应用此模式的企业应具有较强的资源和营销实力。

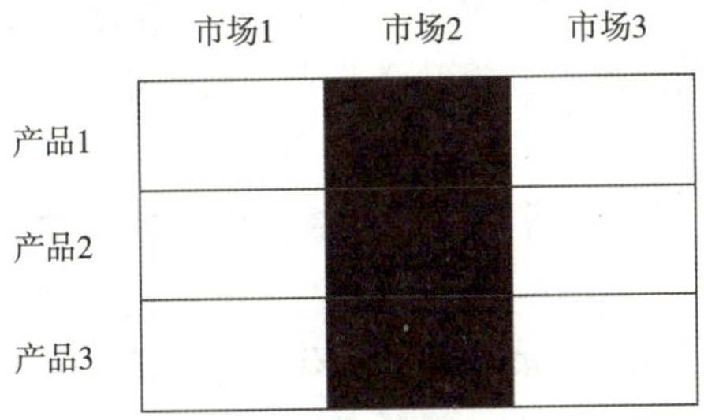

图 5 - 5 市场专业化

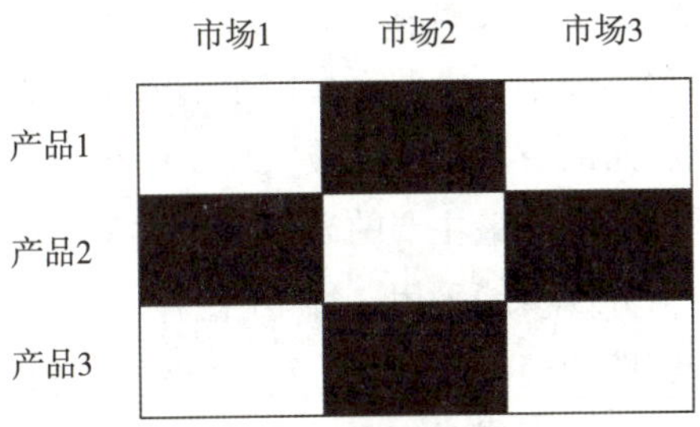

图 5 - 6 选择专业化

(二)药品目标市场营销策略

药品目标市场确定的范围不同,选择目标市场的模式不同,企业进入目标市场所采用的营销策略也就不同。一般说来,药品企业主要有三种目标市场营销策略:无差异性市场营销策略、差异性市场营销策略和集中性市场营销策略。

1. 无差异性市场营销策略 是指把整个市场看作一个目标市场,注重消费者需求的共性,为所有市场提供一种产品和一种市场营销组合,如图 5 - 7 所示。

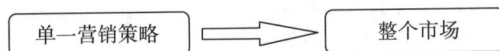

图 5 - 7 无差异性市场营销策略

无差异性市场营销策略最大优点在于成本的经济性,企业能够形成规模经济,产生规模效益,能降低产品的生产成本和分销成本,使企业在激烈的市场竞争中具有价格优势。同时单一产品线可减少生产、存货和运输成本,无差异的广告宣传可以减少促销费用,用同一种产品或市场营销组合方案满足所有市场,可以减少产品研发投资、降低分销渠道成本及制定多种市场营销战略和战术方案等带来的成本开支,从而提高企业竞争力。

无差异性市场营销策略也明显有其不足：①没有更好地满足消费者的需求。任何一家企业提供的单一产品都不可能满足所有消费者的需求。②由于企业易忽视消费者需求的个性需求，不能针对性地满足目标人群的消费需求，易引起竞争者的攻击。③如果竞争对手也采用无差异性市场营销策略，则会加剧市场竞争，造成两败俱伤。④单一的产品策略和营销机会意味着标准化的同时，也意味着产品缺乏特色与创新，导致该企业在竞争中失利。

无差异性市场营销策略主要适用于产品需求量巨大，且企业能够大批量生产和销售的产品。

2. 差异性市场营销策略　是指企业在市场细分的基础上，选择若干细分市场作为自己的目标市场，并针对所选择的细分市场分别生产不同的产品，制定不同的营销组合，满足不同细分子市场需求的市场营销策略，如图 5 - 8 所示。

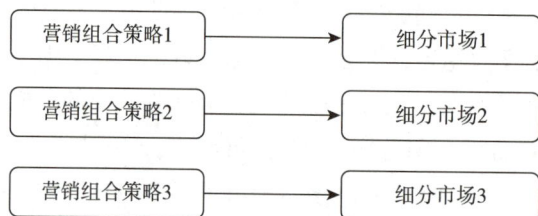

```
营销组合策略1  ──→  细分市场1
营销组合策略2  ──→  细分市场2
营销组合策略3  ──→  细分市场3
```

图 5 - 8　差异性市场营销策略

差异性市场营销策略的优点：①可以更好地满足消费者的需求，提高企业的市场份额和企业声誉。②降低企业经营风险。一旦某一细分市场发生剧变，由于细分市场与细分市场之间的关联不大，相互间影响较小，企业不会完全陷入困境，减少了企业经营风险。③提升企业竞争力。企业某一市场的特色产品的成功营销能极大地提高企业竞争力。

差异性营销最主要的缺点是成本高。所以对于人力、财力、物力比较有限的中小企业要量力而行，要十分谨慎地采用这种策略。

差异性营销策略的核心在于针对性满足不同细分市场不同目标群体的个性化需求，因此一些经营差异性较大、市场变化快的产品的企业，以及那些本身有足够实力应对产品更新和技术设备更新的企业，可以考虑采用这种差异性市场营销策略。

3. 集中性市场营销策略　是指企业在市场细分的基础上，只选择一个或为数较少的几个细分市场作为企业的目标市场，采用一种或一类产品、一种营销组合为其提供服务，如图 5 - 9 所示。例如，贵州益佰专注于止咳市场等。

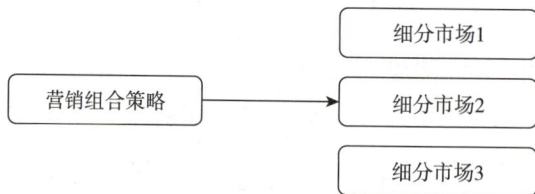

```
                        细分市场1
营销组合策略  ──→        细分市场2
                        细分市场3
```

图 5 - 9　集中性市场营销策略

集中性市场营销策略的优点：①营销对象比较集中，有利于降低生产和分销成本，提高企业盈利水平。②市场集中，便于医药企业对目标消费者需求情况及其他情况有较为深入的了解，能够及时获得市场信息反馈。③医药企业在较小的细分市场拥有较大的市场份额，地位较高，可以提高企业信誉。④有利于医药企业实行生产经营专业化，能充分发挥企业优势，积聚力量与竞争者抗衡。

集中性市场营销策略的缺点是目标过于集中，一旦出现企业的预测有误或当强有力的竞争者打入目标市场时，企业易陷入困境，有较大经营风险。

一般说来，这一策略适用于中小型医药企业，尤其适用于资源有限的小企业。采用此策略就可以避开与大企业的正面竞争，进入和占领那些大企业未注意或不愿进入的市场，往往更易获得成功。

任务三　药品市场定位

情境导入

情境： 20 世纪初，美国强生公司的一名员工埃尔迪克森将粗硬纱布和绷带黏合在一起，发明了一种外科轻微创伤用、能快速止血的产品，强生公司将其命名为——"××创可贴"，在消费者的心目中，创可贴就是"××"。一段时间内众多竞争对手无从下手，纷纷黯然离去。云南白药集团很快发现在消费者认知领域中"××创可贴"实际上等于一个胶布，胶布不能消毒杀菌、不能促进伤口愈合，于是云南白药找到了抗衡"××创可贴"的机会："为胶布加点云南白药"。"××创可贴"是无药的胶布，而云南白药是有药的，这才是真正的"创可贴"，将"含药"作为市场突破点，将它所独有的止血、消炎、愈创的功效对产品进行差异化定位，云南白药集团生产的创可贴与"××创可贴"的核心差异立刻显现出来。

思考： 云南白药集团生产的创可贴市场定位策略是什么？

一、药品市场定位的含义

市场定位，也被称为竞争性定位，就是企业根据所选定目标市场的竞争状况和自身条件，确定企业和产品在目标市场上的特色、形象和地位的过程。市场定位的实质是企业通过为自己的产品建立鲜明的特色或个性，使本企业的产品与其他企业严格区分开来，使消费者明显感觉和认识到这种差别，从而在消费者心目中塑造出独特的市场形象。

二、药品市场定位的方法和策略

（一）药品市场定位的方法

市场定位在实践中需要专业性的工具才能使之操作具体化。在实践中，一般会采用定位图法进行市场定位。

定位图是一种直观的、简洁的定位分析工具，一般利用的是平面二维坐标图的品牌识别、品牌认知等状况做直观比较，解决有关的定位问题，如图 5-10 所示。其坐标轴代表消费者评价品牌的特征因子，图上各点则对应市场上的主要品牌，它们在图中的位置代表消费者在其关键特征因素上表现的评价。

制作定位图的关键是确定关键的特征因子和确定诸品牌在定位图上的位置。制作了定位图，人们就可以根据与竞争者品牌之间的差异来进行市场定位、寻找市场机会以及不断跟踪消费者的品牌认知情况，以检测沟通活动和营销努力。

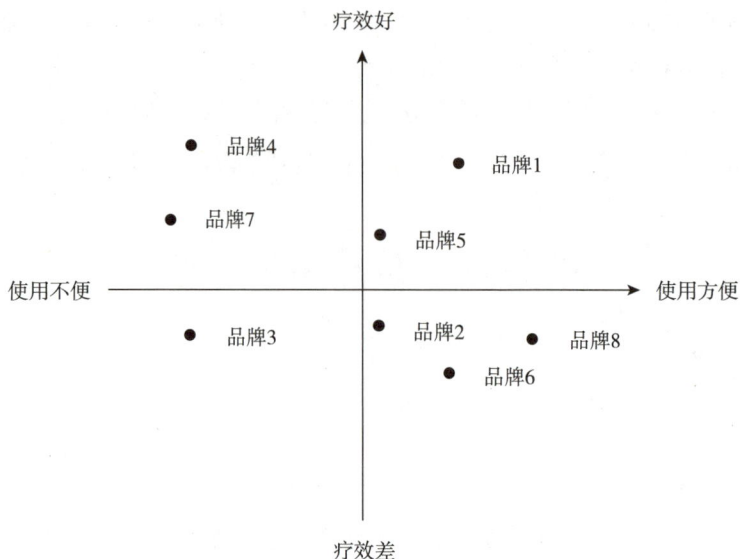

图 5 – 10　定位图法

（二）药品市场定位策略

定位除了要树立自己的特色，还要考虑竞争对手的影响，确定自己在竞争中的地位。从这种意义上说，定位策略也是一种竞争策略。定位方式不同，竞争态势也不同，企业必须采用科学的、可行的、符合本企业实际情况的定位策略。企业采用的市场定位策略主要有以下几种。

1. 迎头定位策略　也叫针锋相对式定位，即与市场上最强的竞争对手正面竞争，进入与其相同的市场。一般某些实力雄厚的大企业，为了扩大自己的市场范围，通常会采取该策略。其本质是直接与竞争者面对面竞争，风险很大，但也有很多企业认为这是一种能激励自己奋发向上的、可行的定位方式，一旦成功，就会取得巨大的市场优势。如"马应龙麝香痔疮膏"与"云南白药痔疮膏"、"可口可乐"与"百事可乐"之间的竞争等都属于这种定位策略。

2. 避强定位策略　是指企业避开与竞争者直接对抗，将自己的产品定位在与竞争对手不同的位置，开发新的市场需求机会，挖掘新的市场领域。例如，"七喜"面对"可口可乐"的宣传："我不是可乐，我可能比可乐更好"，突出自己不含咖啡因的特点。又如，荣昌肛泰在痔疮药市场上面对马应龙麝香痔疮栓这类强劲品牌和强劲产品时，将其产品定位于"贴肚脐、治痔疮"，突出自己不疼、不脏、不尴尬的特点。该定位策略一般风险较小，成功率较高，能够使企业迅速在目标市场站稳脚跟，较快地在目标消费者群中建立企业及其产品形象，获得竞争优势，常常为许多中小企业采用。

3. 创新定位策略　是指寻找新的尚未被占领但有潜在市场需求的位置，填补市场上的空缺，生产市场上没有的、具备某种特色的产品。这种定位策略具有经营风险小、成功率高的特点。进行创新定位需要具备市场存在尚未被发现的需求、有足够的市场容量以及能盈利等条件。

4. 重新定位策略　即二次定位。是指对销路少、市场反应差的产品或者是产品本身好，但为了进一步扩大市场占有率，能有效地与竞争对手相抗衡的二次定位。企业在选定了市场定位目标后，如果定位不准确或虽然开始定位得当，但市场情况发生变化，就应考虑重新定位。如辉瑞的米诺地尔，起初的产品定位是用于高血压治疗，现成为脱发治疗药物；辉瑞的西地那非，最初的产品定位是舒张心血管平滑肌，扩张血管、缓解心血管疾病的药物，但没有达到预期的效果。二次定位后，成为治疗勃起功能障碍的"重磅炸弹"药物。这种重新市场定位，能够帮助企业摆脱困境，再次获得竞争活力和业务的增长。

目标检测

答案解析

单项选择题

1. 实力较弱的中小型企业一般采用（ ）

    A. 无差异性市场营销策略 　　　　　　　　B. 集中性市场营销策略

    C. 差异性市场营销策略 　　　　　　　　　D. 规模化市场营销策略

2. 按年龄、性别、收入、家庭生命周期、受教育程度等为标准的细分市场是属于（ ）

    A. 人口细分 　　　　B. 心理细分 　　　　C. 地理细分 　　　　D. 行为细分

3. 消费者市场的细分标准主要有地理因素、人口因素、心理因素和行为因素等。其中，使用状况属于（ ）

    A. 地理因素 　　　　B. 人口因素 　　　　C. 心理因素 　　　　D. 行为因素

4. 某生物制药公司在抗肿瘤领域深耕多年，其产品线包括肺癌、肝癌、乳腺癌等多个肿瘤类型，这是一种（ ）策略

    A. 市场集中化 　　　　　　　　　　　　　B. 市场专业化

    C. 全面市场覆盖 　　　　　　　　　　　　D. 产品专业化

5. 属于产业市场细分标准的是（ ）

    A. 职业 　　　　　B. 生活格调 　　　　C. 收入 　　　　D. 采购方法

6. 采用无差异性营销战略的最大优点是（ ）

    A. 市场占有率高 　　　　　　　　　　　　B. 成本的经济性

    C. 市场适应性强 　　　　　　　　　　　　D. 需求满足程度高

7. 市场定位是（ ）在细分市场的位置

    A. 塑造一家企业 　　　　　　　　　　　　B. 塑造一种产品

    C. 确定目标市场 　　　　　　　　　　　　D. 分析竞争对手

8. 企业只推出单一产品，运用单一的市场营销组合，力求在一定程度上适合尽可能多的顾客的需求，这种战略是（ ）

    A. 无差异市场营销战略 　　　　　　　　　B. 密集市场营销战略

    C. 差异市场营销战略 　　　　　　　　　　D. 集中市场营销战略

9. 消费者市场的四个主要细分标准是（ ）

    A. 行为、利益、人口、心理 　　　　　　　B. 行为、心理、人口、地理

    C. 时机、态度、人口、利益 　　　　　　　D. 气候、收入、态度、个性

10. 以下情况不适宜采用差异性市场策略的是（ ）

    A. 消费者需求弹性较大的商品 　　　　　　B. 消费者需求弹性较小商品

    C. 企业采用差异性市场策略 　　　　　　　D. 产品成长期和成熟期

书网融合……

重点小结　　　　　　　微课　　　　　　　习题

项目六　医药产品策略

PPT

知识目标：通过本项目的学习，应能掌握产品整体、产品组合的概念；熟悉产品生命周期各阶段的特征；了解产品品牌、商标、包装策略。

能力目标：通过本项目的学习，能准确运用医药产品策略，提高营销效果。

素质目标：通过本项目的学习，拓宽对产品的认知理念，培养营销思维，树立为人民健康服务的职业理想。

任务一　医药产品整体概念及产品分类

情境：家庭常备退烧药布洛芬，目前市面上的剂型包括片剂、胶囊剂、颗粒剂、混悬剂、栓剂、糖浆剂、乳膏剂、凝胶剂、口服溶液剂等。

思考：1. 剂型属于药品整体概念的哪个层级？

　　　　2. 企业为什么要研发不同的剂型？

一、医药产品整体概念　📱微课

（一）产品的概念

现代市场营销学认为，所谓产品，是指能提供给市场，用于满足人们欲望和需要的任何事物，包括实物、服务、场所、组织、创意等。所以，产品既包括有物质形态的产品实体，也包括非物质形态的利益。

根据《中华人民共和国药品管理法》的规定：药品是指用于预防、治疗、诊断人的疾病，有目的地调节人的生理功能并规定有适应证或者功能主治、用法和用量的物质，包括中药、化学药和生物制品等。从市场营销的角度来看医药产品就是能够满足消费者保健、防病、治病等需要的任何有形产品和无形服务。

（二）产品整体概念

产品整体概念是一个关于产品的综合性思考和设计的理念，包含核心产品、形式产品、附加产品、期望产品和潜在产品五个层次（图6-1）。

1. 核心产品 是指消费者购买某种产品时所追求的产品的使用价值，是顾客真正想要的东西，是产品整体概念中最基本、最主要的部分。消费者购买某种产品，并不是为了占有产品本身，而是为了能获得满足某种需要的效用或利益。例如人们购买感冒药是为了服用感冒药后能缓解感冒不适症状的需要。

2. 形式产品 是核心产品借以实现的具体形式，即向市场提供的实体和服务的形象。产品的基本效用必须通过某些具体的形式才能得以实现。如果有形产品是实体产品，则在市场上通常以产品质量、外观特色、样式、品牌名称和包装等表现出来。需要注意的是具有相同效

图 6 - 1 产品整体概念

用的产品，存在的具体形态可能不同，例如同样是治疗感冒的药物，有的是片剂，有的是胶囊，有的是冲剂。形式产品是实现核心利益的媒介，消费者在购买产品时，除了考虑产品的核心价值外，还会考虑产品的包装、剂型等具体形式，所以企业在产品设计时要着眼于顾客购买产品时所追求的利益，以求更好地满足顾客需要。同时，有形产品的改进，可以帮助企业赢取更大的市场和利润。例如，中药配方颗粒，因为它的便利性，为企业赢取了更多的消费者市场，同时它的价格比普通的中药要贵，也为企业带来了更多的利润。

3. 期望产品 是消费者购买产品时，期望得到的一整套产品属性和条件。例如儿童药物，人们期望安全性高、服用方便、口味不苦等。一般情况下，顾客往往是根据以往的消费经验和企业的营销宣传，对所购买的产品形成的一种期望。如果顾客得到了期望的产品属性，就会形成良好的产品印象，反之，就会产生不满。

4. 附加产品 是消费者购买产品时所获得的全部附加服务和利益，包括产品说明书、免费送货、安装、售后服务等。消费者购买产品除了满足某种需要外，还希望能得到与满足该需要有关的一切，所以附加产品的概念来源于对市场的深入理解。例如，现在很多药店为顾客提供代煎中药、用药指导、建立健康档案等服务，都是产品的附加，能为顾客带来更多的利益和满足。有营销人员认为，新的竞争不是发生在各个公司的工厂生产什么产品，而是发生在其产品能提供何种附加利益，如包装、广告服务、顾客咨询、融资、送货、仓储及其具有其他价值的形式。

5. 潜在产品 是指产品最终可能实现的全部附加部分和新增的功能。现在很多企业通过不断扩展现有产品的附加功能，来提供潜在的产品，去满足顾客越来越高的期望，所以潜在产品指出了现有产品可能的演变趋势。潜在产品要求企业在对消费者购买行为和行业发展趋势充分把握的基础上，积极主动研发，寻求新方法，不断将潜在产品变成现实产品，更好地满足顾客的需要。

产品整体概念的五个层次，是以消费者基本利益为核心，是企业贯彻市场营销观念的基础。企业在设计产品时，不仅要明确顾客追求的核心利益，还要重视产品的附加价值，如此才能更好地增强市场的竞争力。

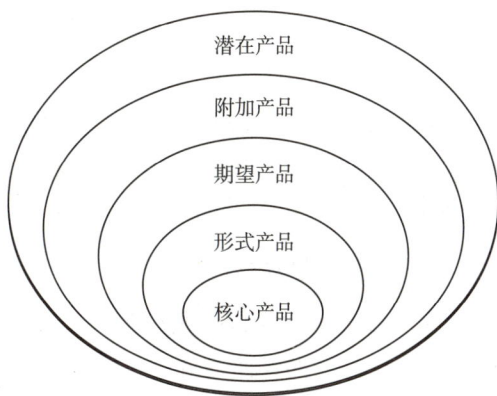

二、药品分类

产品分类的方法各种各样，根据不同的分类方法，可以划分不同的产品类别，同样药品在市场上的分类也是如此。

（一）按药品的创新程度分类

按药品的创新程度分为新药和仿制药。新药是指未在中国境内上市销售的药品，包括创新药和改

良型新药。仿制药是以原研药品作为参比制剂，仿制出与原研药品质量和疗效一致的药品。

（二）按药品产生的历史背景分类

按药品产生的历史背景分为传统药与现代药。传统药一般指各国历史上流传下来的民族用药，主要是动、植物药和矿物药。现代药通常是指由人工合成、化学提取、生物工程等现代技术形成的非传统药物，并在各国广泛使用。

（三）按药品功能分类

按药品功能分为预防性药品、治疗性药品和诊断性药品。预防性药品是指用于预防某些疾病发生所使用的药品，如各种疫苗等。治疗性药品是指用于治疗某些疾病所使用的药品，是市场上药品的主导部分。诊断性药品是指用于诊断各种疾病而使用的药品，如化验用试剂等。

（四）按药品的使用部位分类

按药品的使用部位可分为外用药、内服药和注射药。外用药指用于皮肤表面的药物。内服药指各种口服药。注射用药指各种直接输入或注入人体血液的药品。

知识链接

中药

中药历史悠久，疗效确切，具有成分多样、毒性较低等特点，主要为中药，其治病的理论、药物加工的原则和选药的依据都是受中医辨证理论的指导。中药最本质的特点就是在中医药理论指导下应用，在治疗预防慢性病和康复保健方面发挥着巨大作用，享有很高的声誉。现代的中药还包括各民族药，如藏药、蒙药、苗族药等。

中药的应用沿袭至今，长盛不衰，对中华民族的繁衍昌盛，起到了重大作用，至今仍在我国人民的医疗保健中占有重要的地位。党和政府历来重视传统医药的发展，2011—2022 年国家中医药管理局组织开展了第四次全国中药资源普查。为我国传统医药逐步走上科学化、规范化、标准化，投入了大量人力、物力、财力。

任务二　医药产品组合

一、产品组合

（一）产品组合的相关概念

1. 产品组合　是指企业生产或经营的全部产品线、产品项目的组合。表 6 – 1 是某医药企业产品部分组合。

2. 产品线　是指产品类别中具有密切关系的一组产品，要么它们的目标顾客群体一样、要么营销渠道相同、要么生产工艺相同等。表 6 – 1 中，该企业有 4 条产品线，分别是感冒清热类、胃肠消化类、皮肤外用类、咽喉止咳类。

3. 产品项目　是指同一产品线或产品系列下不同型号、规格、款式、质地、颜色的产品。表 6 – 1 中，感冒清热类产品线下有 6 个产品项目，肠胃消化类产品线下有 5 个产品项目，皮肤外用类产品线下有 5 个产品项目，咽喉止咳类产品线下有 4 个产品项目。

4. 产品组合宽度　是指企业拥有的不同产品线的数量。表6-1中该企业有4条产品线，那么企业产品组合宽度就是4。

5. 产品组合深度　是指每条产品线上所包含的产品项目的数量。表6-1中，感冒清热类产品线下有6个产品项目，那么这条产品线的深度就是6。

6. 产品组合长度　是指所有产品线所包含的产品项目的总数，即每条产品线深度之和。在表6-1中，产品组合长度就是4条产品线的产品项目总数，即6+5+5+4=20。

7. 产品组合关联度　是指不同产品线在用途、生产条件、分销渠道或其他方面的关联性。产品线之间的一致性越强，则关联越密切。

表6-1　某医药企业产品部分组合

产品线	感冒清热类	胃肠消化类	皮肤外用类	咽喉止咳类
产品项目	感冒灵胶囊	胃泰颗粒	复方醋酸地塞米松乳膏	强力枇杷露
	复方感冒灵颗粒	胃泰胶囊	曲安奈德益康唑乳膏	咽炎片
	感冒清热颗粒	温胃舒颗粒	醋酸莫米松凝胶	冰连清咽喷雾剂
	清瘟解毒片	养胃舒颗粒	硝酸咪康唑乳膏	盐酸氨溴索口服液
	外感风寒颗粒	气滞胃痛颗粒	盐酸特比萘酚乳膏	
	小柴胡颗粒			

（二）产品组合的意义

任何企业生产的产品都不是单一的，而是多种产品的组合。产品组合的宽度、深度、长度和关联度是形成不同产品组合的四个重要维度，分析产品组合在市场营销中有重要的意义。

1. 拓宽产品线有利于发挥企业的潜力、开拓新的市场。产品组合的宽度说明了企业经营范围的大小，增加产品组合的宽度，可以实现多元化经营，而多元化的经营还可以降低企业风险。同时，在充分发挥企业特长的基础上，增加产品组合的宽度可以使企业的资源得到充分利用，提高经营效益。

2. 延长产品线可以满足更多细分市场的需求。产品组合的长度和深度反映了企业满足不同细分子市场的程度。增加产品项目，增加产品的规格、型号、式样，可以迎合不同细分市场上消费者的不同需求和爱好，吸引更多顾客。

3. 加强产品线之间的关联度，可以增强企业的市场地位，发挥和提高企业的相关专业能力。较高的产品关联性能带来企业的规模效益和企业的范围效益，提高企业在某一地区、行业的声誉。

二、产品组合策略

产品组合策略是指企业根据市场状况，为分散风险和充分利用经营资源，对所生产经营的多种产品进行优化组合、适时调整的策略。目前常见的产品组合策略有以下几种。

（一）扩大产品组合策略

1. 扩大产品组合策略的含义　扩大产品组合策略就是拓展产品组合的宽度或加深产品组合的深度。即企业在原有产品线的基础上，再增加一条或几条产品线来扩大产品经营范围，或者在原有产品项目的基础上增加新的产品项目。

2. 扩大产品组合的方式　常见扩大产品组合的方式详见表6-2。

表 6 - 2　扩大产品组合的方式

序号	名称	具体方式
1	平行扩大法	在原有产品线的基础上增加产品项目
2	系列扩大法	增加产品系列或产品线，同时增加产品项目
3	综合利用扩大法	生产与原有产品不相关的一类产品

3. 扩大产品组合策略的优点　主要表现在以下 4 个方面。

（1）提高产品市场占有率　扩大产品组合能够满足顾客多方面的需求，提高产品的市场占有率。

（2）扩大企业经营规模　扩大产品组合可以利用企业信誉和商标知名度，完善产品系列，扩大企业经营规模。

（3）提高经济效益　扩大产品组合可以充分利用企业资源和生产能力，提高经济效益。

（4）保障企业稳定经营　扩大产品组合可以减小因季节性变化和市场需求变动带来的影响，可以分散市场风险，保障企业经营的稳定性。

（二）缩减产品组合策略

1. 缩减产品组合策略的含义　缩减产品组合策略是指削减产品线或产品项目，即在原有产品组合中取消一些产品线或产品项目，进而降低产品组合的宽度和深度，集中企业资源生产经营获利大的产品线和产品项目。

2. 缩减产品组合的方式　缩减产品组合的方式详见表 6 - 3。

表 6 - 3　缩减产品组合的方式

序号	名称	具体方式
1	削减产品线	减少现有的产品线
2	减少产品项目	保留原产品线，削减产品项目，淘汰低利产品

3. 缩减产品组合的优点

（1）扩大知名度　企业通过缩减产品组合，集中资源和技术力量改进保留产品的品质，提高产品商标的知名度。

（2）提高效益　缩减产品组合，使企业生产经营专业化，生产效率提高，生产成本降低。

（3）利于发掘目标市场　缩减产品组合有利于企业向市场的纵深发展，寻求更合适的目标市场。

（4）利于资金周转　缩减产品组合有利于企业减少资金占用，加速资金周转。

（三）产品延伸策略

1. 产品延伸策略的含义　产品延伸策略是指企业全部或部分地改变原有产品的市场定位，将企业现有产品大类延长的一种策略。

2. 产品延伸策略的方式　产品延伸策略的方式详见表 6 - 4。

表 6 - 4　产品延伸策略的方式

序号	名称	具体方式
1	向下延伸	企业在生产高档产品的基础上增加低档产品
2	向上延伸	企业在生产低档产品的基础上增加高档产品
3	双向延伸	企业在生产中档产品的基础上增加低档产品和高档产品

3. 产品延伸策略的优点

（1）满足不同消费层次的需要　产品延伸可以满足多个子市场上消费者的不同需求，进而增加销售，提高产品的市场占有率。

（2）减少开发新产品的风险　产品延伸所需要的时间和成本比开发新产品更容易控制，进而可以降低企业的一定风险。

4. 产品延伸策略的不足

（1）增加成本　产品延伸不但增加市场研究、生产、广告等费用，还会因为产品品种的增多，增大企业的支出和管理的难度。

（2）降低品牌忠诚度　向下延伸产品在满足不同消费层次需要的同时，也会因产品形象的改变，降低顾客对品牌的忠诚度。

（3）产品项目角色混乱　如果产品延伸过度细分，会因为子市场过小而难以细分，同一产品大类上的各项目容易角色混乱。

任务三　医药产品生命周期

▶ 情境导入

　　情境：被称为世界医药史上三大经典药物之一的"神药"阿司匹林，是1899年研发的非甾体类抗炎药，而后，又发现了小剂量阿司匹林具有抗血小板凝集和抗血栓的作用。作为一个双跨药物，阿司匹林在它的成熟期以其新的适应证继续延续它的生命周期。

　　思考：1. 药物的生命周期指的是什么？

　　　　　2. 阿司匹林是如何延长它的生命周期的？

一、医药产品生命周期理论

（一）产品生命周期的含义

　　产品生命周期是指产品从投入市场开始到最终退出市场的全过程。产品生命周期是一个产品的市场生命周期，与产品的使用寿命不同。

▶ 知识链接

产品生命周期与产品使用寿命的区别

　　产品生命周期是产品在市场上生存的时间，即产品的市场寿命或经济寿命，其生命周期的长短受到科学技术的发展水平、消费者喜好的变化、竞争的激烈程度等市场因素的影响。

　　产品使用寿命是指产品从投入使用到损坏直至报废所经历的时间，其使用寿命的长短受产品的自然属性、产品的使用强度、维修保养、自然磨损等因素的影响。

（二）产品生命周期阶段理论

　　美国哈佛大学教授雷蒙德·弗农认为，产品生命是指市场上的营销生命，产品和人的生命一样，要经历诞生、成长、成熟、衰老等阶段。就产品而言，也要经历一个开发、引进、成长、成熟、衰退的阶段。一个典型的产品生命周期包括导入期、成长期、成熟期、衰退期四个阶段。如果以时间为横坐标，以经济效益（销售收入与利润）为纵坐标，则产品生命周期一般呈现S形曲线，如图6-2所示。

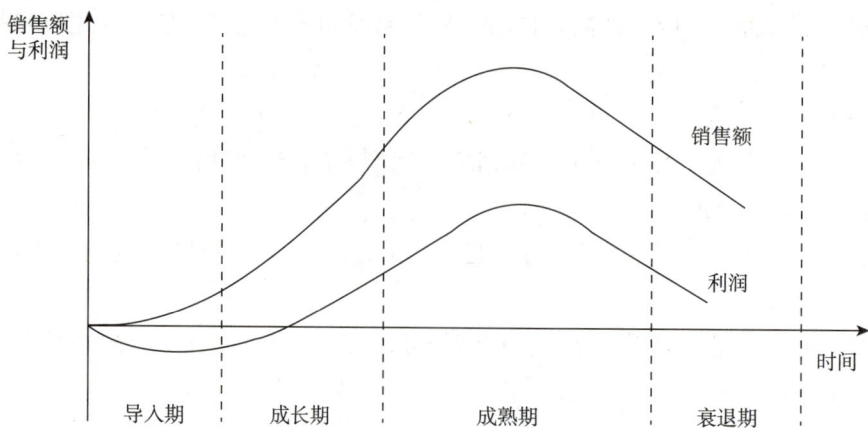

图 6-2 产品生命周期曲线图

图 6-2 所示的产品生命周期曲线图适用于一般产品的生命周期描述，不适用于特殊的产品生命周期的描述。特殊的产品生命周期包括风格型产品生命周期、时尚型产品生命周期、热潮型产品生命周期、扇贝型产品生命周期四种特殊的类型，它们的产品生命周期曲线并非通常的 S 形。

（三）产品种类、产品形式、产品品牌的生命周期

产品种类是指具有相同功能及用途的所有产品。产品种类的生命周期最长，其周期的变化无法预测，甚至可以无限期地延伸下去，例如抗生素药物、内分泌药物。

产品形式是指同一种类产品中，辅助功能、用途或实体销售中有差别的不同产品，例如诺氟沙星是抗生素药物的一种形式，即产品形式。产品形式的生命周期是最典型的，比产品种类能够更准确地反映产品生命周期的历程，它的发展变化具有一定的规律可循。

产品品牌是指企业生产和销售的特定产品。产品品牌的生命周期一般是不规则的，它受到市场环境、企业市场营销决策、品牌知名度等因素的影响。品牌知名度越高，其生命周期越长，反之亦然。

二、医药产品生命周期各阶段的特征与营销策略

（一）产品生命周期各阶段的特征

产品生命周期的不同阶段具有不同的特征，企业在制定各项营销策略时需要认真分析和识别产品所处生命周期的具体阶段及其特征。

1. 导入期 也称介绍期、引入期，是指产品研发成功后投入市场试销的阶段，该阶段的主要特征如下。

（1）销量低、产量少 由于产品刚刚上市，知名度低，消费者对产品不了解，缺乏购买信心，大多数顾客不愿放弃或改变原有的购买习惯，有处方权的医生大多也不愿意轻易改变自己的处方习惯，导致销售量很低。该阶段的市场需求量少，加之产品尚未定型，还会根据顾客的要求不断改进，所以只能小批量生产。

（2）成本高、利润低 由于该阶段生产量小，单位产品的制造费用较高，加之新产品需要开拓新的营销渠道和宣传，市场的营销成本也高，所以导入期的利润较低，甚至出现亏损。有些企业的新产品在该阶段出现夭折，增大了企业的经营风险。

（3）竞争缓和 该阶段企业的利润低，风险大，产品前途莫测，竞争者处于观望状态，所以该阶段的竞争相对缓和。

2. 成长期 是产品试销成功后，大量消费者开始购买，市场逐步扩大的阶段，该阶段的特征

如下。

（1）销量增长、产量增加　由于产品被消费者所熟悉和接受，部分区域市场的销售量迅速增加，新区域的市场同时也在不断被开拓，产品的总销售量得到快速增长。产品已定型，技术水平已成熟，同时市场的需求量大，企业可投入大批量生产。

（2）成本降低、利润增加　由于开始批量生产，单位产品成本制造费用降低，同时产品已被市场熟悉，销售费用也在减少，随着销售量增加、成本下降，企业的利润快速上升。

（3）竞争加剧　竞争者看到新产品销量上升，有利可图，相继生产竞争产品，市场竞争加剧。

3. 成熟期　是产品进入大批量生产，市场需求趋向饱和的阶段，该阶段的特征如下。

（1）销量最大、产量最大　该阶段销售量虽然仍在增加，但市场需求趋向饱和，销售量的增长速度缓慢直至转而下降，市场的需求量达到极值，产品的产量也达到最大。

（2）成本最低、利润最高　因为该阶段大批量的生产和销售，产品的成本降至最低点，但因为竞争的加剧，促销费用开始增加，利润在达到最高点后也开始下降。

（3）竞争激烈　该阶段的竞争者都在努力抢占市场份额，市场竞争出现白热化，一些缺乏竞争能力的企业将逐渐被淘汰。

4. 衰退期　是产品进入淘汰阶段，该阶段的特征如下。

（1）销量下降、生产萎缩　由于新产品或替代品的出现，消费者的兴趣发生转移，导致市场的需求量急剧下降。需求减少，产品的销售量必然下降，企业的原有生产能力不能发挥作用，必然减少生产规模。

（2）成本上升、利润下降　生产量的减少，进而导致产品成本回升，同时该阶段企业为保持一定的竞争力又在不断降低产品价格，所以企业的总体利润也在不断下降。

（3）竞争弱化　因为竞争者不断被淘汰，竞争者数量大大减少，企业之间的竞争在不断弱化。

产品生命周期各阶段的特征归纳如表6-5所示。

表6-5　产品生命周期各阶段的特征

	导入期	成长期	成熟期	衰退期
销售量	低	剧增	最大	降低
生产量	小	扩大	最大	萎缩
成本	高	一般	最低	回升
利润	低	提升	最高	下降
竞争	缓和	加剧	激烈	弱化
消费者	创新者	早期使用者	一般大众	落伍者

（二）产品生命周期各阶段的营销策略

分析研究产品的生命周期，是为了正确判断产品的发展趋势，并根据产品在其生命周期各阶段的特点，采取适当的市场营销策略。从产品生命周期各阶段的特征可以看出，成长期与成熟期是企业盈利的阶段，而导入期与衰退期对企业有一定的风险性。因此，企业制定营销策略的总体要求是：缩短导入期，使产品尽快为消费者所接受；延长成长期，使产品尽可能保持增长势头；维持成熟期，使产品尽量保持高销售额，增加利润收入；推迟衰退期，尽量推迟产品被市场淘汰的时间。

1. 产品导入期营销策略　一方面，在产品导入期，由于消费者对产品十分陌生，企业必须通过各种促销手段把商品引入市场，力争提高商品的市场知名度；另一方面，导入期的生产成本和销售成本相对较高，企业在给新产品定价时不得不考虑这个因素，所以，在导入期，企业营销的重点主要集中在促销和价格方面。一般有四种可供选择的市场战略，如图6-3所示。

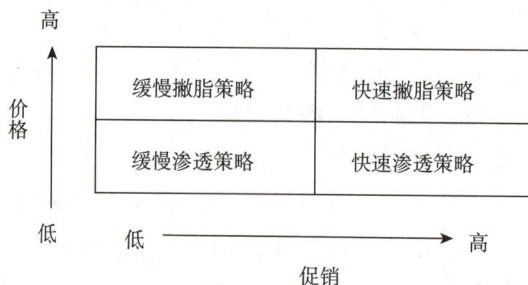

图 6-3 产品导入期营销策略

（1）**快速撇脂策略** 该策略是指以高价格和高促销水平迅速扩大产品的销售额，获得较高市场占有率的策略。较高的产品价格，可以树立高格调、高品位的产品形象，还可以获取较高的毛利，迅速补偿产品在研发阶段所支付的费用和生产初期未形成批量生产而引起的高成本。高的促销水平，可以提高产品的知名度，加快目标顾客认识和熟悉产品的速度，进而打开市场局面。

采取快速撇脂策略还需具有一定的市场前提：目标市场的大部分潜在消费者对此新产品缺乏了解；消费者有能力且愿意以较高的价格购买新产品；产品新颖，具有其他产品所不具备的特色，存在潜在需求量。有时企业面临潜在竞争对手的威胁，或希望尽快树立产品品牌时，可以采用该策略，以领先于竞争对手的速度使消费者对产品品牌产生喜好。

（2）**缓慢撇脂策略** 该策略是企业采用较高的价格和较低的促销费用进行营销活动的策略。较高的价格可以迅速收回成本、获取更多利润，较低的促销费用可以减少营销成本。这种策略可以获得很高的单位产品利润，是理想的营销策略。

采取缓慢撇脂策略应具备的市场条件：总体市场的规模有限；绝大多数顾客已经了解该产品；购买该产品的人愿意支付较高的价格；竞争者的威胁不大。

（3）**快速渗透策略** 该策略是企业采用较低的价格和较高的促销费用进行营销活动的策略。低的价格可以刺激消费，让市场上更多的消费者接受该产品，高的促销可以最大限度地提高产品的知名度，获得较高的市场占有率。

采取快速渗透策略应具备的市场条件：产品的市场规模较大；目标市场上的绝大多数消费者对该产品不熟悉；消费者对价格敏感；该产品具有较大的价格需求弹性。

（4）**缓慢渗透策略** 该策略是企业以低价格、低促销开支，推出新产品的方法。低价格可以使市场较快地接受该产品，低促销可以降低营销成本，获得更多的早期利润。

采取缓慢渗透策略应具备的市场条件：产品具有较高的知名度；市场的容量很大；目标市场上的消费者对产品的价格敏感；存在潜在的竞争对手。虽然产品以较低的价格出售，但由于成本水平较低，企业在取得大销售额的条件下能获得较高的利润。

总之，导入期市场营销的重点要突出"快"和"准"，尽量缩短导入期的时间，以最快的速度使药品进入成长期，同时，看准市场机会，正确选择新药进入市场的时机，确定合适的药品价格。

2. 产品成长期营销策略 产品进入成长期后，会被越来越多的消费者所接受并使用，产品的销售额直线上升、利润显著增加。与此同时，市场利润的巨大潜力吸引新的竞争对手加入竞争行列，由于新进入者在产品特征和分销形式方面具有新的特点，竞争呈现出多样化状态。因此，这一阶段的策略重点在于多方面加强产品竞争力，以应对日益激烈的市场竞争，尽可能地维持其市场的可持续成长。另外，企业还必须注意成长速度的变化，一旦发现成长的速度由递增变为递减时，必须适时调整策略。该阶段的具体营销策略可以从传统的 4P 营销组合策略入手。

（1）**产品策略** 企业要不断提高产品质量、完善产品性能，提高产品竞争力，同时，在产品款式、规格、包装等方面也要做出改进，保持产品的吸引力，满足消费者更为广泛的需求。

（2）价格策略　成长阶段企业通过扩大生产规模，可以产生规模效应，降低成本，以便在适当的时机采取降价措施，刺激那些对价格反应敏感的消费者产生购买欲望，并采取购买行动，进而增加产品销售量，扩大产品的市场份额。另外，在行业竞争日趋激烈、市场平均利润水平下降的情况下，降低价格可以阻止新竞争者的加入。

（3）渠道策略　由于该阶段消费需求快速增长，企业应及时建立新的分销渠道，扩大销售网点，并建立好销售制度，以适应销售量的增加，争取更多的消费者。

（4）促销策略　随着产品市场逐步被打开，产品已被市场接受，同类产品的各种品牌都开始走俏。此时，企业的宣传应从介绍药品转向宣传药品的特色，并要突出产品品牌，树立医药产品的形象，赢得消费者的偏爱。还要加强售后服务和客户关系管理，力争把产品不断上升的市场需求集中到本企业的品牌上来。

成长期是医药企业销售的黄金时期，市场策略的关键突出一个"好"字，即在继续扩大生产能力的同时，进一步改进和提高药品质量，防止因药品粗制滥造而失信于消费者，设法使药品的销售和利润进一步增长，扩大市场占有率，掌握市场竞争的主动权，获取最大的经济效益，切勿因药品畅销而急功近利。同时要加强品牌宣传，争创名牌，树立药品声誉和医药企业信誉。

3. 产品成熟期营销策略　在成熟期产品销售量到达饱和点后，销售增长率开始减缓并趋于下降，该阶段是企业获取利润的黄金阶段，市场的竞争异常激烈，因此，企业不应仅仅消极地防御产品的衰退，还要采取积极进攻的措施，确保市场占有率，努力维持成熟期。

（1）市场改进策略　市场改进是通过开发新的市场，来保持和扩大自己的产品市场份额。具体的方式有：①老客户的增量销售，企业通过客户关系管理来增加现有顾客的购买量。②寻找新客户，企业在现有市场上寻找有潜在需求的新客户。③进入新的细分市场。④争取竞争对手的客户，企业通过提供更优质产品或服务，使竞争对手的客户购买自己的产品。

（2）产品改进策略　企业可以通过产品的改进，来提高销售量。这种策略侧重于顾客的不同需要，创新性地改进产品自身的内涵，吸引具有不同需求的顾客。具体的方式有：①产品品质的改进，主要是针对产品整体概念中核心产品的改良，例如药品的药效、安全性的提高。②产品式样的改进，通过产品包装、规格、剂型的改进来满足不同顾客的需要。③产品服务的改进，通过用药咨询、技术指导、售后服务、质量保证、承诺等产品服务的改进，给消费者带来更多的附加利益，提高产品的竞争能力。产品改进对于扩大产品销售具有极大的促进作用，是企业的一项重要营销策略。

（3）营销组合改进策略　企业通过调整营销组合中的某一个因素或者多个因素，以刺激销售。具体方式有：①通过降低售价来增强竞争力。②改变广告方式以引起消费者的兴趣。③采用多种促销方式，如大型展销、附赠礼品等。④扩展销售渠道，改进服务方式或者货款结算方式等。但是，这一策略往往容易被竞争者模仿，使企业的努力难以取得预计的效果。因此，企业必须充分利用自身的优势并结合当地的实际情况，选择有效的组合方式，以期获得预期营销组合的效果和利润。

产品成熟期的市场竞争尤为激烈，医药企业应当采取进攻和防御并举的策略。因此，该阶段的营销策略的重点是"改"和"长"。即对原有的药品市场和营销组合进行改进或调整，同时还要千方百计地争取维持甚至扩大市场份额，尽量延长产品的成熟期。

4. 产品衰退期营销策略　在衰退期产品已经不能适应市场的需求、逐步被市场淘汰，产品的需求量、销售量、利润都在迅速下降。此时，企业不能简单地放弃，也不应该一味维持原有的生产和销售规模，必须研究商品在市场的真实地位，认真分析市场形势，采取合适的策略，让产品以合理的方式退出市场。该阶段的主要策略如下。

（1）维持策略　企业保持产品的传统特色，在目标市场、价格、销售渠道、促销等方面的策略，按照原来的细分市场，使用相同的分销渠道，保持合理的定价和促销方式，维持现状。

（2）收缩策略 企业仍然在原来的目标市场继续经营，确保部分老顾客的需求得到满足，但是要根据市场变动的情况和行业退出障碍水平，在规模上做出适当的收缩。企业可以把资源集中在那些尚有利可图的细分市场和产品上，把促销水平大幅度降低，尽量减少开支，尽可能地增加利润。

（3）撤退策略 企业决定放弃经营某种商品以撤出该目标市场。对于市场上确已无利可图的产品，企业应该当机立断，停止生产经营该产品。

部分衰退期的产品不但不能给其企业带来利润，有时会因耗用企业的资源而成为企业的负担，甚至影响企业的市场声誉，所以该阶段的营销策略重点是"转"，即企业应转向研发新药物，有计划、有步骤地转向新市场。

三、医药新产品的开发策略

（一）新产品与医药新产品的概念

1. 新产品概念 新产品是指采用新技术原理、新设计构思研制、生产的全新产品，或改进原有产品的结构、材质、工艺等方面，从而显著提高产品性能或扩大使用功能的产品。从市场营销的角度看，新产品是一个相对的概念，只要是产品整体概念中的任何一部分的变革或创新，并且给消费者带来新的利益、新的满足的产品，都可以认为是一种新产品。

2. 新药概念 改革开放以来，为适应国内外市场的发展，我国对新药的定义进行了多次变更，新药定义的变革历程如表 6 - 6 所示。

表 6 - 6　新药定义的变革历程

法规	颁布时间	新药定义
《药政管理条例》（试行）	1978 年 7 月 30 日	新药系指我国创制和仿制的药品
《新药管理办法》（试行）	1979 年 2 月 20 日	新药系指我国创制和仿制的中西药品（包括放射性药品和中药人工合成品）
《药品管理法》	1984 年 9 月 20 日	新药：指我国未生产过的药品
《新药审批办法》	1985 年 7 月 1 日	新药系指我国未生产过的药品已生产的药品，凡增加新的适应证、改变给药途径和改变剂型的亦属新药范围
《新药审批办法》	1999 年 5 月 1 日	新药系指我国未生产过的药品，已生产的药品改变剂型、改变给药途径、增加新的适应证或制成新的复方制剂，亦按新药管理
《药品管理法实施条例》	2002 年 8 月 4 日	新药，是指未曾在中国境内上市销售的药品
《国务院关于改革药品医疗器械审评审批制度的意见》	2015 年 8 月 18 日	将新药由现行的"未曾在中国境内上市销售的药品"调整为"未在中国境内外上市销售的药品"

（二）新产品类型

从概念里可以看出新产品的产生有多种情况，市场营销学中，新产品一般分为四类。

1. 全新产品 是科技开发的新产品，是运用新技术、新材料研制而成的前所未有的全新功能的产品。全新产品从提出设想到最后的研制成功，要经历相当长的开发周期，整个过程要投入大量的人力、物力、财力，新产品还要具有一定的市场需求潜力，因此对于大多数企业而言，开发全新产品面临很大的风险，是一项难度很大的工作。

2. 换代新产品 是指在原有产品的基础上，采用或部分采用新技术、新材料、新工艺制成的新产品。与原有产品相比，换代新产品在性能和质量方面有显著提高，能满足消费者日益增长的物质需要，满足时代的发展。

3. 改进新产品 是指对原有产品在性能、结构、包装或款式等方面改进的新产品，是一种改良型的新产品。与换代产品相比，改进产品受技术限制较小，所需成本相对较低，便于市场的推广和消费者接受，但也容易被竞争者模仿。

4. 仿制新产品　是指企业在对国际国内市场上已经出现的产品进行引进或者模仿、研制生产出的产品。仿制新产品不需要太多的资金和尖端的技术，比研制全新产品要容易很多。仿制新产品的过程也是企业学习的过程，可以大大提高企业的创新研发速度。但往往此时市场上被仿制产品的专利保护期到期、技术也已经公开，所以仿制新产品的市场竞争还是很激烈的，例如药品中的仿制药。

> **知识链接**
>
> ### 原研药与仿制药
>
> 原研药是通过严格临床试验后经批准上市的创新药品，一般原研药从研发到注册上市的时间长达10～12 年，耗资巨大，这类药也称专利药，在专利期内不可被仿制，并享受单独定价等政策保护。
>
> 仿制药是指与专利药在剂量、安全性和有效性、质量、作用以及适应证上相同的一种仿制品。2016 年国务院印发《关于开展仿制药质量和疗效一致性评价的意见》，要求仿制药须开展与原研药品质量和疗效一致性评价。
>
> 仿制药是与原研药具有相同的活性成分、剂型、给药途径和治疗作用的药品。进行质量和疗效的一致性评价，就是要求对已经批准上市的仿制药品，在质量和疗效上与原研药能够一致，在临床上与原研药可以相互替代，这样有利于节约社会的医药费用。

（三）新药开发的方式

1. 独立研制　是指企业根据市场的需求，独立探讨药物的原理与结构，从而研制出新产品的过程。独立研制需要的费用高昂、失败率高，所以这种方式一般适用于经济、科研实力都比较雄厚的大型企业，一些中小型企业也可以用这种方式开发不太复杂的产品或开发仿制型、改良型的新品。

2. 技术引进　是指通过引进国内外技术、购买专利来开发新产品。这种方式节省时间，能尽快缩短差距，经济效果明显，是很重要的新产品开发方式，也是发展中国家经常采用的方式。

3. 综合性开发　是结合企业内部和外部的力量开发新药物。结合方式主要有以下几种：①科学研究部分由科研机构或高等院校承担，企业将其研究成果接过来进行新药品的开发。②企业和科研单位组成一个联合科研小组，共同攻关。③企业与研究单位签订技术合同，购买专利。这些结合的方式，适合我国目前大多数科研单位经费不足而大多数企业科技力量薄弱的实际情况，是一种"优化"组合，有利于缩短新药品的开发周期。

（四）新药开发程序

在新药开发过程中为了减少开发中的风险，开发工作不但要遵循正确的原则，还要坚持科学的程序。尽管目前还没有一套现成的程序适用于所有的企业，但新产品开发一般应经过以下几个阶段。

1. 创意阶段　新产品创意构思是人们根据一种潜在的需求与欲望，运用已掌握的知识和经验，对产品及其构成部分进行联想、推理等，形成新产品整体概念的过程。创意既可以来自企业内部职工，也可以来自企业外部的消费者或竞争者，市场的需求是创意产生的根源，也是新产品开发的出发点和归宿点。

2. 创意筛选阶段　创意筛选就是用一系列的评价标准对创意阶段形成的大量创意进行甄别比较，选出符合评价标准的优秀创意进行下一步开发。不同企业筛选创意的标准不同，但是优秀的创意必须符合企业的资金、设备、管理水平等内部条件，也要符合市场需求、竞争状况、社会环境等外部条件。

3. 新产品创意论证阶段 新产品的创意要进行经济技术的论证和比较，形成详细的新产品开发方案。方案里要详细地论证新产品的主要参数和性能、产品研制方式和可行性、研制周期和完成时间、预计的费用和经济效益等。企业高管根据企业的发展和创意论证对新产品的创意进行决策。

4. 新产品开发阶段 是企业研发部分和技术部门将新产品概念转化为实体产品的过程。

5. 市场测试阶段 市场测试实际是新产品市场试销阶段，在有选择的目标市场上进行检验性试销。该阶段主要是测试产品的性能和产品的定位、广告、价格等营销计划，为产品在大量进入市场之前做好准备工作。

6. 商品化阶段 是经过市场测试，产品就可以正式大批量生产并推向市场的阶段。但由于新产品投入期需要大量广告宣传，企业需要支付大量费用，所以选取进入市场的时机、进入的市场地点和策略非常重要。

（五）提升新药开发水平的策略

新药的研究与开发涉及多学科，是一个高投入、长周期、高风险、高回报、高科技、高难度的产业，要想提升开发水平就需要全方位协作。

1. 优化研发流程 新药研发是一个复杂而漫长的过程，需要从药物发现到临床试验再到上市销售经历多个阶段。为了加快研发速度，需要对研发流程进行优化，提高效率和准确性。

2. 加强创新管理 新药研发需要创新思维和方法的支持。公司应建立创新管理机制，促进员工的创新想法和实践，提升整个研发团队的创新能力。

3. 建立有效的合作伙伴关系 新药研发需要多个领域的专业知识，公司可以与研究机构、大学和初创企业建立合作伙伴关系，共享资源和技术，实现合作共赢。

4. 适应法规环境变化 药品监管法规在不断变化，新药研发需要与法规保持同步。公司应密切关注法规的变化，及时调整研发策略和计划，确保符合法规要求。

5. 注重知识产权保护 新药研发需要大量的资金和资源投入，为了保护自身的创新成果，公司应注重知识产权的保护，申请专利和保护商业机密，避免知识产权侵权和技术泄漏。

6. 开展风险管理 新药研发伴随着各种风险，包括技术风险、市场风险和法规风险等。公司应建立完善的风险管理机制，及时识别和评估风险，制定相应应对措施，降低风险对研发进度的影响。

任务四 医药产品品牌与商标策略

>> **情境导入** //

情境：2000年开始××制药集团推出"传统中药现代化"战略。通过实施产品研发与创新，××制药集团先后推出气雾剂、创可贴、牙膏等系列产品，品种由此前的一个发展到七个，更加适应市场和消费者需求。伴随产品结构的日益丰富，××制药集团不断加大对产品的二次开发与优化，保持产品科技含量与科技发展同步，形成了宫血宁、舒列安、利儿康、脑脉通等其他天然药物产品的19个剂型、320个品种的产品族群。××药集团迈入了跨界经营、全面探索大健康产业的新时代。

思考：1. ××药集团采用的是什么品牌营销策略？

2. 该案例体现一个成功的品牌应该具备哪些条件？

一、品牌与商标

（一）品牌

1. 品牌概念 品牌是用以识别企业的产品或服务，并使之与竞争者的产品或服务区别开来的商业名称及其标志，通常由文字、标志、符号、图案、颜色等要素或这些要素的组合构成。品牌是企业独创并具有自身文化的显著特点，它是一个集合概念，包括品牌名称和品牌标志两部分。

品牌名称是指品牌中可以用语言称呼的部分，是字母、词语、数字等的组合。例如，"同仁堂""脑白金"等。药品的品牌名称通常由药品商品名构成。

品牌标志是品牌中可以被认出，但不能用语言称呼的部分。例如，同仁堂三个字左右两边"龙"的图形。

2. 品牌内涵 品牌实质上代表着销售者对其产品特征、利益和服务的承诺，所以品牌是产品或服务的象征，最佳品牌就是质量的保证。但品牌本身还有更为复杂的内涵，它具有六层含义。

（1）属性 品牌给人们留下的某种印象。

（2）利益 消费者使用商品后的满足感。

（3）价值 品牌的实用价值和价值量。

（4）文化 附加和象征该品牌的文化。

（5）个性 品牌给消费者带来的联想和心理定势的特点。

（6）使用者 购买使用该产品的消费者类型。

知识链接

"同仁堂"品牌含义分析

（1）属性 优秀的中华国药产品。

（2）利益 同仁堂的中药"处方独特、选料上乘、工艺精湛、疗效显著"。

（3）价值 消费者体会到"重质量，讲信誉"。

（4）文化 继承祖国传统中医药文化精华，体现"同修仁德，济世养生"的企业精神和"修合无人见，存心有天知"的道德自律和行为准则等。

（5）个性 中国驰名商标，有民族特色，质量靠得住，传递其秉持的"炮制虽繁必不敢省人工，品味虽贵必不敢减物力"工艺要求等。

（6）用户 偏爱国药、追求高品质、对价格不太敏感等特点的消费者群体。

（二）商标

商标是企业在政府有关主管部门注册登记以后，就享有使用某个品牌名称和品牌标志的专用权，这个品牌名称和品牌标志受到法律保护，其他任何企业都不得效仿使用。因此，商标实质上是一种法律名词，是指已获得专用权并受法律保护的一个品牌或一个品牌的一部分。

企业的商标可在多个国家注册并受到各国法律的保护。在我国，商标有"注册商标"与"未注册商标"之分。在过去相当长的时间里，我国习惯上对一切品牌不论其注册与否，都称作商标。注册商标是指品牌经政府有关部门核准后企业独立享有的使用权，受到法律保护，其他任何未经许可的企业不得使用的商标；未注册商标是指未办理注册手续、不受法律保护的商标。凡不拥有商标专用权，假冒他人商标、仿冒他人商标、恶意抢注他人商标等行为，均构成侵权，必然会受到法律的制裁。

商标是企业产权的组成部分，驰名商标更是企业的巨大财富。企业必须增强商标意识，妥善运用这一有价值的无形资产，使之更好地为企业经营发挥作用。

（三）品牌与商标的联系和区别

品牌与商标的共同点是两者都是用以识别不同生产经营者的产品或服务的商业名称及其标志。所有的商标都是品牌，但并非所有的品牌都是商标，商标是品牌的重要组成部分。

品牌与商标的不同点体现在：品牌是品牌使用者对顾客在产品特征、服务、利益等方面的承诺，是产品或服务的象征，是市场概念。商标是已获得专用权并受法律保护的品牌或品牌的一部分，是法律概念。

二、品牌的作用

在现代市场营销中，医药产品的品牌功能在不断发展，对消费者和企业自身作用也在不断凸显。

（一）对企业而言

1. 有利于保护企业的合法权益　通过注册专利或商标，品牌可以受到法律的保护，防止他人盗用品牌和损害品牌声誉的行为。

2. 有利于企业树立形象　品牌是企业产品或服务质量的象征，是企业形象、知名度和美誉度塑造的基础。一个品牌在经历市场的考验之后，一旦得到大量顾客的信任，企业的社会形象就会随着品牌忠诚度的提高而提高。

3. 有利于企业创造更多的价值　品牌是企业的一种无形资产，它所包含的价值、个性、品质等特征都能给产品带来更多的附加价值。知名的品牌可以产生悬殊的价格，提高企业的收益，还可以通过扩大产品组合带动新产品的销售。

4. 有利于企业实现自我监督　企业为了保持品牌已有的市场地位，必须加强质量管理，始终保持产品品牌所代表的质量水平和特色。同时，品牌形成的社会形象对企业的市场行为也有一定的约束作用，督促企业的营销活动要兼顾企业、消费者、社会三者的利益，减少违法行为。因此，品牌是企业自我监督的一种重要手段。

（二）对消费者而言

1. 方便消费者选购　品牌可以帮助消费者辨认出商品的制造商、品质等要素，从而在同类产品的众多品牌中形成差别。消费者借助心目中已形成的品牌认知，迅速找到自己想要的产品，减少搜寻过程中花费的时间和精力。

2. 消费者自身利益的保障　品牌是为消费者提供优质产品和服务的保障，消费者可以获得稳定的购买利益。

> **知识链接**
>
> #### 品牌资产
>
> 品牌资产是赋予产品或服务的附加价值，反映了顾客对该品牌的想法、感受和所采取的行动，以及品牌带给公司的价格、市场份额和盈利能力。这种附加价值源自品牌对消费者的吸引力和感召力，即品牌的知名度、认知度、联想度、消费者忠诚度和品牌形象。
>
> 商标和品牌一样，是企业的一项非常重要的无形资产，它不受厂房、设备、商品、人员等有形资产生命周期的限制，它创造的经济效益往往远超有形资产。

三、品牌的成功要素

品牌的成功不是依靠单一的优势或策略，而是需要一系列要素相互协同作用。每一个要素都承载着品牌独特的价值和意义，它们在市场中相互作用、相互支撑，为品牌的成长和发展铺设了一条坚实的道路。只有当这些要素和谐共存，彼此补充，品牌才能在激烈的市场竞争中脱颖而出，赢得消费者的青睐和忠诚。

1. 优质的产品和服务 产品和服务质量是品牌成功的核心要素，消费者在购买商品或接受服务时，最根本的需求就是对产品或服务质量的期望。只有当产品或服务的质量符合或超越消费者的期望时，消费者才会对品牌产生信任感，并可能转化为品牌的忠诚顾客。同时，优质的产品和服务体现了企业的专业水平，是品牌在市场上的竞争优势，能帮助品牌脱颖而出。

2. 积极的品牌形象 品牌形象是消费者对品牌的整体印象和认知，包括品牌的名称、标志、色彩、字体等视觉元素，以及品牌的气质、风格和情感等内在元素。积极的品牌形象可以吸引目标受众的关注和好感，增加消费者对品牌的认同感和信任感，促进消费者做出购买决策；同时，品牌形象也是品牌与消费者建立长期关系的基础，能够提升消费者对品牌的忠诚度，为品牌创造持续的商业价值。

3. 准确的品牌定位 品牌定位是品牌成功的基础，它决定了品牌在市场中的位置和形象。品牌定位的目的是使品牌在消费者心中形成独特的认知，从而与其他竞争品牌区分开来。准确的品牌定位能够吸引目标消费者，并建立稳固的市场地位。

4. 有效的品牌传播 品牌传播是品牌成功的重要手段，通过有效的传播渠道和方式，将品牌的价值观、特点和优势传达给消费者，能够让品牌在市场中获得更好的认知，进而增强品牌的影响力和吸引力，提高品牌的知名度和美誉度，促进销售增长，巩固消费者忠诚度，提升品牌的市场竞争力和长期价值。

5. 持续的品牌创新 品牌创新是确保品牌持续发展的关键。企业通过不断的技术创新、产品创新和市场创新，保持品牌的竞争优势，确保与消费者的紧密连接和持续的活力，进而满足消费者需求，拓展市场份额，并最终实现可持续发展。

四、品牌与商标策略

（一）品牌策略

品牌策略是指企业依据自身状况和市场情况，合理、有效地运用品牌和商标的策略，是产品决策的重要组成部分，主要运用的品牌策略如下。

1. 品牌化策略 是指企业决定是否给产品起名字、设计标志的策略。早期，市场上许多产品没有品牌，生产者和中间商的产品直接从桶、箱等容器内取出来销售，无须供应商的任何辨认凭证。无品牌策略节省广告和包装费用，降低成本和售价。

目前，品牌的商业价值为企业所看重，世界上大多数产品都采用品牌策略，已经很少有产品不使用品牌了。品牌化策略虽然会增加企业的成本费用，但也可以使企业获得更多的好处。

2. 品牌使用者策略 是指企业为产品选择品牌归属的策略。企业通常有三种选择的策略：一是使用本企业（制造商）的品牌；二是使用经销商的品牌；三是一部分产品使用本企业的品牌，而另一部分产品使用经销商品牌。

使用企业的品牌归属策略时，需要全面地权衡利弊。在制造商具有良好的声誉，拥有较大市场份额的条件下，可选择使用制造商品牌。相反，在制造商资金能力薄弱，市场营销力量相对不足的情况下，可以使用经销商品牌。特别是势单力薄的无名中小企业，无力在自己的品牌下将产品打入市场时往往借助中间商品牌。如果中间商在某一领域中拥有良好品牌信誉及庞大完善的销售体系，利用中间商品牌是可以起到事半功倍的效果，这在国际贸易中是常见的。

3. 品牌统分策略 是企业决定品牌数量的决策，企业生产的不同类型、规格、质量的产品使用不同的品牌还是全部使用一个品牌。

（1）个别品牌策略 指企业对各种不同的产品分别使用不同的品牌。个别品牌策略的好处有：①可以使企业为每一新产品寻求最佳的品牌名称；②采用个别品牌名称，为每种产品寻求不同的市场定位，有利于增加销售额和对抗竞争对手；③可以分散企业风险，不会因某个品牌的成败而影响企业的整个声誉。个别品牌策略最显著的缺点是大大增加了企业的营销费用。

（2）统一品牌策略 是指企业所有的产品都统一使用一个品牌的策略。例如，三九集团生产的各种药品都统一采用"999"品牌。统一品牌策略的优点是：①降低新产品的宣传费用，借助在市场上已经形成的良好信誉的品牌形象顺利推出新的产品；②有助于显示企业实力，塑造企业形象。但是使用统一品牌策略需要注意，一旦某一种产品质量出现问题，会牵连到其他种类的产品的销售和整个企业的声誉。

（3）分类品牌策略 是企业为其不同类别的产品分别采取不同的品牌名称，一类产品使用一个牌子。分类品牌策略适用于不同类别产品之间存在较大差异的情况，可以避免不同类产品容易混淆的问题，如食品和化肥、化妆品和药品等，需要分类确定品牌。

（4）企业名称与个别品牌相结合的策略 这种策略是指企业对其不同产品分别使用不同的品牌，而且在各种品牌的前面冠以企业的名称。例如，海尔集团的洗衣机产品有"海尔小神童""海尔小王子"等品牌。企业采取这种决策的主要好处是：①在不同的新产品的品牌名称前冠以企业名称，可以使新产品合法化，能够享受企业的信誉；②不同的新产品分别使用不同的品牌名称，又可以使各种不同的新产品各有不同的特色。

4. 品牌再定位策略 也称重新定位策略，是指企业将部分或全部调整或改变品牌原有市场定位的做法。虽然品牌没有市场生命周期，但这绝不意味着品牌设计出来就一定能使品牌持续到永远。一个品牌能否持续长久，不仅取决于最初的品牌定位和品牌设计，还取决于品牌的阶段性调整。由于营销环境的变化，在品牌运营实践中还必须审时度势地做好品牌再定位的工作。

品牌再定位策略可适用于以下情况：①当竞争者的品牌定位于本企业的品牌附近，侵占了本企业品牌的市场份额时；②当有些消费者的偏好发生了改变，市场对本企业的品牌需求减少时。

企业在制定品牌再定位策略时需要考虑，当品牌从一个市场转移到另外一个市场，市场定位发生改变需要多少成本费用。一般来讲，重新定位距离越远，成本费用就越高。还需考虑，品牌再定位后能给企业带来的收益是多少。

（二）商标策略

现在的市场竞争中，越来越多的企业看重商标的经济效益，人们开始普遍关注商标的营销和管理。商标是受法律保护的品牌，所有的商标都是品牌，但并不是所有的品牌都是商标。

商标具有专门的使用权，表现在以下几点：①商标经注册即取得独占权，他人不得使用与仿冒；②商标专用权具有时间性，我国商标法规定商标的有效期限为10年，到期申请注册延续的可继续使用，否则就失去了专用权；③商标专用权属知识产权，其价值是无形的，也是难以估价的；④专用权受地域的严格限制。

企业在制定营销策略时可以从以下方面对商标进行合理的使用和管理，来方便产品宣传提升销售。

1. 商标的设计　商标设计的是否得当将关乎企业的经济效益，从营销学的观点来说一个良好的商标设计应符合如下原则。①商标的设计一定符合市场所在地的法律规范。我国商标法和世界各国的商标法，都对商标有禁用规定，如果只在我国使用和注册，就要符合我国商标法的规定，如果要在国外使用和注册商标，还要符合外国商标法的规定。②符合商标使用地的民俗和民族习惯。商标绝不能采用消费者忌讳的文字、图形。另外，各个国家的风俗习惯也不一样，符合我国民情的商标，不一定符合其他国家和地区的民情。③能表示产品的特色。每一种商品或服务，都有自己的特点和用途，设计商标时就要考虑产品的这些特点和用途，以免产生不良的效果。④商标美观，构思新颖，便于识别与记忆。商标设计在符合消费者审美的基础上还要创意新颖、独具匠心，如此才能吸引消费者的关注。

2. 商标的管理　商标的使用直接关系到消费者、企业、国家的利益，因此每个国家基本上都有商标法并实施商标管理。企业的商标管理应以有关法律为依据，在遵守法律义务的同时还要保护自身权益：①遵守商标法的规定、不乱用商标。不使用未注册的商标、不仿冒其他企业商标、未经批准不自行修改商标图样、不自行转让商标等。②建立和健全企业的商标管理制度。企业的商标管理制度的内容包括建立商标档案，做到有案可查；审查商标设计，保证顺利注册登记；了解商标使用效果；积累改进商标设计和使用的资料。

3. 商标的保护　商标是无形资产，驰名商标更是企业的无形财富，但是市面上山寨商标的出现严重损害了商标使用者的利益。如何防止别人的商标借本企业商标的知名度来搭便车、分享企业的无形价值，是很多企业需要关注的问题，所以企业要做好自身商标的防御性保护工作。

防御性保护最常见措施就是防御性商标注册，即注册与使用商标相同或相似的一系列商标。也就是注册一系列与现有商标在文字、读音、图案相同或相似的商标，保护正在使用的商标或以后备用。例如，国民品牌"老干妈"同时还注册了"老干爸""老干姨"等大量"防御性"商标，铸成了自己的商品"护城河"。

防御性商标注册的另一种方法就是同一商标运用于完全不同种类的产品或不同行业，防止他人在不同产品或产业上使用企业的商标，因为同一商标使用的商品类别有一定限制，产品跨行业、跨种类时，就必须分别注册。

任务五　医药产品包装要求与策略

⟫ **情境导入** ⫻

情境：2016 年北京同仁堂"粉剂系列包装"被评为"中医药国礼"。中药粉剂即散剂，是最古老的传统剂型之一，市面上粉剂包装的形式多以稳重、浓厚的元素来强调其功效，彰显品牌的地位，并采用厚重的铁盒来显示产品价值，但是铁盒既不方便携带也不方便拿取。北京同仁堂粉剂全新的产品包装形象定位于时尚和轻松的"便捷养生"，打破了传统中药包装厚重传统的感觉，以轻松惬意的包装形式把用于调理身体的药品，做成方便快捷的消费品，使消费者形成日常使用习惯。

思考：1. 产品的包装有哪些作用？

2. 北京同仁堂"粉剂系列包装"采用了哪种包装策略？

一、包装的概念和作用

（一）包装的概念

包装是指用于保护产品质量和便于流通的容器或包扎物。产品进行包装的直接目的是便于运输、陈列、销售和消费。

包装是产品实体的一个重要组成部分，一般包括内包装、中层包装、储运包装三个层次。内包装是直接接触产品的直接容器；中层包装是保护内包装的材料，除保护产品外还可以美化商品促进销售；储运包装是产品存储、辨认、运输时所必需的包装，其作用是便于储存、搬运。

（二）包装的作用

商品包装是整体产品的重要组成部分，是产品质量的外在表现，是消费者购买选择的重要依据。实践证明，优质产品配合精美的包装，能起到美化产品，增强吸引力和感染力，唤起广大消费者的购买兴趣并及时作出购买决策的作用，所以包装已成为强有力的营销手段。对于医药商品而言，包装有以下作用。

1. 保护医药商品 商品包装的最基本作用就是保护产品。医药商品从生产领域向消费领域转移的过程中，要经过运输、装卸、储存、销售等一系列环节，良好的包装可以使商品在空间转移和时间转移过程中避免碰撞、风吹、日晒、雨淋、挤压而受损，保证药品的使用价值完好。否则产品包装不善，就会造成很大损失。

2. 便于运输、携带和贮存 医药商品有气态、固态、液态等不同形态，它们的理化性质也各异，有的有毒，有的有腐蚀性，有的有挥发、易燃、易爆等特性，这些都只有加以合适的包装，才能运输、携带和存放。绝大多数医药商品在贮存中需要防潮、避光、防热，一些特殊药品在运输过程中需要防震、防爆。特殊药品中的有毒品、危险品更需要有特殊的包装。良好的包装可以使药品的质量在整个流通过程中不发生变化，从而保证其使用价值的实现。

3. 指导消费，便于使用 药品包装上都附有文字说明，具体介绍产品的性能和注意事项，可以起到便于使用和指导消费的作用。此外为了方便使用，包装容器设计成多种形式。例如，喷射式包装容器、带有刻度的瓶盖。

4. 美化商品，促进销售 商品采用包装后，首先进入消费者视线的往往不是商品本身而是商品的包装。独具个性、精致美观的包装可以增强商品的美感，刺激消费者的购买欲望，起无声推销员的作用。包装的功能增强了产品的吸引力、促进销售，尤其是 OTC 药品，包装显得更加重要。

5. 增加利润 包装是产品的一个组成部分，优良精美的包装有利于提高产品的档次，满足了消费者的心理需求，消费者愿意付出较高的价格来购买，超出的价格往往高于包装的附加成本，企业盈利增加。

二、医药产品包装的要求

（一）包装符合有关法律规定

药品作为特殊的商品，关乎人们的生命健康，所以对它的监管也更加严格。药品的包装除了满足商品的基本要求外，还要符合国家法律对它的特殊要求。

我国《药品管理法》对药品的包装专门进行了规定"直接接触药品的包装材料和容器，必须符合药用要求，符合保障人体健康、安全的标准，并由药品监督管理部门在审批药品时一并审批。""药品包装必须按照规定印有或者贴有标签并附有说明书。标签或者说明书上必须注明药品的通用名称、成分、规格、生产企业、批准文号、产品批号、生产日期、有效期、适应证或者功能主治、用法、用量、禁忌、不良反应和注意事项。"

（二）包装应具有实用性

药品包装的形状、结构、大小应为药品的运输、携带、保管、陈列和使用提供方便。在确保产品安全的前提下尽量减少包装的体积，避免材料的浪费，节约社会资源，减少包装支出。

（三）包装应美观大方、彰显产品特色

药品包装在准确传递产品信息的基础上，造型还要美观大方，图案生动形象。包装在材料的选择、图案和形状的设计上彰显产品的特色，符合产品的市场定位。例如，仲景牌六味地黄丸产品的特色是"好药材"，所以产品的包装图案都是药材的图片。

（四）包装的设计要符合消费者的宗教信仰和风俗习惯

包装设计所采用的色彩和图案要符合目标消费者的心理认知，尊重其宗教信仰和风俗习惯。色彩、图案的含义对不同习俗的消费者可能是截然不同，甚至是完全相反的。如白色，日本人视之为喜庆，而中国人视之为丧葬；佛教信徒崇拜黄色，而信奉伊斯兰教的国家和地区的人们忌讳黄色。因此，企业在进行包装设计时一定要充分了解不同国家、民族的消费习惯。

▪ 知识链接

《中华人民共和国药品管理法》对药品包装的管理

第四十三条　药品生产企业使用的直接接触药品的包装材料和容器，必须符合药用要求和保障人体健康、安全的标准。

第四十四条　生产中药饮片，应当选用与药品性质相适应的包装材料和容器；包装不符合规定的中药饮片，不得销售。中药饮片包装必须印有或者贴有标签。中药饮片的标签必须注明品名、规格、产地、生产企业、产品批号、生产日期，实施批准文号管理的中药饮片还必须注明药品批准文号。

第四十六条　医疗机构配制制剂所使用的直接接触药品的包装材料和容器、制剂的标签和说明书应当符合《药品管理法》第六章和本条例的有关规定，并经省、自治区、直辖市人民政府药品监督管理部门批准。

三、医药产品包装的策略

包装是整体产品的一部分，正确地选择包装策略，可以有力促进商品的销售。常见的包装策略如下。

（一）类似包装策略

类似包装策略是企业对其生产的各种产品，在包装外形上采用大致相同的图案、近似的色彩、相同的材料或式样，使消费者很容易识别出本期产品。对于忠实于本企业的顾客来说，类似包装具有很好的促销作用。这种策略的优点如下。

1. 节省设计宣传费用，增加企业声势，有利于推出新产品。

2. 可以扩大企业产品的影响，促进各类产品的销售。

该策略只适用于质量水平相当的产品，质量性能悬殊的产品不宜采用。

（二）组合包装策略

组合包装策略，又称系列包装策略，是指把使用时有关联的多种商品配套包装在一起，成套供应

销售，便于消费者购买、使用和携带。例如，家用药箱、旅游药盒、针线包、工具箱等。这种策略的优点如下。

1. 给消费者提供方便。

2. 扩大销售量。

3. 有利于新产品上市和普及，将新产品与老产品组合销售，可以创造条件让消费者试用、接受。该策略只能适用一些基本的产品的包装要求。

（三）再使用包装策略

再使用包装策略是指包装容器内原有的商品用完之后，空的包装可移作别的用途。例如，口服糖浆采用杯形包装，包装瓶可用作旅行杯等。这种策略的优点如下。

1. 包装物可以有多种用途，增强了产品的吸引力，激发消费者的购买欲望。

2. 因包装上印有文字说明，重复使用能起到广告宣传的作用。

使用该策略时要注意，避免因包装成本的加大引起商品价格上涨而影响了产品的销售。

（四）附赠包装策略

附赠包装策略就是在商品包装物上或包装内附有奖券或其他物品，或用包装换取礼品。这种策略使消费者感到有意外的收获，能引起消费者的购买兴趣，还能刺激消费者重复购买，是目前市场上比较流行的包装策略，例如，冲剂药品袋内赠药匙或杯子等。

（五）分组包装策略

分组包装策略是指对同一种产品，根据顾客的不同需求采用不同级别的包装策略。

1. 按照产品的档次来决定产品的包装 即高档产品采用精美的包装，以突出其优质高价的形象，低档产品则采用简单包装，以突出其经济实惠的形象。

2. 按照消费者购买目的的不同 对同一产品采用不同的包装，馈赠亲友的，包装应该精致、漂亮，自用的则包装应该简朴些。

（六）改变包装策略

改变包装策略是改变或放弃原有的产品包装，改用新包装的策略。商品包装上的改进，正如产品本身的改进一样，对销售有重大意义。随着包装材料、包装技术的不断更新，消费者对包装的偏好也会发生变化，采用新的包装可以弥补原包装的不足，满足消费者改变的喜好。当企业的某种产品在市场上同类、同质产品中销路打不开时，就应该注意改进包装设计。使用改变包装策略时必须同时做好宣传工作，既要让消费者知道产品的包装发生了改变，还要消除消费者以为产品质量下降等其他的误解。

总之，包装是产品整体概念的一个重要组成部分，它在宣传产品，促进产品销售，指导人们正确消费方面有着重要的作用。特别是医药市场出现了无人售货的方式后，包装更是起到了"无声推销员"的作用。因此，我国的医药企业应重视药品包装的设计。

•••• 目标检测

答案解析

一、单项选择题

1. 用药指导属于产品整体概念的（ ）

    A. 核心产品   B. 形式产品   C. 期望产品   D. 附加产品

2. 一个企业所拥有的产品线的数量，属于产品组合的（ ）

    A. 宽度   B. 深度   C. 长度   D. 关联度

3. 不属于产品生命周期中介绍期特征的是（　　）

　　A. 产量低　　　　　　　　B. 成本高　　　　　　　　C. 利润高　　　　　　　　D. 竞争缓和

4. 企业以高价格高促销费用将新产品投入市场，该营销策略为（　　）

　　A. 快速撇脂策略　　　　　B. 缓慢撇脂策略　　　　　C. 快速渗透策略　　　　　D. 缓慢渗透策略

5. 产品生命周期中，（　　）产品的销量最大、成本最低

　　A. 导入期　　　　　　　　B. 成长期　　　　　　　　C. 成熟期　　　　　　　　D. 衰退期

6. 品牌中可以识别，但不能用语言直接读出的部分是（　　）

　　A. 品牌价值　　　　　　　B. 商标价值　　　　　　　C. 品牌名称　　　　　　　D. 品牌标志

7. 三九胃泰、999 感冒灵、999 皮炎平等，采用的品牌策略是（　　）

　　A. 多品牌策略　　　　　　B. 个别品牌策略　　　　　C. 统一品牌策略　　　　　D. 分类品牌策略

8. 冲剂药品袋内赠药匙或杯子，这种包装策略是（　　）

　　A. 类似包装策略　　　　　B. 附赠包装策略　　　　　C. 再使用包装策略　　　　D. 组合包装策略

二、简答题

1. 产品整体概念包含哪几个层次？

2. 一个完整的产品生命周期包括哪几个阶段？每个阶段有怎样的特点？

3. 医药产品的包装有哪些作用？

书网融合……

重点小结　　　　　　　　微课　　　　　　　　习题

项目七 医药产品定价策略

PPT

学习目标

知识目标：通过本项目的学习，应能掌握医药产品定价目标和策略；熟悉医药产品价格构成及影响因素；了解医药产品价格的演变进程。

能力目标：能运用医药产品定价方法。

素质目标：通过本项目的学习，深化服务理念，强化质量意识，树立为人民健康服务的职业理想。

任务一 医药产品价格的构成要素及影响因素 微课

一、医药产品价格的构成要素

商品价格是商品价值的货币表现形态。在商品经济条件下，商品的价值是由生产这种商品所耗费的社会必要劳动时间决定的，但社会必要劳动时间又无法直接表示商品价值，而只能间接地和相对地表现在某种商品同另一种商品交换的比例上。

医药产品定价在医药产业链中占据着至关重要的地位，其合理与否直接影响着整个产业链的稳定与健康发展。首先，医药产品的定价是医药企业实现经济效益的重要手段，它直接关系到企业的利润水平和生存发展能力。生产企业需要通过科学、合理的定价策略回收研发投入、生产成本及运营费用，并确保获得适当的利润回报，以持续进行新药研发和产品质量提升。其次，在市场流通环节，医药产品的价格也起到了调节供需平衡的作用。适当的价格可以激发市场需求，推动药品销售；反之，过高或过低的价格都可能导致市场失衡，影响药品的可及性和消费者的购买意愿。再者，医药产品的定价对于国家医保政策制定具有重要意义。政府在确定医保支付标准、实施药品集中采购时，会参考市场价格，高定价可能导致医保基金压力增大，而低定价则可能影响产业创新动力。因此，合理定价有助于实现患者负担得起、企业可持续经营以及医保基金有效利用的多方共赢局面。

医药产品价格的构成是一个复杂而多元的过程，涉及多个方面的构成要素。以下是医药产品价格的主要构成要素。

（一）研发成本

医药产品的研发成本通常是最初和最大的投入之一。这包括药物发现、临床试验、药物开发、安全性和有效性评估等各个阶段所需的资金和资源。高昂的研发成本是医药产品价格中的重要组成部分，特别是在新药研发领域。

（二）生产成本

生产成本包括原材料采购、生产设备、制造工艺、质量控制和员工福利等方面的支出。医药产品的生产通常需要高度的技术和严格的质量控制，这也会增加生产成本。

（三）国家税金

政府对医药产品征收的税费也是医药产品价格的一个组成部分。国家税金是通过税法的形式，按照规定的税率进项征收而取得的财政收入。中国现行的税法按其与药品价格的关系分为价内税和价外税。价内税包含在药品的销售价格之中，作为药品成本和价格的一个组成部分。中国的消费税就是一个典型的价内税例子，虽然不是所有药品都需缴纳消费税，但对于那些被列为应税消费品的特定药品，其消费税会直接计入药品的最终售价中。价外税并不直接包含在药品的标价内，而是在销售过程结束后，根据销售额另外计算并征收。中国现行的增值税就属于价外税。药品在流通的各个环节（除了某些特定情况下，如零售环节可能会将增值税包含在最终售价中），增值税通常是以不含税价格为基数计算的，然后由购买方承担。这意味着增值税虽然影响药品的总成本，但不是药品价格标签上的直接组成部分。

（四）流通环节费用

医药产品从生产到最终消费者的过程中，涉及多个流通环节，如分销商、批发商、零售商等。每个环节都会产生一定的成本和利润，这些成本最终也会反映在医药产品价格中。

（五）企业利润

企业利润是指企业在一定时期内生产经营的财务成果，等于销售产品的总收益与生产商品的总成本两者之间的差额，包括营业利润、利润总额和净利润。

企业利润的计算公式为：

主营业务利润＝主营业务收入－主营业务成本－税金及附加

营业利润＝主营业务利润＋其他业务收入－其他业务支出－管理费用－财务费用

利润总额＝营业利润＋营业外收入－营业外支出

净利润＝利润总额－所得税

其中，营业利润是企业最基本经营活动的成果，也是企业一定时期获得利润中最主要、最稳定的来源。利润总额是在营业利润的基础上，加上与企业生产经营活动没有直接关系的各种收入，减去虽与生产经营活动有关，但由于其性质、目标和用途不同，不宜直接列入生产经营成本的各项支出后的余额。净利润是指企业当期利润总额减去所得税后的金额，即企业的税后利润。

医药产品价格的构成要素多种多样，涉及研发、生产、销售、税费、流通、监管、品牌、供需关系和企业利润等多个方面。了解这些构成要素有助于人们更好地理解医药产品价格的形成机制，并在制定医药产品价格政策时作出更加合理的决策。

二、医药产品价格的影响因素

我国对药品价格管理实行政府定价、政府指导定价和市场调节价三种形式。

政府定价：对于某些特定药品，如列入国家基本医疗保险药品目录的药品以及具有垄断性生产、经营特征的药品，政府会直接规定其销售价格。例如，麻醉药品和第一类精神药品实行政府指导价管理。这些药品由于涉及公共卫生安全和社会稳定，因此需要政府进行直接的价格管理。

政府指导价（包括集中采购谈判价）：政府对部分药品设定最高限价或通过集中采购谈判确定一个参考价，企业在实际销售时可在政府指导的范围内自主确定价格，但不能超过政府设定的上限。

市场调节价：对于不属于政府定价和政府指导价范畴的药品，尤其是市场竞争较为充分的品种，其价格主要由市场供需关系决定，企业可以根据生产成本、市场状况等因素自主定价。

除了以上三种主要形式外，还有一些其他形式的药品价格管理，如价格谈判、价格监测等。这些形式都是为了更好地维护药品市场的公平竞争和消费者的合法权益。

随着医药卫生体制改革的推进，我国逐步取消了大部分药品的政府定价，转而更加依赖市场机制与集中采购等手段调控药品价格，同时强化医保支付标准对药品价格的引导作用，旨在实现药品价格合理化。大多数医药产品的定价还是由医药产品生产企业根据市场供求关系自主确定。因此，影响医药产品价格的因素来自企业的产品成本、定价目标等内部因素，还来自市场供求、需求价格弹性、竞争状态等外部因素。

（一）内部因素

1. 成本　在营销学中成本涉及生产过程和流通过程中发生的各项开支和费用，也就是产品成本和流通费用。了解并控制这些成本对于企业的盈利能力和市场竞争力至关重要。

（1）产品成本　在医药企业中，产品成本是决定企业盈利能力和市场竞争力的重要因素。合理控制成本、优化成本结构，对于医药企业的可持续发展具有重要意义。

（2）流通费用　在医药产品的价格构成中指的是产品从生产者手中转移到最终消费者手中的过程中所产生的各种费用。流通费用是医药产品成本的重要组成部分，它涵盖了一系列与流通环节相关的成本开支，主要包括市场推广费用、销售费用、渠道管理费用、结算与管理成本等。

2. 企业定价目标　是指医药企业在对其生产或经营的医药产品制定价格时，有意识地要求达到的目标和标准，定价策略是企业营销组合中的核心要素之一，它直接影响企业的利润、市场份额、品牌形象和客户关系。企业定价目标是在确定产品或服务价格时所追求的最终目的，包括利润最大化、市场份额扩大等。

（1）利润最大化　是企业定价目标的基本出发点。企业通常会通过提高价格或降低成本来增加利润，以保证股东投资回报和企业发展所需的资金积累。

（2）市场份额扩大　通过定价策略扩大市场份额是企业常见的目标之一。企业可能会选择低价策略以吸引更多价格敏感的消费者，或通过提供增值服务以增加竞争力。这种定价策略通常在企业试图快速抢占市场、建立品牌认知或应对激烈竞争时使用。

（二）外部因素

1. 供求关系　药品市场供求关系是指药品的供应和需求之间的相互作用和平衡状态。供应方面受到生产、研发、进口等多种因素的影响，而需求方面则受到人口结构、健康水平、经济发展等因素的制约。例如，若某种疾病发病率增加，对应的药品需求随之增多，可能会使该药品价格上涨。再如，医保政策调整使得更多药品被纳入报销范围，消费者对其需求增强，也可能抬高药品价格。

2. 需求价格弹性　是指药品的需求量对其价格变化的反应程度。药品作为一种特殊的商品，其需求价格弹性具有一定的特点。了解药品需求的价格弹性有助于人们更好地理解药品市场的运行机制，以及价格变动对药品需求的影响。

需求价格弹性的计算公式是：

$$需求价格弹性系数 = 需求量变动的百分比 / 价格变动的百分比$$

这个公式用于衡量一种商品的需求量对其价格变动的反应程度。

富有弹性（E > 1）：当药品的需求价格弹性大于1时，表示药品需求量对价格变动非常敏感。价格的小幅上涨会导致需求量大幅下降，反之亦然。

单位弹性（E = 1）：需求量的百分比变化与价格的百分比变化相等，价格变化会带来同等比例的需求量变化。

缺乏弹性（0 < E < 1）：药品需求价格弹性小于1，表明药品需求相对价格变动不那么敏感。即使价格有所上涨，需求量下降的幅度也不会太大；同样，价格降低时，需求量增加的幅度也不会过于显著。

完全无弹性（E = 0）：需求量不因价格变动而改变，无论价格怎么变，需求都是固定不变的。

在药品市场上，需求价格弹性的大小受多种因素影响，如药品的可替代性、疾病的严重性、消费者收入水平、医保政策、药品的必需程度等。一般来说，非必需品、有较多替代品的药品，其需求价格弹性较大；而对于那些无可替代的救命药或治疗严重疾病的药品，需求价格弹性可能较小，因为消费者即使面临价格上涨，也会因为健康需求购买。

3. 竞争状态　直接影响医药产品的定价策略和市场价格，根据竞争状态对医药产品价格影响程度的不同，可分为完全竞争市场、垄断竞争市场、垄断市场等竞争状态，企业需要依据市场竞争环境，结合自身成本、市场需求、产品特性以及政策法规等多重因素，制定出既有利于市场竞争，又能够保证合理利润的定价策略。

（1）完全竞争市场　在这样的市场环境中，有许多医药企业生产几乎相同的药品（即药品具有可替代性），每个企业都无法单独影响市场价格。竞争激烈导致药品价格趋向于接近生产成本，企业的利润空间较小。

（2）垄断竞争市场　大多数医药市场表现为垄断竞争，同一类医药产品存在多个品牌和生产者，虽然产品有某种程度的差异化（可能是品牌、服务、质量、营销策略等），但消费者仍有替代品可以选择。企业具有一定定价权，但需考虑竞争对手的反应和消费者对价格的敏感度。

（3）垄断市场　也称作独家垄断、完全垄断，是指一家公司独占某种医药产品的生产和销售，如拥有专利保护的创新药。垄断状态下，该公司对药品价格具有绝对的控制权，通常价格会较高，以弥补高昂的研发成本并获取超额利润。

4. 技术创新影响　技术创新对医药产品价格的影响主要体现在两个方面：一是技术创新可以提高产品的疗效和安全性，从而增加产品的附加值和市场竞争力；二是技术创新可以降低生产成本和提高生产效率，从而降低产品的售价。因此，技术创新是推动医药产品价格合理化的重要动力之一。

任务二　医药产品定价目标和定价方法

▶▶ 情境导入 ////

情境： 2002 年 5 月 24 日《国家计委关于公布 383 种药品价格的通知》要求，262 种药品公布了最高零售价，其中甲类药品 101 个，567 种补充剂型规格；乙类药品 161 个，734 个补充剂型规格；降价幅度达 20%～80%，降价金额达 30 亿。再如 2005 年 10 月，国家发改委在全国掀起的第 17 次药品降价活动，涉及 16 种抗生素和 6 种新进入医疗保险目录的药品，共 400 多个剂型规格，平均降价幅度 40% 左右，最大降价幅度达到 63%，此次降价从 10 月 10 日起执行，是迄今为止政府先后 17 次药品降价措施中幅度最大的一次。

思考： 1. 医药产品的商品是如何定价的？

　　　2. 该案例体现了医药产品为何降价？

一、医药产品定价目标

所谓定价目标，是指企业通过制定和实施价格策略所希望达到的目的。企业在定价之前，首先应考虑一个与企业的经营总目标、市场经营目标相一致的定价目标，作为企业确定产品价格策略和定价方法的依据。通常，企业可以选择的定价目标有以下几类。

（一）以利润为导向的定价目标

在药品定价策略中，以利润为导向的定价目标是追求企业的经济收益和财务健康。这种定价策略旨在确保制药公司在销售药品时能够获得足够的利润，以支持其研发活动、生产成本、市场推广和持续发展。以下是以利润为导向的药品定价目标的主要考虑因素。

1. 以获取利润最大化为定价目标 利润最大化是以利润为导向的定价策略的核心目标，企业在合法合规的前提下综合分析市场竞争、消费需求等因素后，希望通过总收入减去总成本的差额最大化为定价基点，设定价格来获得最大的利润。这种策略通常在药品的引入阶段采用，因为此时药品的独特性和市场需求较高，企业可以利用这一点来设定较高的价格。但是获取利润最大化不一定是单位产品最高价，这种定价目标需要企业在市场需求、成本、竞争、产品价值、法规和道德等多方面因素之间进行权衡。过高的定价可能导致消费者负担不起，从而损害企业的声誉和长期利益。因此，企业需要权衡利润最大化和社会责任之间的关系。

2. 以获取满意的利润水平为定价目标 企业在设定产品价格时，旨在确保收入不仅可以覆盖所有成本（包括直接成本和间接成本），还能为公司带来稳定、合理的利润空间。这意味着医药企业希望在不损害市场需求和患者负担的情况下，获得合理的利润。这种策略既确保企业的可持续发展，又不对消费者造成过大的经济压力。

3. 以获取投资目标收益率为定价目标 是指企业在设定产品或服务价格时，考虑的不仅仅是简单的成本覆盖和利润获取，而是着眼于整个投资项目的回报率，确保从长远来看，投资能得到预期的回报。确立以投资收益率为定价目标，必须全面考虑行业性质、产品特点、市场竞争情况、市场接受程度、法律政策等因素，充分地预测分析，结合投资额和回收期，来核定价格、销量和其利润水平。例如对于专利药品，企业可能在初期设定较高的价格以尽快回收投资，随着专利保护期临近结束，逐渐降低价格以维持市场份额。医药产品的研发周期长、成本高，企业在设定药品价格时，会考虑能否通过当前定价在未来一段时间内收回研发成本，并实现预期的投资回报率。采用这种定价目标的企业，一般是实力雄厚、生产规模较大、经营情况稳定，且具有一定的市场垄断力的大中型企业。

（二）以销售为导向的定价目标

医药企业在制定商品价格时，将重点放在促进销售和提高市场份额上，而不是单纯地追求利润最大化。这种定价策略通常旨在通过吸引更多的消费者、提高销售额和市场份额，从而实现长期的盈利和增长。通常，企业以销售为目标的价格策略主要有三种。

1. 以销售收入最大化为定价目标 销售收入最大化意味着通过精心策划的价格策略，实现销售额和利润的双重增长。销售收入是衡量企业经营绩效的关键指标之一，它直观反映了企业在一定时期内销售产品或提供服务所取得的货币收入，体现了企业的市场表现和业务规模。通常情况下，销售收入越高，通常意味着企业的销售业绩越好，市场份额可能更大，业务活动活跃，对企业的经营和发展有着正面的影响。虽然销售收入并不等同于利润，但它构成了利润的基础。在成本和费用得到合理控制的前提下，销售收入的增加往往伴随着利润的提升，是企业实现盈利目标的前提条件。销售收入的增长还可以反映产品或服务在市场上的受欢迎程度以及企业的竞争力。如果销售收入持续增长，通常意味着企业的产品或服务得到了市场的广泛认可和接纳。

2. 以扩大市场占有率为定价目标 市场占有率是评估一个医药企业或品牌在其所在细分市场中竞争地位的重要指标，它反映了企业产品相对于同类型产品在市场上的相对优势。

计算公式通常为：

市场占有率=（企业药品销售额或销售量/市场总销售额或总销售量）×100%

市场占有率越高，说明该企业在市场中的竞争地位越强，具有更高的市场影响力和控制力。对于医药企业来说，追求较高的市场占有率有助于增强品牌认知度，扩大市场份额，提高利润，并且在一定程度上增强了抵御市场风险的能力。例如，企业可以选择低于主要竞争对手的价格，以吸引那些对价格敏感的消费者，尤其是对于具有相似疗效的药品，更低的价格可以帮助企业在市场中脱颖而出，从而扩大市场份额；对于新上市的药品，企业可能会采取较低的初始定价策略，以快速吸引大量用户，加速药品在市场中的普及速度，进而迅速提升市场占有率；对大量购买或长期合作的客户，提供价格优惠，既可以增加销售量，又能提高客户黏性，稳固市场份额；企业也可以根据不同区域、不同消费群体的支付能力和购买意愿，制定不同的价格策略，以满足不同细分市场的消费需求，扩大总体市场份额。

3. 以保持与分销渠道的良好关系为定价目标　医药企业在设定产品价格时，不仅仅关注自身的利润最大化或市场份额提升，而是将维护和强化与分销商、零售商等合作伙伴的关系视为重要目标。这种策略的核心是通过合理的定价，让渠道伙伴获得合理的利润空间，激发他们的积极性和忠诚度，从而确保产品的顺畅流通和销售。如医药企业通过设立销售奖励、市场开发补贴等激励措施，鼓励分销渠道积极推广和销售企业产品，从而保持良好的合作关系；通过提供专业的培训、技术支持、市场信息共享等增值服务，增强分销渠道的市场竞争力，增进双方合作关系；企业根据药品销售业绩，与分销渠道分享利润，达成共赢的合作模式，提高渠道成员的积极性和对企业的信任度。

（三）以竞争为导向的定价目标

企业根据市场竞争态势和竞争对手的定价策略来制定自己的产品价格，以在市场中获得竞争优势，实现市场份额的扩大或巩固。在医药行业，这种定价策略可能会表现在以下几个方面。

1. 以应付市场竞争为定价目标　企业根据市场中竞争对手的定价、产品性能、市场占有率等因素，灵活调整自身产品的价格，在市场竞争中取得优势，以避免因为价格过高或过低而丧失竞争力。如果企业的药品具有独特性，如独家专利、不可替代的疗效、优秀的品质等，可能会设定相对较高的价格，突出产品的独特价值，从而在竞争中获得优势；对于新上市的药品，特别是有潜力成为爆款或具有广阔市场前景的产品，企业可能会设定较低的初始价格，以快速吸引大量消费者，迅速提高市场占有率，压制竞争对手；企业通过提高生产效率、优化供应链管理等方式降低药品成本，使企业在保持合理利润的同时，有能力设定低于竞品的价格，从而在价格竞争中占据有利地位。

2. 以保持价格的稳定为定价目标　企业在制定和调整产品价格时，力求避免频繁、大幅度的价格波动，以维持市场信心、保持消费者预期稳定，并确保渠道合作伙伴的利益。药品作为一种特殊商品，价格的稳定有助于消费者形成稳定的心理预期，增强其购买意愿和品牌忠诚度，避免因价格频繁波动造成的恐慌和不满情绪。保持价格稳定有助于企业制定和执行长期战略，通过持续提供高质量的产品和服务，逐步提升市场地位，而不是依靠短期的价格波动来获取市场份额。频繁或剧烈的价格变动可能引发社会舆论的关注和质疑，对企业声誉产生负面影响。稳定的价格策略有助于企业树立公正、负责任的形象，维护和提升品牌价值。

二、医药产品定价方法

定价方法是企业了解和掌握某种产品定价的各种因素后，为实现其定价目标所采取的具体方法、为某种商品或劳务价格的最终确定提供具体的、科学的方法，为产品制定基本价格。成本、需求和竞争是影响的三个最主要的因素。

（一）成本导向定价法

一种企业根据产品的生产成本为基本依据，加上预期利润来确定产品售价的方法。这种定价方法的一个主要优点是它相对简单且易于理解。企业可以通过对其生产成本的详细分析来确定产品的售价，从而确保覆盖其所有成本并获得预期的利润。此外，由于成本导向定价法主要关注产品的生产成本，因此它有助于鼓励企业提高生产效率和降低成本。由于产品的成本形态不同以及在成本基础上核算利润的方法不同，成本导向定价法可分为以下 4 种具体方法。

1. 成本加成定价法　即以成本为中心的定价，按产品单位成本加上一定比例的毛利率定出销售价的方法，也是传统的、运用较普遍的定价方法，在医药行业中广泛应用。企业需要计算产品的完全成本，这包括直接成本（如原材料、直接人工、直接能耗等）和间接成本（如厂房折旧、管理费用、研发成本分摊等）；企业根据自身战略目标、市场竞争情况、预期投资回报率等因素，设定一个目标成本利润率。其公式为：

$$医药产品价格 = 单位成本 × （1 + 利润率）$$

成本加成定价法常用于预先估计成本比较困难的情况，是以成本变化为基础，而成本变化比需求变化要稳定得多，它不必因需求的经常变化而调整价格。如果企业都采用这一定价方法，产品价格就会趋于一致，它可以避免以需求定价导致的激烈的价格竞争。成本加成定价因受需求影响小，被认为对买卖双方都比较公平。对于具有很多产品线和产品项目的企业，做出正确的估计尤为复杂、困难。而当目标市场不同，各市场竞争又相当激烈的情况下，确定相同的目标往往是不切实际的。

成本加成定价法的优点是，①由于价格与成本紧密相连，企业可以根据成本变化调整价格，确保成本上升时也能维持一定利润水平，价格相对稳定；②在同行业内部，如果大家均采用成本加成定价法，那么产品价格会在一定范围内趋同，有助于避免恶性价格竞争；③成本加成定价法对买、卖双方都比较公平，当买方需求强烈时，卖方不利用这一需求条件谋取额外利益，同时能保证公平的投资报酬。

成本加成定价法的缺点是：①该方法对于市场环境变化的反应不够敏捷，若市场供需关系发生变化或竞争加剧，僵硬的成本加成可能导致企业错失市场机会；②成本加成定价法并未充分考虑市场需求和消费者支付意愿，可能导致价格过高或过低，影响销售量和市场份额，难以确保医药企业实现利润最大化；③对于具有高附加价值或独特优势的产品，单纯基于成本的定价可能低估其市场价值，不利于区别于竞品和实现品牌增值。

2. 目标收益率定价法　又称投资收益率定价法，是根据企业预期的总销售量与总成本，确定一个目标利润率的定价方法，使产品的售价能保证企业达到预期的目标利润率。企业根据总成本和估计的总销售量，加上按投资收益率指定的投资报酬额，作为定价基础的方法，这种定价方法通常用于考虑药物研发成本、生产成本、营销成本以及投资者期待的回报率，确保企业通过产品销售能够达到预期的利润目标，其计算步骤如下：

首先，设定目标收益率，是根据企业战略目标、风险偏好以及市场环境等因素，设定一个预期的投资回报率；其次确定目标利润，目标利润定价法的计算公式。

$$目标利润 = 投资总额 × 目标收益率$$

获得目标利润后要基于市场调研和历史数据，预测在一定时期内（如一年、五年等）药品的销售量并计算单位产品价格，以保证达到目标投资收益率。企业计算每个单位产品的售价的常用公式为：

售价 =（单位变动成本 + 固定成本 ÷ 预计销售量）÷（1 - 销售税率）+（目标利润 ÷ 预计销售量）

目标投资收益率定价法的缺陷在于这种定价策略需要充分考虑市场需求、竞争态势、政策法规限制以及消费者支付意愿等因素，单纯以目标收益率为唯一基准可能无法在市场上获得理想的效果。企业还需要综合考虑市场需求、产品生命周期、竞争者定价、政策法规等诸多因素，确保定价策略既能够实现投资回报目标，又能在市场上保持竞争力。

3. 边际利润定价法　也称边际成本定价法和边际贡献定价法，基于每一单位产品的边际利润来确定价格。在经济学中，边际利润是指每增加销售一个单位产品所增加的利润。具体来说，它是销售收入与边际成本之间的差额，即：

$$边际利润 = 边际收入 - 边际成本$$

$$边际贡献 = 产品销售收入 - 产品变动成本$$

边际贡献的大小，取决于销售单价和单位变动成本这两个因素的差额。在其他条件不变的情况下，销售单价越高，单位变动成本越低，则边际贡献越大。

举例来说，假设一个公司销售一个药品的价格是 100 元，增加销售一个单位的变动成本是 60 元。那么，边际收入是 100 元（因为价格没有变），边际成本是 60 元。因此，边际利润是 40 元（100 元 - 60 元）。

首先，企业需要明确生产每增加一个单位药品所增加的成本，包括直接相关的原材料成本、直接劳动力成本和变动成本；接下来，企业估计每增加一个单位药品销售所能带来的收入增量，根据其战略目标和市场环境设定一个期望的边际利润水平；最后，企业将边际成本加上期望的边际利润，从而得出产品的定价。只有当产品的售价高于其边际成本并且足以覆盖固定成本时，才能确保企业实现盈利。

边际利润定价法的优点是：①有极高的灵活性，可以迅速响应市场变化。当成本或需求发生变化时，企业可以及时调整价格以保持利润最大化。这种灵活性使得企业能够更好地适应市场动态，抓住商机；②采用这一方法定价可以很好地解决固定成本的分摊事先很难确定的难题；③企业可以根据实际需求调整生产量，从而避免过多的库存积压。当需求下降时，企业可以降低价格以促进销售，减少库存成本。这种定价策略有助于企业保持健康的库存水平，提高资金利用效率。

边际利润定价法缺点是：①边际利润定价法过于关注利润最大化，可能导致企业忽视市场需求；②忽略固定成本，仅关注边际成本，而忽略了企业的固定成本（如研发成本、固定资产折旧等）；③过度依赖边际利润定价可能会导致药品价格过高，影响社会公众的可及性，不符合社会责任。

4. 盈亏平衡定价法　又称收支平衡定价法，这是以盈亏平衡即企业总成本与销售收入保持平衡为原则制定价格的一种方法，其核心目的是确定一个能使企业实现收支平衡的最低价格。这种方法帮助企业确定产品或服务的价格点，在这个价格点上，销售收入正好等于总成本，既不亏损也不盈利。

盈亏平衡定价法的计算公式为：

$$盈亏平衡点（销量） = 固定成本 / （单位售价 - 单位变动成本）$$

盈亏平衡定价法优点是：①简单易行，这种方法直观明了，只需要计算出固定成本和单位变动成本就可以确定最低可行的价格点；②风险控制，盈亏平衡定价法首先确保了企业在销售产品时不致亏损，为企业的生存和发展奠定了基础。

（二）竞争导向定价法

竞争导向定价法是一种基于市场上相互竞争的同类产品或服务的价格来确定产品价格的策略。这种定价方法主要依据对手的价格，结合自身的竞争实力、成本和供求状况来确定商品价格的方法。竞争导向定价主要有以下三种。

1. 产品差别定价法　是指企业通过不同营销努力，使同种同质的产品在消费者心中树立起不同的产品形象，进而根据自身特点，选取低于或高于竞争者的价格作为本企业产品价格。因此，产品差别定价法是一种进攻性的定价法。

2. 随行就市定价法　又称流行水准定价法，是指在市场竞争激烈的情况下，企业为保存实力采取按同行竞争者的产品价格定价的方法。这种定价法特别适合于完全竞争市场和寡头垄断市场。这种方法的优点在于能够帮助企业适应市场环境，避免定价过高或过低导致的不利影响，但它也有不足之处，例如可能忽视了企业自身成本结构和产品特性，以及市场需求的多样性。

3. 密封投标定价法 是一种竞标定价策略，常用于药品和医疗设备采购、大型医疗建设项目等，招标方（如政府部门、医疗机构或保险公司）通过这种方式，促使供应商提供最具竞争力的价格，从而节约成本并确保公共资源的有效利用。医药行业的特殊性意味着在投标过程中，除了价格之外，产品的质量、安全、专利和技术支持等其他因素也同样重要。

（三）需求导向定价法

需求导向定价法是企业依据消费者对商品的理解和需求为核心来制定产品价格的策略。主要包括理解价值定价法、需求差异定价法和逆向定价法。

1. 理解价值定价法 也称消费者认知价值定价法，医药企业通过市场调研和消费者调查，了解消费者对特定药品的认知价值，包括他们愿意为改善健康状况或解决特定病症支付的价格阈值。

2. 需求差异定价法 又称差别定价法，是指根据销售的对象、时间、地点的不同而产生的需求差异，对相同的产品采用不同价格的定价方法。值得注意的是，同一产品的价格差异并不是因为产品成本的不同而引起的，而主要是由于消费者需求的差异所决定的。这种定价方法，对同一商品在同一市场上制定两个或两个以上的价格，或使不同商品价格之间的差额大于其成本之间的差额。其好处是可以使企业定价最大限度地符合市场需求，促进商品销售，有利于企业获取最佳的经济效益。

3. 逆向定价法 也称作反向定价法，是一种侧重于市场需求和消费者价值认知的定价策略。与传统的成本加成定价不同，逆向定价法不是从成本出发，而是从消费者愿意支付的价格出发，逆向推算出中间商的批发价和生产企业的出厂价。这种方法能够确保产品定价符合市场需求，提高销售的可能性。通过准确把握消费者支付意愿，企业可以更好地与竞争对手区分，提高市场份额。

▌知识链接

我国创新药物的定价方法

我国创新药物的定价方法主要涉及分类分级、鼓励药物创新，避免价格恶性竞争，以及实施以价值为基础的定价策略。

1. 新上市的化学药品强调"分类分级、鼓励药物创新"，这种策略旨在促进药物的研发和创新，避免市场上的药物同质化严重，确保高质量、高创新的药物能够得到合理的定价和市场的认可。

2. 我国鼓励以价值为基础的定价方法。鼓励药学创新、创新靶点、创新机制、新给药方式、新适应证的药物，制定较高价格。这种定价策略确保药物定价与其提供的价值相匹配。

3. 我国还允许延长上市价格的稳定期，使药企有一定的时间赢得投资的回报。给予药企足够时间回收研发成本并获得合理的利润，从而激励药企继续进行创新药物的研发。

任务三　医药产品定价策略

▶ 情境导入

情境：××医药企业依托于××医科大学等知名院校的科技优势，从事滴剂产业的开发与研究，并将公司的滴剂合成技术与国际先进技术融合，研发出用于急性荨麻疹的全新产品。该产品通过小剂量迅速溶于水，具有快速消除症状的疗效。生产该产品的成本较高，产品的销售途径为全国各大药店及医院，目标受众群体为三岁以上各类人群，尤其是儿童。在拥有一个好的产品的前提下，该企业面临的挑战是如何制定合适的价格迅速有效地建立品牌知名度，在竞争激烈的市场上成功上市，占有一定的市场份额。

思考： 如何为该产品制定合适的价格策略？

一、消费者心理定价策略

心理定价策略是企业运用心理学的原理，基于消费者的心理特征和行为预期，采取的一种非成本导向的定价方法，旨在通过巧妙的价格设计影响消费者购买决策，从而提高销售量和利润的一种定价策略。这种定价策略主要包括以下几种形式。

1. 尾数定价策略　又称非整数定价、零头定价或心理定价，是一种常见的市场营销策略，其核心理念是通过利用尾数的微小差别来刺激消费者的购买欲望，从而增加销售量的定价方法。尾数定价是一种有效的心理定价策略，它根据消费者对价格的敏感度和心理预期，制定比整数价格略低或略高的价格，以吸引消费者的注意力。这种策略源自消费者心理学，具有以下特点和目的。

（1）心理暗示低价　消费者在看到价格时，大脑通常会自动向下舍入，给人一种"便宜"的感觉，即使实际价格与整数价格相差无几，消费者也会觉得获得了某种程度的实惠。

（2）吸引注意力　非整数价格在众多整数价格中更容易引起消费者的注意，使得产品显得与众不同，更具吸引力。

（3）提升购买决策的速度　尾数定价策略可以减轻消费者在做购买决定时的犹豫感，因为价格看起来"接近"更低的整数值，消费者会觉得捡到了便宜，从而更快做出购买决策。

（4）迎合消费者心理　消费者往往对整数价格有一定的心理阻力，尾数价格往往被认为是一种"优惠"或"特价"，从而降低消费者对价格的敏感度，激发消费者的购买欲望。

在医药行业，尤其是对于 OTC（非处方药）和个人护理产品等市场化程度较高的商品。对于受到严格价格管控的处方药，或者需要纳入医保报销范畴的药品，尾数定价的实际运用可能会受限于政策规定和市场环境。

2. 招徕定价策略　称吸引定价策略或低价策略，是一种定价方法，其核心思想是通过设定较低的价格来吸引大量消费者，提高市场占有率，建立品牌知名度，甚至打击竞争对手。该策略通常在产品或服务刚进入市场，或者企业希望扩大市场份额时使用。

例如，对于新研发的药品，尤其是一些具有创新性或重大突破的药品，制药企业可能采取招徕定价，以较低的价格吸引医生和患者的试用，快速占领市场；在高度竞争的药品市场中，企业可能通过短期的低价策略，迅速扩大市场份额，待品牌影响力和市场地位稳定后，再逐步调整价格至正常水平；通过极具竞争力的价格吸引消费者，有助于树立企业关心民生、平价惠民的品牌形象，提高消费者的忠诚度和口碑传播。

3. 声望定价策略　针对在消费者心目中享有声望、具有信誉的医药产品制定高于市场平均价格水平的策略。消费者有时会将昂贵的价格与高质量、高疗效、高科技含量等特性相联系，认为贵的就是好的，这种心理预期有助于声望定价策略的成功实施。通过设定高价，医药企业可以塑造和维护其高端市场地位，拉开与竞品的距离，吸引对价格不太敏感但对品质和效果有极高要求的消费者。

需要注意的是这种策略要在法律法规框架内实施，尤其是需要考虑药品可及性、医保报销政策、市场竞争规则和公众可接受度等因素。同时，企业在实施声望定价时，还应确保产品本身确实具备支撑高价位的技术、疗效和品牌实力。

4. 促销定价法　是一种通过价格吸引和刺激消费者购买更多产品或服务的策略。这种方法在市场竞争激烈，需要增加销售量和市场份额时尤为有效。商品价格低于一般市价，消费者会产生"求廉"心理。医药企业利用消费者这种心理，将产品的价格定的较低，依次吸引顾客购买，借机扩大市场占有率、提升销售额。

需要注意的是这种策略是一个短期营销策略，需要结合整体的营销目标和财务计划谨慎设计和执行，降价品的数量应适当，太多企业会亏损太大，太少无法吸引消费者注意和兴趣。

5. 整数定价法 企业将产品价格设定为整数金额，而非带有零头的非整数价格。这种凑整的策略实质上利用了消费者按质论价的心理，相比于非整数定价，整数定价不容易引起消费者对价格是否有水分或商家是否故意抬高价格的怀疑。有时被认为更便于记忆和计算，尤其在大宗采购或商务场合，整数价格能够简化交易流程。例如，某些抗癌新特药，价值较大的商品，采用整数定价法可以赋予高品质的形象，进而提升商品的地位，它不仅能够提高商品的吸引力，还能够增强消费者的购买意愿，从而实现更好的销售效果。

二、折扣和让价策略

在销售药品或医疗器械时，为了提升销售业绩、拓宽市场份额、维护客户关系或响应政府调控政策，在原价基础上给予购买方一定幅度的价格优惠措施。根据实施的目的和形式，折扣主要可分为以下几种类型。

1. 数量折扣 医药企业经常根据购买方采购数量的多少给予阶梯式的折扣，例如，大批量采购的医院、药店或代理商通常能获得更高的折扣率。尽管数量折扣价格下降，单位产品利润减少，但销量的增加、销售速度的加快，降低了药品企业在销售、运输等环节中的成本，对企业来说利大于弊。

2. 现金折扣 也称付款期限折扣，企业按约定日期前付款或按期付款的客户给予折扣优惠。目的是鼓励买方提前付款，以加速资金回笼。

3. 季节性折扣 在药品有效期临近或库存积压时，企业可能采取季节性折扣策略，通过降低价格来快速消化库存。例如春季花粉症高峰期之前的抗过敏药物或冬季保暖贴类产品，提供一定的折扣以拉动销售。

4. 医保目录折扣 医药企业参与国家医保谈判时，为了药品能成功纳入医保目录，往往需要承诺给予一定幅度的折扣，以符合医保控费要求，提高药品的可及性。例如，在 2020 年的一次医保谈判中，某家医药企业的一款创新抗癌药物，原本市场零售价为每盒近万元人民币，但在医保谈判后，该企业承诺将药品的医保支付标准降低至原价的 30%~50%，使更多患者得以通过医保报销减轻用药负担。

5. 长期合作协议折扣 与下游渠道商签订长期合作协议时，医药企业会给予对方稳定的价格折扣，以确保产品能在市场中持续流通，双方共享收益。

三、相关产品定价策略

相关产品定价策略也称作产品组合定价策略，是指处理本企业各种产品之间价格关系的策略。是对不同组合产品之间的关系和市场表现进行灵活定价的策略，制定相应的价格策略，以提高整体销售额和利润。在医药行业，这一策略尤为重要，因为药品、医疗器械、医疗服务以及相关保健产品往往彼此关联，共同构成一个治疗或健康管理方案。

（一）捆绑定价

捆绑定价是企业将两种或多种产品或服务组合在一起，以一个总价出售，而非单独定价。在医药行业，捆绑定价策略常用于提高产品价值感知，增加销售量，提升客户满意度。

假设一家医药企业推出一款针对高血压的新药 A，并且研发了一个配套的血压监测设备 B。单独购买时，新药 A 的售价为每月 1000 元，血压监测设备 B 的售价为 2000 元。采用捆绑定价策略后，企业将药品 A 和设备 B 组合为一个健康管理套装，以 2500 元的价格整体出售，相对于单独购买总共节省了 500 元。企业通过捆绑定价，给予消费者相较于单独购买更多的价值感。捆绑定价的优势如下。

1. 提升销售量　通过捆绑销售，可以吸引那些对单一产品兴趣不大的消费者，增加他们的购买意愿。

2. 提高客户黏性　捆绑销售能鼓励消费者长期使用公司的系列产品，增强品牌忠诚度。

3. 优化成本与利润结构　对于医药企业而言，通过捆绑定价策略，可以有效地分配产品成本，提高整体利润率。

（二）产品线定价

产品线定价是指企业为追求整体收益的最大化对于同一企业生产的不同规格、剂型或级别的药品，设置一套有序的价格体系，确保消费者在选择不同产品时，可以根据自身需求和支付能力找到合适选项。在医药行业中，产品线定价广泛应用，旨在满足不同消费者需求、市场细分以及最大化整体利润。

以一家专注于心脑血管疾病的医药企业为例，其产品线可能包括预防性保健品、一线治疗药物、二线或三线治疗药物（针对轻度、中度到重度疾病），以及针对并发症的药物。产品线定价策略如下。

1. 预防性保健品　价格相对较低，旨在增强大众的健康意识，吸引潜在患病风险人群，同时提高品牌知名度和市场占有率。

2. 一线治疗药物　价格适中，针对轻度或初始阶段的心脑血管疾病患者，这类药物通常具有较大的市场需求，定价策略需兼顾市场接受度和企业利润。

3. 二线或三线治疗药物　针对病情加重或常规治疗无效的患者，由于研发投入大、技术含量高，通常具有专利保护，价格相对较高。同时，由于目标客户群体较小且对疗效有强烈需求，这部分产品的定价策略旨在收回研发投入并实现较高利润。

4. 并发症药物　对于专门治疗心脑血管疾病引发的并发症的药物，价格策略可能类似于二线和三线治疗药物，但需根据市场容量、竞争状况和患者支付能力进行调整。

产品线定价的核心如下。

（1）根据产品的性能、成本、市场竞争状况以及目标消费群体的特点，合理布局价格梯度。

（2）通过不同层次的产品满足多元化需求，实现市场细分，提高整体市场份额。

（3）通过合理的产品线定价策略，确保企业能够在不同阶段均取得适当的利润，从而保持企业运营的稳定性与长远发展。

医药行业中实施产品线定价时，企业不仅要考虑经济因素，还要充分考虑政策法规要求、道德伦理、医保报销政策、患者支付能力等多元因素，确保定价策略的合法、合规、合理和人性化。同时，随着医药市场的不断变革与发展，企业需适时调整产品线定价策略，以适应新的市场需求和竞争环境。

（三）交叉补贴

医药企业通过在一个产品或服务上设定高价，以补贴另一个产品或服务的低价销售，从而实现整体业务的盈利和市场扩展。该策略的基本思路是，通过有意识地以优惠甚至亏本的价格出售一种产品（称为"优惠产品"），以促进销售盈利更多的产品（称为"盈利产品"）。

例如，某医药公司研发了一种新型糖尿病治疗药物，并配有专用血糖监测仪和健康管理软件。企业将新型糖尿病药品作为核心产品，定价稍高，以覆盖研发成本和利润；而血糖监测仪和软件则设定较低的价格或赠送，以此吸引更多患者选用其药品，并通过后期耗材（如试纸）的持续购买来实现盈利。

知识链接

常见新药定价策略

新药定价策略是企业推广新药的重要商业策略，需要考虑药物成本、市场竞争状况、支付能力、政策法规等因素。以下是常见的新药定价策略。

1. 撇脂定价策略　新药上市初期以较高价格出售，以快速回收研发成本并最大化早期利润。适用于具有独特治疗优势的新药，市场内无直接竞争者，患者或支付方愿意为新药支付高价。

2. 渗透定价策略　新药上市初期以较低价格出售，以快速扩大市场份额。适用于市场竞争激烈的情况，希望通过低价策略快速吸引大量患者。

3. 中间价定价策略　新药上市初期按照本行业的平均定价水平或按当时的市场行情来制定价格，属于"随大流"策略。适用于在长期稳定的销售量的增长中，企业能够获得按平均利润率计算的平均利润。

任务四　政府定价的程序与内容

情境导入

情境：在2019年我国启动的"4+7"城市药品集中采购（后扩展为全国范围），政府通过设立的国家药品集中采购平台，对部分常用、用量较大、具有较高临床价值的仿制药品进行集中采购。参与投标的药品生产企业在平台上进行报价，最终中标药品以最低价或接近最低价的原则被选中，并在网上公示其价格和供应企业信息。

某款原市场价格较高的抗病毒药物，在此轮集中采购中，多家生产企业竞争，最终胜出的企业承诺以远低于原市场价格的出厂价供货。医疗机构此后通过平台直接采购，实现了大幅度降低药品采购成本的效果，同时也传递到了终端消费者，降低了患者的用药负担。

思考：1. 政府定价带来的好处是什么？
　　　　2. 该案例体现了政府定价的哪些原则？

一、国家药品政府定价的定价范围

国家药品政府定价的首要依据是法律法规。实行政府定价、政府指导价的药品，政府价格主管部门必须依据《中华人民共和国价格法》《中华人民共和国药品管理法》的相关规定，依据社会平均成本、市场供求状况和社会承受能力合理制定和调整价格，从而确保定价行为的合法性、合规性，以保障公众用药权益和维护市场秩序。

政府定价是指依照价格法的规定，由政府价格主管部门按照定价权限和范围制定的价格。政府指导价是指依照价格法的规定，由政府价格主管部门按照定价权限和范围规定基准价及其浮动幅度，指导经营者制定的价格。

（一）政府对药品进行定价的目的和意义

1. 保障药品可及性和负担能力　政府定价首要任务是确保公民能普遍、及时地获得必需的药品，特别是对基本药物和重要治疗药物。通过制定合理价格，政府可以有效降低药品成本，减轻患者用药负担，特别是在应对重大疾病、慢性病和突发公共卫生事件时，确保所有居民都能承受得起相应的药品开支，保障公众的基本健康权利。

2. 控制医疗成本　药品价格是医疗成本的重要组成部分。政府通过合理的定价，可以有效控制医疗机构的药品采购成本的上涨幅度，进而降低整个医疗体系的运营成本，提高医疗服务的质量和效率，可以避免药品价格过高导致医疗费用负担过重，从而减轻社会和个人的经济压力。

3. 促进资源合理配置　药品定价作为宏观调控手段之一，可以引导药品生产和供应的资源合理配置。通过价格调节信号，鼓励医药企业生产和供应急需的药品，减少供需失衡的情况，提高资源利用效率；推动医药企业加大对创新药物的研发和生产，推动医药行业的技术进步和产业升级。

4. 保障药品质量和安全　政府定价可以要求企业保证药品的质量和安全性。定价过程中可以设置相关标准和监管措施，促使企业严格遵守质量标准，确保患者使用到合格的药品。

5. 维护市场秩序　政府定价可以防止药品市场出现垄断和不正当竞争行为。通过规范价格，保护市场的公平竞争环境，促进医药行业的健康发展。

6. 推动医药产业发展　政府对药品定价的合理调控，有助于促进医药行业的持续健康发展。通过优化价格结构、完善价格形成机制等措施，激励药企进行创新研发，提高药品质量和疗效。有助于推动医药产业的技术进步和升级，提升整个产业的竞争力。

7. 保障社会公平　政府定价可以平衡不同社会群体的用药需求，尤其是对于弱势群体和低收入人群，通过药品定价政策确保他们在获取基本医疗服务方面的公平性，避免因药品价格过高而导致的社会不公平现象。合理的药品定价有助于营造一个公平、透明的市场竞争环境。通过制定统一的价格标准，政府可以减少医药企业之间的价格欺诈和恶性竞争，确保药品市场的健康发展。

8. 促进医疗保障制度的可持续发展　合理的药品定价有助于控制医疗保障体系的支出，使医疗保障制度能够更好地可持续发展，为更多人提供保障。

9. 支持公共卫生政策　政府定价可以与公共卫生政策相结合，例如对某些重要疾病的治疗药品给予一定的价格优惠或补贴，以促进公共卫生目标的实现。

10. 增强政府监管和调控能力　通过定价政策，政府可以加强对药品市场的监管和调控，及时应对市场变化和突发事件，保障公众的利益和社会的稳定。

（二）政府定价的常见药品类别

政府定价的药品类别通常包括以下几类。

1. 基本医疗药品　是指满足基本医疗卫生需求，剂型适宜、保证供应、国民能够公平获得的药品，这类药品是保障公众基本健康需求的核心药物。政府对基本药物进行严格的价格管控，以确保其价格相对较低，符合大众的消费能力和支付意愿，保障广大民众能够用得上、用得起。例如常见疾病的治疗药物、急救药品、常用处方药等。

2. 公共卫生相关药品　与公共卫生问题密切相关的药品，如传染病防控药品、疫苗等，可能适用于政府定价。这是为了确保公众能够获得必要的药品来预防和治疗重大传染病。

3. 罕见病药品　罕见病患者人数相对较少，市场需求有限，研发和生产成本高。政府通过谈判定价可以保障罕见病患者获得这些特殊药品的可及性。例如，诺西那生钠注射液（治疗脊髓型肌萎缩症用药），经过医保谈判后，其价格从原来的"天价"大幅下降至更易接受的水平。此外，政府还通过财政补贴、税收优惠等政策，支持罕见病药品的研发与生产，以此降低药品终端价格。

4. 专利药品　对于拥有专利的创新药品，政府可能会在一定时期内进行定价，以鼓励创新和研发，并在专利保护期内给予药企一定的利润回报。

5. 垄断性药品　某些药品可能由于市场垄断或供应短缺等原因，价格容易被操纵。政府定价可以限制垄断企业的定价权力，保障患者的利益。2016年，国家卫生健康监管部门启动国家药品价格谈判工作，首次将包括吉非替尼（主要用于治疗非小细胞肺癌）在内的三种专利药品纳入医保目录，通过与跨国药企的谈判，成功将吉非替尼的价格大幅度降低。

6. 重要的慢性病治疗药品　如糖尿病、高血压等慢性病的治疗药品，由于患者需要长期使用，政府定价可以确保患者能够负担得起这些药品的费用。例如，恩替卡韦和替诺福韦酯是用于治疗慢性乙型肝炎的重要药物，市场价格较高，对于长期需要服用的慢性病患者来说，治疗负担较重。2019年，国家医保局组织了第一批"4+7"城市药品集中采购，这两种药物分别由不同的制药企业提供，经过激烈的竞标，最终中标价格大幅下降。恩替卡韦分散片（0.5mg/片）的中标价格从原来的几十元/盒降至几元/盒，降幅超过90%；替诺福韦酯胶囊（300mg/粒）同样实现了大幅度降价，极大减轻了慢性乙肝患者的用药经济负担。

7. 急救药品和紧急情况下的药品　在紧急情况下，如自然灾害或公共卫生紧急事件中，政府可能会对相关药品进行定价或价格控制，以确保救援和应急治疗的药品供应。如新冠病毒感染防治所需的抗生素、抗病毒药物、呼吸机等医疗器械和药品，政府会指定定点生产企业进行生产，并对这些药品实行储备管理，采取了临时价格干预措施，确保了救治工作的顺利进行。

8. 国家医保目录药品　被纳入国家医疗保险药品目录中的药品，其价格通常由政府指导或价格谈判，以便于控制医保基金支出，保证医保体系的稳健运行。同时，也能促使药品生产企业在保证质量的前提下，控制生产成本，提供性价比高的药品，以确保医保基金的合理使用和患者的负担能力。

9. 特殊人群用药　如儿童用药、老年用药等特殊人群的药品，由于其特殊的生理特点和用药需求，可能需要政府进行定价干预，以保障这些人群的用药权益。

10. 中药和民族药药品　具有独特疗效和资源稀缺性，在维护民族健康、弘扬传统医药文化方面具有重要性，政府可能通过定价政策来保护和传承此类药物的生产和发展，同时控制市场价格，防止资源过度开采或价格过高导致患者难以承受。

知识链接

全国中药联盟集中采购药品近况

全国中药联盟集中采购是国家组织的一种大规模采购活动，旨在通过各省、市甚至跨区域组建采购联盟，共同进行中成药及其他中药产品的集中招标采购，以达到降低药品价格、节约医保资金、保障药品质量和供应的效果。2020年7月，山东省医保局联合全国11省医保局共同发起组建全国首个省际中药（材）采购联盟，并于2021年12月加盟三明采购联盟（全国），成为三明采购联盟（全国）的中药（材）联盟采购基地。

2023年10月27日，全国首次中药配方颗粒省际联盟集中带量采购在山东省德州市开标，产生拟中选结果。200个中药配方颗粒品种共有59家企业拟中选（企业入围率96.7%），平均降价50.77%，竞争非常激烈。

二、国家药品政府定价的定价依据与原则

政府定价的药品多为关乎公众健康、具有社会福利性质，或是市场上竞争不充分、容易形成垄断的商品。政府通过定价机制，旨在确保药品价格公平合理，保障公众基本用药权益，并维护药品市场

的稳定运行。

（一）政府制定药品价格的依据

1. 依据药品的社会平均成本制定价格　成本是药品在生产经营过程中的物质资料耗费和劳动耗费的总和，是维持药品简单再生产的最低保障。社会平均成本是指在一定生产条件下生产药品的平均成本，是生产同种药品的不同经营者的个别成本的加权平均。社会平均成本从总体上反映了在正常生产、合理经营的条件下生产某种药品的必要劳动耗费，是制定价格相对科学的依据。因此，政府制定价格应首先依据社会平均成本。

2. 依据药品的市场供求状况制定价格　价值规律表明，在成本确定的情况下，市场供求是影响价格围绕价值波动的决定因素。市场供过于求时，价格自然下跌；市场供小于求时，价格自然上涨；市场供求平衡时，价格大致反映了价值。政府制定药品价格，应当反映价值规律的要求，使药品的价格反映市场供求的状况，适应供需双方的需要。通过调整药品价格，政府可以有效控制供应与需求之间的平衡，避免出现药品短缺或过剩的情形。这种基于市场动态的调价机制使得药品价格能够更灵活地反映市场实际情况。

3. 依据社会承受能力合理制定价格　药品是人民群众保障身体健康、维持正常生活的必需品。因此，政府制定药品价格必须从实际出发，充分考虑全社会对药品的消费需求和消费能力，保证让大多数人吃得起药。同时，政府制定药品价格，也需要确保药品价格在广大消费者，特别是低收入和弱势群体的可承受范围内。这涉及对国民经济水平、家庭平均收入以及医疗费用支出比例的综合考量。

（二）国家药品政府定价的定价原则

1. 公平合法原则　公平性是政府定价的基石，公平合法原则要求药品定价必须公正合理，不得违反现行的法律和政策。政府在制定药品价格时严格遵守《中华人民共和国价格法》和《中华人民共和国药品管理法》等相关法律法规，坚持公平合法的原则，充分保障药品生产、经营及使用各方的合法权益。这要求政府在定价过程中，需要听取各方面的意见，尤其是药品生产企业和消费者的声音，以实现利益的最大化平衡。同时，这一原则还强调定价过程的透明度，保证定价机制公开、信息透明，便于社会监督和评价。

2. 诚实信用原则　强调药品生产企业在定价时应遵守诚信原则，不应有虚假报价或隐瞒关键信息的行为。这要求企业在定价时须将所有成本和预期利润真实反映出来，严禁通过不正当方式如虚假降价或价格垄断等手段扰乱市场秩序。

3. 质价相符原则　是指药品的价格应当与其质量与效果相匹配。价格不仅反映了药品的成本，更应体现其疗效及安全性。高质量的药品因其研究开发和生产过程中的高投入，其价格自然较高，但这也是确保其质量和效果的前提条件。

4. 鼓励创新原则　对于创新性较高的药品，尤其是拥有专利保护的新药，政府在定价时应考虑到其研发成本高昂和研发周期长等因素，适当给予价格上的激励。这样做旨在鼓励企业投入更多资源进行新药研发，促进医药行业的创新发展。

5. 差异比价原则　是指在制定药品价格时，应根据药品的不同质量层次、治疗效果和市场需求等因素制定差异化的价格。这种定价策略不仅可以反映出药品间的质量和疗效差异，还可以根据不同药品的市场定位和患者需求进行合理定价，更好地满足市场和患者的需求。

任务五　医药招投标基础知识

情境导入

情境：第五批国家组织药品集中带量采购 2021 年 6 月 23 日在上海开标，并产生拟中选结果。此次采购产生拟中选企业 148 家，拟中选产品 251 个，拟中选药品平均降价 56%。此次集采品种覆盖高血压、冠心病、糖尿病、消化道疾病等常见病、慢性病用药，以及肺癌、乳腺癌、结直肠癌等重大疾病用药，相关患者治疗费用将明显降低。值得注意的是，从采购药品剂型看，注射剂成为主力剂型，其数量占此次集采品种总数的一半、涉及金额约占此次集采总金额的 70%。

思考：1. 我国医药招标制度及流程是什么？
　　　　2. 如何进行招投标？

一、招标、投标的基本概念

（一）招标和投标的定义和作用

招标是指招标人（通常是采购方或项目发包方），通过发布招标公告或招标邀请函的形式，邀请潜在的投标人参与项目或采购的竞争。招标人会发布招标公告，其中详细说明了项目的要求、条件以及评审标准等。这个过程的作用在于为采购方提供了一个公开、公平、透明的机会来选择最合适的供应商或承包商。通过这种方式，采购方可以获得最佳的报价和解决方案。

投标则是投标人（通常是供应商、承包商或服务商）根据招标文件的要求，准备并提交投标文件的过程。投标人会根据招标要求提供技术方案、商务报价、资质证明以及其他相关材料，以展示他们满足项目需求的能力和条件。投标的作用是给予供应商或承包商参与项目竞争的机会，展示自身的实力和优势，争取获得合同或业务。

招标是发起项目合作邀约，而投标是对邀约的响应和竞争参与。招标和投标形成了一种市场竞争机制。通过这一机制，招标人能够从众多投标人中挑选出最符合要求的合作伙伴，实现资源的优化配置和成本效益的最大化。同时，投标人为了赢得项目，会努力提供更具竞争力的报价和方案，从而推动行业的创新和发展。对于投标人而言，参与投标不仅可以拓展业务机会，提升企业的知名度和竞争力，还能增加与其他企业合作的可能性。对于招标人来说，招标过程有助于确保项目的质量、进度和成本控制，提高采购决策的科学性和公正性。招标和投标还有以下重要作用。

1. 提高效率　公开招标使招标人能够迅速筛选出符合要求的投标人，减少了寻找合作伙伴所需的时间和成本。

2. 保障公平竞争　招标过程为所有符合条件的投标人提供了平等参与的机会，避免了不正当竞争和权力寻租的情况发生。

3. 规范市场秩序　招投标制度有助于建立和维护健康的市场环境，促使企业诚实守信经营，推动行业的良性发展。

4. 促进资源优化配置　通过竞争，优秀的投标人能够获得项目，实现资源的合理分配和高效利用。

总的来说，招标和投标在商业活动中具有重要意义。它们不仅保障了项目的质量、控制成本，还促进了公平竞争和市场的健康发展。这一过程有助于确保资源的有效配置，推动企业不断提升自身实力，从而实现共赢的局面。

（二）招标的流程和主要环节

招标是一种常见的采购方式，其流程通常包括以下关键环节。

1. 项目立项　这是招标的起点，明确需要招标的项目，并进行相关规划和准备工作。在这个阶段，对项目需求进行详细分析，确定项目目标、预算和时间安排等。准确的需求定义和充分的规划是项目成功的关键。

2. 编制招标文件　招标文件是招标过程的核心，它犹如项目的蓝图，详细描述了项目的需求、技术要求、合同条款、评审标准等重要内容。编制一份清晰、准确的招标文件至关重要，它能确保投标人理解项目要求，并提供符合期望的投标。

3. 发布招标公告　通过合适的渠道发布招标公告，向潜在的投标人传达项目信息。公告应包含项目的基本情况、投标人资格要求、报名方式和时间等。广泛而透明的信息传播可以吸引更多有实力的投标人参与。

4. 投标人资格审查　对潜在投标人进行资格审查，以筛选出有能力和资质承担项目的合适候选人。这个环节通常包括对投标人的资质、经验、财务状况等方面的评估，确保只有符合要求的投标人进入下一阶段。

5. 发售招标文件　向通过资格审查的投标人发售招标文件，并提供必要的澄清和解释。投标人将依据招标文件的要求，精心准备详细的投标文件，展示他们对项目的独特见解和能力。

6. 投标人准备投标文件　投标人在获得招标文件后，会全力以赴准备投标文件。这包括制定创新的技术方案、精确的商务报价以及其他必要的支持材料。他们的目标是展示对项目的深入理解和出色的实施能力。

7. 开标　在指定的时间和地点，进行开标仪式。开标过程公开透明，所有投标人都可以见证。开标时会公开唱标并记录投标人的报价和关键信息，确保公正公平。

8. 评标　评标委员会将对投标文件进行详细评审。他们会根据预定的评审标准，评估投标人的技术方案、报价合理性、信誉等因素。这个阶段的评估至关重要，直接影响最终的中标结果。

9. 中标候选人公示　公示评标结果，确定中标候选人。公示环节有助于确保评选结果的公正性，同时接受社会的监督。这体现了招标过程的透明度和公信力。

10. 合同谈判与签订　与中标候选人进行合同谈判，协商并确定合同的具体条款。最终签订合同，标志着项目正式启动，双方将共同努力实现项目目标。

每个环节都需要严格遵循法律法规和相关规定的要求，以确保招标过程的公平、公正和透明。然而，实际操作中可能会根据项目的具体情况和要求进行适当的调整和补充。例如，可能会增加技术答辩环节，或者进行现场考察，以更全面地了解投标人的实力。

需要注意的是，不同类型的招标项目可能存在差异。工程招标、货物采购招标和服务招标等在具体流程和重点关注方面可能各有侧重。此外，各地的招标管理规定也可能有所不同，因此在进行招标活动时，必须严格遵循当地的法律法规和政策。

（三）投标的要求和注意事项

投标是参与招标过程的重要环节，以下是一些投标的要求和注意事项。

1. 仔细研究招标文件　投标人应认真阅读和理解招标文件的所有内容，包括项目需求、技术规格、合同条款、评审标准等。确保对招标要求有清晰的了解。

2. 确保资质符合要求　投标人应检查自身是否满足招标文件中规定的资质条件，如注册资本、经营范围、相关认证等。不符合资质要求可能导致投标被拒绝。

3. 制定合理的投标策略 根据项目需求和自身实力，确定投标的重点和优势，制定合适的报价策略和技术方案。

4. 注重投标文件的质量 投标文件应严格按照招标文件的要求进行编制，内容准确、完整、清晰。注意文件的格式、排版和印刷质量。

5. 按时提交投标文件 严格遵守招标文件中规定的投标截止时间，提前安排好文件的准备和提交工作，确保按时送达。

6. 注意密封和签名 投标文件的密封和签名要求通常在招标文件中有明确规定，务必按照要求进行操作，以确保投标的有效性。

7. 提供真实准确的信息 投标文件中的所有信息应真实可靠，不得提供虚假材料或夸大自身能力。一旦发现虚假信息，可能会导致投标无效并承担相应的法律责任。

8. 注意投标保证金 如果招标文件要求缴纳投标保证金，投标人应按时足额缴纳，并注意保证金的退还条件和流程。

9. 展示独特优势 在投标文件中突出展示自身的独特优势，如技术创新、经验丰富、服务优质等，以增加中标的竞争力。

10. 团队协作和专业展示 组建专业的投标团队，确保团队成员对项目有深入了解，并能够在投标文件中展现团队的专业能力和协作精神。

11. 严守保密原则 在投标过程中，对招标文件的内容和与其他投标人的交流应严格保密，避免泄漏敏感信息。

12. 精心准备答辩环节 如果有答辩或面试环节，投标人应提前准备，熟悉项目相关内容，展示对项目的深入理解和应对能力。

13. 关注招标动态 密切关注招标过程中的通知、澄清和变更，及时调整投标策略和文件内容。

14. 尊重招标规则和程序 严格遵守招标的规则和程序，不得采取不正当手段影响招标的公平性。

15. 评估风险和成本 在投标前充分评估项目的风险和成本，确保自身有能力承担并实现盈利。

二、我国药品招标模式

（一）我国现行的药品招标模式种类

中国现行的药品招标模式种类丰富多样，以下是一些主要的模式。

1. 集中采购模式 是一种政府主导、市场机制与公共利益相结合的药品采购机制，旨在通过集中批量采购的方式，实现药品价格合理回归、降低药品虚高价格、保障药品供应和质量，以及推动医药行业健康发展。自 2018 年以来，我国开始推行国家组织的药品集中带量采购模式。国家医保局和卫生健康委员会等政府部门联合，针对通过质量和疗效一致性评价的仿制药及部分原研药，采取"团购"策略，将全国各级医疗机构的采购需求合并成单，与药品生产企业直接谈判，通过带量采购实现大幅度降价。这种模式已逐步常态化，至今已进行多批次的集中采购，对我国药品市场格局产生深远影响。在国家组织集中采购之外，多个省份结成联盟，共同进行药品集中采购。例如，"三明联盟""京津冀""长三角""粤鄂琼"等多个跨区域的省际联盟采购，进一步扩大了集中采购的市场规模和影响力。地方政府也可以根据自身实际情况组织本地的药品集中采购，尤其是在基层医疗卫生机构药品采购中发挥重要作用。

2. 挂网模式 其全称为药品挂网采购，是利用现代信息技术手段，由政府相关部门或指定的第三方平台，组织药品生产企业在线上平台进行药品信息公示和交易的一种采购方式。国家医保局组织的药品集中采购中采用了挂网模式。例如，在"4+7城市药品带量采购"及后续扩围至全国的集中采购中，首先通过公开透明的方式收集药品信息，然后设定最高限价，药品生产企业通过线上平台进行报价，最终选定符合条件的药品纳入挂网目录。医疗机构只能在挂网目录内选择药品，并按约定采购量进行采购，从而实现药品价格大幅下降，确保药品质量和供应。四川省曾在药品采购中率先引入挂网招标模式，药品经过资质审查和价格公示后，合格药品进入挂网系统，医疗机构在系统中完成选购下单。海南省医疗保障局推出新的药品挂网采购实施方案，取消部分前置审批，放宽市场准入，创新药可以直接挂网，同时强化事中事后监管，通过网络平台集中展示药品信息，医疗机构据此进行采购。

3. 竞价模式　通常是在药品集中采购的过程中，药品生产企业通过公开、透明的竞争方式，就某一药品品种或服务进行报价，最终以价格为主要决定因素确定中标者的采购模式。例如，在第四批国家药品集采中，各厂家针对同一通用名药品进行报价，以最低价中标为基本原则，只有报价最低并且满足质量要求的企业才能获得带量采购的资格。2006年云南省宣威市率先提出了"竞价采购、统一配送"的改革方案，通过竞价来降低药品价格的宣威模式。这种有益的尝试被各地逐渐接受和采用。竞价模式激发了供应商之间的竞争，促使他们提供更具竞争力的价格和服务，从而有效降低了药品采购成本。

4. 药房托管模式　是我国医疗领域在探索医药分开、治理药品购销环节不正之风、降低药品价格、提高医疗服务效率的一种改革尝试。药房托管模式将医院药房的运营管理权委托给专业的企业，旨在提高药房的管理水平和服务质量。

5. 询价模式　宁波率先将询价采购模式应用于药品采购中，以最低投标价作为中标取向，并采用网上统一结算的方式。这种模式注重通过市场询价获取最优价格，确保采购过程的公平性和透明度。

这些模式在不同地区和不同药品采购中得到了广泛应用。具体采用哪种模式往往取决于当地的政策环境、市场情况以及实际需求。各地可以根据自身特点和目标，选择适合的招标模式，以实现药品采购的高效、公平和可持续发展。同时，随着医药行业的不断发展和变化，也可能会涌现出更多创新的招标模式，以适应不断变化的市场环境和需求。药品招标模式的选择和运用需要综合考虑多方面因素，以确保患者能够获得高质量、价格合理的药品，同时促进医药行业的健康发展。

（二）不同招标模式的特点和适用范围

各种招标模式都有其独特的特点和适用范围，具体如下。

集中采购模式以海南会议确定的模式为基础，强调市场的主导地位。在2006年之前，这种模式在全国各地被广泛采用。该模式的招标流程相对更为严谨和复杂，通常涉及多个环节和程序，以确保招标的公平、公正和透明。

挂网模式是在四川挂网模式的基础上发展起来的，主要采用网上限价的采购方式。这种模式实现了全省范围内的统一挂网和统一限价，目前已有20多个省份参考此模式进行改造和完善。其中，广东模式和河南模式是该模式的典型代表，它们在实践中取得了一定的成效。

竞价模式由宣威模式率先提出"竞价采购、统一配送"的改革方案，通过竞争降低药品价格的做法逐渐被各地所接受。这种模式鼓励供应商之间进行竞争，以获得更优的价格和服务。

药房托管模式起源于南京商业公司对医院药房的托管。此后，相继出现了商业集团、商业公司托管区域内多家医院药房，或者一家商业公司托管一家医院药房的形式。这种模式通过委托专业的机构或企业来管理医院药房，旨在提高药房的运营效率和管理水平。

询价模式是由宁波率先将询价采购模式应用于药品采购中，以最低投标价作为中标取向，并采用网上统一结算的方式。这种模式侧重于通过市场询价获取最优价格，从而降低采购成本。

随着医药行业的发展和变革，新的招标模式也可能不断涌现，需要不断探索和创新，以适应不断变化的市场环境和需求。在选择招标模式时，还需要综合考虑各种因素，如采购规模、药品特点、供应商情况、政策要求等，以确保招标的效果和目标的实现。

（三）药品招标采购各模式的优缺点

1. 优点　药品招标采购各模式的优点如下。

（1）降低药品价格　通过招标采购，药品的平均降价可以达到20%，这对于减轻患者的经济负担和提高医疗资源的利用效率具有重要意义。

（2）价格透明　招标采购使药品价格更加透明，避免了暗中交易和不正当竞争，有利于形成公平的市场环境。

（3）保障质量　参与招标的药品通常需要经过严格的资质审查和质量检测，确保了药品的质量和安全性。

2. 缺点　药品招标采购各模式的缺点如下。

（1）中标药品年限短　中标药品的供应年限较短，可能导致供应商在短期内追求利润最大化，而忽视了长期的质量和服务。

（2）中标品种过多　过多的中标品种可能给医院的药品管理和采购带来困难，增加了库存管理和用药选择的复杂性。

（3）价格标识问题　相同品种不同规格的药品价格标示不明确，可能导致患者和医务人员在用药选择上的困惑。

（4）重复中标　相同品种相同规格的药品均中标，可能引发市场竞争的混乱，影响药品供应的稳定性。

（5）价格差距大　国产与进口药品价格相差悬殊，以及不同剂型的价格悬殊，可能影响患者对药品的可及性和用药选择。

（6）环节过多　药品从生产到患者使用经过多个环节，增加了流通成本和管理难度，可能导致部分药品在流通中出现问题。

（7）临床用药受限　中标药品价格过低可能导致一些临床必需的药品无法供应，影响患者的治疗效果。

三、药品招投标工作流程

（一）药品招投标的具体工作流程

药品招投标包括准备阶段、招标公告发布、投标文件提交、评标等。药品招投标的工作流程一般包括以下几个阶段。

1. 准备阶段　包括以下3个步骤。

（1）需求确定　明确采购药品的品种、规格、数量、质量要求等。

（2）制定招标计划　确定招标的时间、地点、方式等。

（3）编制招标文件　包括招标公告、投标人须知、技术规格、合同条款等。

2. 招标公告发布　在指定媒体上发布招标公告，公告内容应包括项目概况、投标人资格要求、招标文件获取方式等。

公告发布时间一般应符合相关法律法规的要求，确保足够的投标人参与。

3. 投标文件提交 投标人按照招标文件的要求编制投标文件，包括商务部分、技术部分和价格部分等。

投标人在规定的时间内提交投标文件，并确保文件的完整性和密封性。

4. 评标 包括以下3个要素。

（1）组建评标委员会 由专家、采购人代表等组成，负责对投标文件进行评审。

（2）评标过程 评标委员会根据招标文件中的评审标准，对投标文件进行详细评审，包括技术符合性、商务条件、价格等方面。

（3）评标方法 常用的评标方法有最低评标价法、综合评分法等。

5. 中标公示 评标结束后，公示中标候选人名单，公示期一般为一定的时间。在公示期内，投标人可以对评标结果提出异议。

6. 合同签订 确定中标人后，采购人与中标人进行合同谈判，签订采购合同。合同内容应包括药品的供应、价格、质量保证、售后服务等条款。

7. 履约与监督 中标人按照合同约定履行供货义务，采购人对供货过程进行监督。采购人可根据需要对中标人进行绩效评价，以确保药品的质量和供应。

（二）每个环节的重要性和关键步骤

药品招投标的每个环节都具有重要性，以下是对每个环节的重要性和关键步骤的强调。

1. 准备阶段 是整个招投标过程的基础，决定了后续工作的方向和效率。包括以下3个关键步骤。

（1）明确需求 详细了解采购药品的具体要求，包括品种、规格、数量、质量等，确保招标的准确性和针对性。

（2）制定招标计划 合理安排招标的时间、地点和方式，考虑各方面因素，确保招标过程的顺利进行。

（3）编制招标文件 招标文件是投标人了解招标要求和参与投标的依据，应具备清晰、准确、完整的特点。

2. 招标公告发布 公告发布是吸引投标人参与的关键步骤，直接影响投标人的数量和质量。包括以下2个关键要素。

（1）在指定媒体发布 选择权威、广泛传播的媒体平台，确保公告的可见性和传播效果。

（2）内容准确完整 公告应包含项目关键信息、投标人资格要求和招标文件获取方式等，避免歧义。

3. 投标文件提交 投标文件是投标人展示自身实力和方案的重要依据，影响评标结果。提交投标文件要注意以下2个关键要素。

（1）按时提交 投标人需严格按照规定时间提交投标文件，逾期可能导致投标无效。

（2）文件完整性 投标文件应涵盖招标要求的所有内容，且格式规范、密封良好。

4. 评标 是选择合适中标人的关键环节，直接影响招投标的公平性和结果质量。要注意以下2个关键要素。

（1）组建专业评标委员会 确保委员会成员具备相关专业知识和丰富经验。

（2）严格评标标准 依据公正、客观的评标标准对投标文件进行评审。

5. 中标公示 公示中标候选人名单，接受社会监督，保证招投标的透明度和公信力。要注意以下2个关键要素。

（1）及时公示 评标结束后，尽快公示中标候选人，确保信息的时效性。

（2）异议处理　对公示期间的异议进行认真核实和处理，维护公平竞争环境。

6. 合同签订　是招投标成果的具体体现，明确双方权利义务，保障项目实施。要注意以下 2 个关键要素。

（1）合同谈判　采购人与中标人就合同条款进行充分沟通和协商，确保双方权益。

（2）合同履行监督　建立合同履行的监督机制，确保中标人按照合同约定供货。

7. 履约与监督　是确保招投标目标实现的重要保障，保证药品质量和供应。要注意以下 2 个关键要素。

（1）供货监督　采购人应对中标人的供货过程进行监督，确保药品符合要求。

（2）绩效评价　根据合同约定和实际情况，对中标人进行绩效评价，为后续合作提供参考。

（三）可能遇到的问题及解决方法

在药品招投标过程中，可能会遇到以下问题及相应的解决方法。

1. 准备阶段　常见问题：需求不明确或不准确，导致招标文件存在歧义或漏洞。解决方法：加强需求调研，与相关部门充分沟通，确保需求清晰、准确。

2. 招标公告发布阶段　常见问题：公告发布渠道不合适，导致投标人信息获取不及时或不全面。解决方法：选择多层次、广泛传播的发布渠道，如官方网站、行业平台等。

3. 投标文件提交阶段　常见问题：投标文件不规范或不完整，影响评标工作。解决方法：在招标文件中明确投标文件的格式和内容要求，并提供示例。

4. 评标阶段　常见问题：评标标准不合理或不公正，影响评标结果。解决方法：制定科学、公正的评标标准，邀请多方参与评审。

5. 中标公示阶段　常见问题：公示期间收到异议，处理不当可能引发纠纷。解决方法：设立专门的异议处理机制，公正、及时处理异议。

6. 合同签订阶段　常见问题：合同条款存在争议或不完善，可能导致后续执行困难。解决方法：加强合同谈判，聘请法律顾问审核合同条款。

7. 履约与监督环节　常见问题：中标人履约不力，影响药品供应和质量。解决方法：建立有效的履约监督机制，定期检查、评估中标人履约情况。

8. 标书内容及注意事项　标书内容详见表 7-1，医药生产企业产品信息材料详见表 7-2。

表 7-1 标书内容一览表

序号	材料名称	注意事项
1	封面	招标项目名称；招标单位名称；招标日期；招标编号
2	投标函	投标企业对本次投标的正式声明和承诺，确认愿意遵守招标规则，并表达积极参与竞争的意愿
3	企业资质证明文件	医药生产或经营许可证、营业执照、GMP/GSP 认证、ISO 质量管理体系认证等各类企业资质文件的复印件
4	法定代表人授权书	授权代表签署投标文件的相关授权书
5	投标保证金	投标保证金的缴纳凭证或者保函
6	企业简介及实力证明	公司概况、发展历程、主要业务介绍、企业荣誉、技术力量、生产能力、质量控制体系等
7	投标产品资料	投标药品或器械的注册批件、说明书、检验报告、临床试验报告、质量标准、包装标签样本等
8	投标产品报价表	投标产品的具体报价，包括单价、总价、供货周期、付款方式等细节
9	实施方案及服务承诺	供货计划、配送方案、售后服务承诺、技术支持与培训、不良反应处理预案等
10	企业荣誉和业绩展示	以往合作过的医疗机构和商业伙伴名录；产品在市场上的销售业绩和市场份额

续表

序号	材料名称	注意事项
11	招标文件响应表	对招标文件中所有实质性要求和条件的逐条响应，如有偏离或例外情况需特别说明
12	质量保证措施	详细阐述如何确保所提供药品的质量安全，包括原料来源、生产过程控制、质量检测流程等
13	合同草案	提供符合招标要求的合同范本或框架，包括合同条款、履行期限、违约责任等内容
14	其他必要文件	法律法规要求的其他特定文件或招标文件中特别要求提供的资料

表7-2　医药生产企业产品信息材料

序号	材料名称	注意事项
1	药品信息表	药品品种目录齐全，对应信息准确
2	药品注册批件	药品名称、规格准确，在有效期内
3	质量检测报告和证书	最近批次的产品质量检验报告；由国家药品检验机构出具的药品质量标准检验合格报告；生产过程中的关键物料和成品的检验记录
4	产品基本信息	产品说明书（包含药品名称、通用名、商品名、规格、剂型、成分、适应证、用法用量、禁忌证、注意事项、副作用、有效期、储藏条件等）；药品标签样稿；产品彩页或宣传手册；产品编码（如国家医保编码、国家药品编码等）
5	药品质量层次相关证明	根据各省药品集中采购实施方案，对应药品评价层次如专利、原研、工艺专利、保密证书、中药保护等证书
6	包装备案	包装报批备案复印件
7	外省中标通知书和医院销售发票或出库单	药品信息对应，准确、齐全
8	样品	需提供药品的包装盒、标签、说明书实样
9	其他附加材料	针对特定招投标项目的响应文件；企业诚信经营承诺书；法律法规规定的其他相关文件或资料

目标检测

答案解析

一、单项选择题

1. 在药品定价中，考虑到药品研发成本、生产成本以及合理利润空间的定价方法称为（　　）
   - A. 价值基础定价法
   - B. 成本加成定价法
   - C. 竞争对手导向定价法
   - D. 市场分割定价法

2. 下列定价策略倾向于根据药品所能创造的独特价值（如疗效、便利性、安全性等）来确定价格的是（　　）
   - A. 价值定价法
   - B. 组合定价法
   - C. 声誉定价法
   - D. 惯定价法

3. 当药品进入生命周期末期，销量下滑时，企业可能会采用（　　）来刺激销售
   - A. 折扣定价策略
   - B. 两级定价策略
   - C. 心理定价策略
   - D. 弹性定价策略

4. 如果药品企业希望通过提高知名度和品牌形象来提高药品的价格，最可能采用的定价策略是（　　）
   - A. 声誉定价策略
   - B. 分区定价策略
   - C. 产品线定价策略
   - D. 时间敏感定价策略

5. 在医保谈判中，政府通常会基于药品的（　　）

    A. 市场需求   B. 社会效益

    C. 生产成本   D. 以上全部

6. 在药品价格受到政府严格监管的情况下，药品定价时企业需要重点考虑（　　）

    A. 自身成本和利润   B. 市场竞争状况

    C. 政策法规与医保支付标准   D. 消费者的支付意愿

7. 在国家医保目录药品谈判中，医保局主要参考（　　）来确定药品价格

    A. 药品生产成本   B. 药品临床效果和社会效益

    C. 市场供求关系   D. 所有上述因素

8. 下列定价策略基于药品带给患者的治疗效果和生活质量改善来设定价格的是（　　）

    A. 成本基础定价   B. 价值基础定价

    C. 市场份额定价   D. 目标利润定价

二、简答题

1. 简述药品成本加成定价法，并解释为何这种策略在药品定价中具有一定局限性。

2. 简述政府在药品定价中的角色，以及通过哪些手段影响药品价格。

3. 结合医药产品生命周期理论，举例说明在医药产品生命周期各阶段如何调整定价。

书网融合……

                重点小结   微课   习题

项目八 药品分销渠道策略 📱微课

PPT

📖 学习目标

知识目标：通过本项目的学习，应能掌握药品分销渠道相关概念；熟悉药品分销渠道的基本模式，药品采购的基本要求和相关流程；了解药品分销渠道的主要类型。

能力目标：能运用药品分销渠道策略的基本原理，设计并选择药品分销渠道，并具备对药品分销渠道进行有效管理和优化的能力，能够制定采购计划，签订采购合同并建立相关记录等。

素质目标：通过本项目的学习，深化服务理念，强化创新发展意识，树立为人民健康服务的职业理想。

任务一 药品分销渠道概述

📖 情境导入

情境：近年来，随着两票制、医药分开趋势发展，医药分销渠道越发扁平化，上下游客户对医药供应链的要求越来越高，促进了传统供应链系统向现代供应链系统的不断转变。由于传统药品供应链和药品分销运作机制的种种弊端，2017 年 1 月 11 日，国务院八部委共同发布了《关于在公立医疗机构药品采购中推行"两票制"的实施意见（试行)》的通知。两票制是指药品从医药企业转移到医药配送商开一次发票，医药配送商转移到医院再开一次发票。以"两票"替代目前常见的七票、八票，减少流通环节的层层盘剥，并且每个品种的一级经销商不得超过 2 个。

思考：1. "两票制"实施后，医药流通环节将呈现出渠道扁平化的特点，从长远来看，药品分销经营环境将如何变化？

2. 互联网大数据为技术手段，会对药品分销方式发生怎样的改变？

一、药品分销渠道的概念

（一）药品分销渠道的定义

市场营销渠道是商品从生产厂家到最终消费者的路径和方式，主要包括直接销售、代理销售、分销商销售等。药品分销渠道则是市场营销渠道在药品行业中的具体体现。

药品分销渠道是指药品从生产厂家经过一系列的流通环节，最终到达医疗机构和消费者的路径。在药品分销过程中，各个环节通过协作，确保药品的质量和安全，最终满足患者的用药需求。对药品的分销渠道的含义可以从以下几个方面进行理解。

1. 实现药品从生产厂家到消费者的有效流通 药品分销渠道一端连接药品生产企业，另一端连接消费者，是药品从生产到最终使用的完整流通过程。随着互联网＋医药健康时代的到来，传统行业的地域局限已大大破除，而互联网＋大健康背景下的医药分销渠道，也将更好地满足大众在健康上的需求。

2. 由一群相互依存的组织和个人构成 在药品分销渠道中，主要包括药品生产厂家、批发商、经销商、零售商和医疗机构等角色。这些渠道成员互相依存，一方面为解决药品价值的传递发挥各自的营销功能，因共同的利益而进行合作，结成相互依存的伙伴关系；另一方面也会因不同的利益和其他原因发生矛盾和冲突，需要进行协调与管理。

3. 具有多种功能的系统 药品分销渠道不仅要充分考虑合适的路径、良好的质量、适当的数量、稳定的价格以及优质的服务来满足客户需求，而且要通过渠道成员的各种营销手段来刺激需求，是一个为最终消费者实现价值协调运作的多功能系统。

（二）药品分销渠道的流程

药品分销渠道的流程作为一种通道，可使产品的实体和所有权从生产领域转移到消费领域，分销渠道的各种机构由各自功能的工作流程集中起来，可归纳成商流、物流、货币流、信息流、促销流等。

1. 商流（product flow） 是产品在由供应者向需求者转移时，物资社会实体的流动，主要表现为产品与其等价物的交换运动，以及产品所有权的转移运动，包括买卖交易活动、商情信息活动。例如，在医药产品的分销渠道中，商流包括了医药产品从生产领域向消费领域转移过程中系列买卖交易活动，通过这一系列活动，实现了医药产品的所有权由一个机构向另一个机构的转移。

2. 物流（logistics）与实体流（physical flow） 渠道分销的实体流是指实体产品从生产领域向消费领域转移过程的一系列实体的运动。物流是指为了满足客户的需求，以最低成本，通过运输、保管、配送等方式，实现原材料、半成品、成品及相关信息由商品产地到商品消费所在地所进行的计划、实施和管理的全过程。实体流在药品分销渠道中表现为原、辅材料等从供应商运送到仓储企业，然后被运送到药品生产商的企业制成药品。成品药品也需经过仓库仓储，然后根据商业客户（代理商）订单而运交商业客户（代理商），再运交医院或药店等零售企业，最后送到最终消费者手中。在某些分销情况下，成品药品也可由仓库或工厂直接供应到零售企业。在实际物流过程中，往往是多种运输方式共同协作，保证药品的实物流转。

3. 货币流（money flow） 是指产品从生产领域到消费领域转移的交易活动中所产生的货币活动，即顾客将货款支付给中间商，再由中间商扣除佣金或差价后，支付给生产者。此过程通常以银行或其他金融机构作为中介。一般来说，货币流与商流的方向是相反的。

4. 信息流（information flow） 是指在药品分销渠道中，各分销机构间相互传递信息的过程。通常，渠道中每一相邻机构间会进行双向的信息交流，而互不相邻的机构（如药厂、商业客户、医院、药店、最终消费者）间也会有各自的信息流程。由于商流、物流、货币流的分离，信息流的作用越来越重要，信息流的功能主要体现在沟通连接、引导调控、经济增长、辅助决策等方面。

5. 促销流（promotion flow） 是指为增加产品销售，通过广告、人员推销、宣传报道、学术推广、公共关系等活动，使一个单位对另一个单位施加影响的过程。促销中的营销包括原料供应商向药厂推销其品牌及产品，药厂向商业客户推销其品牌及产品等。药厂还可委托广告商向最终消费者宣传推广自己的品牌及产品以便影响商业客户购买其产品。

（三）药品分销渠道的功能

分销渠道的基本功能是实现产品从企业向消费者或者用户的转移，具体来说有以下几种功能。

1. 调研功能 体现在信息收集方面。通过了解分销渠道中参与者及其所处营销环境的特点，可用于制定计划和帮助信息交换。药品渠道成员既能将产品信息通过各种方式传递给市场从而促进市场需求，又能将市场信息反馈给生产企业，以便生产企业及时调整生产计划和营销策略等。

2. 促销功能 促销就是营销者设计、传播企业和产品信息来吸引消费者购买产品，从而达到扩大消费量的目的。作为社会分工的产物，中间商由从事市场营销职能的专业人员组成，他们更了解市场，更熟悉消费者，并掌握更多的促销信息和交易关系。因此，由中间商承担分销职能，工作将更有成效，营销费用相对较低。

3. 交流功能　体现在药品分销渠道成员可以为生产商寻求潜在客户，并有针对性地进行对话。通过关系营销理论可以发现，生产企业与分销渠道上的成员单位保持良好关系，有利于更好的拓展销售工作，达成高效全面的合作。

4. 配货功能　配货是定型和完善产品，使之符合顾客的需要，包括制造、分类、组装、包装等。如制药企业生产出的产品在规格、包装等方面与消费者的需求是否相符，中间商可通过为制药企业提供建议和信息，来实现更好地服务于消费者。

5. 谈判功能　体现在分销渠道成员可以代表买方或者卖方参加有关产品价格和其他交易条件的谈判，以促成最终协议的签订，实现产品所有权的转移。

6. 物流功能　药品生产企业的产品进入药品中间商的仓库储存时，实际上已成为生产企业仓储与配送功能的进一步延伸。由中间商储存产品，可以降低生产者的产品储存成本和风险。另外，中间商比生产企业更接近顾客，因此可以提供更快捷的运送服务。

7. 财务功能　通过收集、分散资金，可负担分销工作所需的部分或者全部费用。另外中间商向生产企业预购或者及时付款，相当于为生产企业提供了融资服务，可以缓解生产企业的一定资金压力。相反，中间商向生产企业赊销一定数量的药品，也可在一定程度上解决中间商的资金不足等情况。

8. 风险承担功能　生产企业与中间商发生业务联系后，生产企业可将部分商业风险转嫁给中间商，如中间商可以承担药品在分销过程中的破损和过效期的风险，还可在一定程度上避免拖欠货款的风险等。

（四）药品分销渠道的特点

药品分销渠道管理关系到药品的质量和安全，直接影响到患者的用药需求和医疗服务的满意度。有效的药品分销渠道管理有利于提高药品供应效率，降低药品价格，减轻患者负担。药品分销渠道既有普通商品市场营销活动的特点，又有其独特性，主要表现为以下几个方面。

1. 药品分销渠道具有复杂性　由于药品的特殊性，药品分销渠道通常涉及多个环节和参与者，如生产厂家、经销商、代理商、医疗机构等。

2. 药品分销渠道具有垂直性　从生产厂家到消费者，药品分销渠道呈现出明显的垂直特征，每个环节都有其专业性和特殊性。

3. 药品分销渠道具有区域性　受地域、医疗资源等因素影响，药品分销渠道在不同地区表现出一定的差异性。

4. 药品分销渠道受政策影响较大　药品分销渠道的运作受到政府监管和政策调整的影响，如"两票制"等政策对药品分销渠道产生了深刻影响。

知识链接

"两票制"实施意见

国务院等八部委共同发布两票制实施意见，鼓励公立医疗机构与药品生产企业直接结算药品货款、药品生产企业与流通企业结算配送费用。在公立医疗机构药品采购中推行"两票制"，主要是针对当前药品购销过程中存在的环节较多和多级代理等突出问题而采取的一项改革措施，目的是压缩药品流通环节，使中间加价透明化，进一步推动降低药品虚高价格，减轻群众用药负担。

两票制已经实施多年，医药企业和医院，也在逐渐发现符合交易实际需要，相对合理的票制。不同的票制，适应不同的需要，按照《深化医药卫生体制改革 2023 年下半年重点工作任务》，两票制的研究完善即将提上日程。

二、药品分销渠道的类型

（一）直接渠道与间接渠道

1. 直接分销渠道 药品从生产厂家直接销售给医疗机构或药店，没有中间环节。这种分销方式减少了中间环节，有助于降低药品价格，提高药品供应效率。

直接渠道的优点是生产者直接与消费者接触，能及时、具体、全面地了解市场需求及变化，从而及时调整生产经营决策，能为消费者提供售前、售后的技术咨询与服务。另外，销售环节少，商品能很快地到达消费者手里，从而缩短了商品流通时间，降低流通成本，增加生产者的利润和提供给消费者更多的利益。

直接渠道的缺点是直销生产者要设置销售机构、销售设施并备齐销售人员，相应增加了销售费用，同时也分散了生产者的精力。另外，存货增多等情况可导致生产者负担更多的仓储费用和商品损耗所带来的损失。如果市场供求发生变化，价格下降，商品积压在生产者手里，生产者也要承担市场风险。

2. 间接分销渠道 药品通过一级经销商、二级经销商等中间环节销售给医疗机构或药店。这种分销方式具有较强的网络覆盖能力和市场渗透力，能够有效扩大产品销售范围、促进流通事业的发展，但是增加了流通环节和流通成本，可能导致药品价格波动和产生质量风险。图 8-1 中，药品分销渠道中的①②③④都属于间接渠道；图 8-2 中，原料药分销渠道中①②③都属于间接渠道，④属于直接分销渠道。

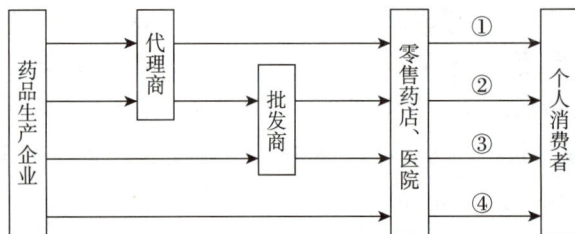

图 8-1   药品分销渠道基本类型

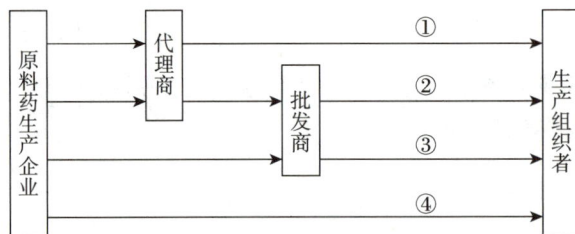

图 8-2   原料药分销渠道基本类型

间接渠道的优点是通过中间商交易，生产企业减少了交易次数，节省了生产企业花费在销售上的人力、物力、财力，生产企业可以借助中间商的销售经验、销售网络和商誉，扩大商品销售范围，提高市场占有率，并且可以减少资金占用，增加生产资金投入，减少生产者经营风险。

间接渠道的缺点是由于中间商的介入，相应增加了销售环节，延长了商品流通时间。另外，中间商不可能对其经销的所有商品的有关知识、技术要求都了如指掌，故难以为消费者提供完善的售前、售后技术服务。生产者与消费者之间有了许多隔层，因而生产者对市场的微妙变化反应比较迟钝。

（二）长渠道与短渠道

按照产品流通过程中中间环节的多少，分销渠道又可以分为长渠道和短渠道两类。

药品生产者使用两个以上的不同类型的中间商来销售自己的产品，这样的分销渠道称为长渠道。图 8 – 1 中药品销售渠道的②、③和图 8 – 2 中原料药渠道中的②都属于长渠道。

长渠道的优点是渠道长、分布广、触角多，能有效地覆盖目标市场，扩大自己产品销售。通常销量大、销售面广、单位价值低的普药适合采用长渠道策略。缺点是由于渠道长，中间环节多，从而使销售费用增加，造成药品销售价格提高，从而削弱了药品的价格竞争力。中间环节多也会由于产品运输距离远，时间长，使货物运输成本升高，或使药品的损耗增加。另外，由于中间环节多，导致渠道中间商之间难以建立密切的合作关系。

药品生产者在销售过程中只使用一个环节或者没有经过中间环节的营销渠道称为短渠道。图 8 – 1 中药品渠道中的①、④和图 8 – 2 中原料药渠道中的④都属于短渠道。

短渠道的优点是中间环节少，商品流通时间短，流通费用低，能增强药品的价格竞争力，同时也有利于生产企业了解药品市场销售信息，来帮助后续的产品决策。中间环节少也有利于生产者和渠道中间商之间的合作与交流。缺点是由于渠道短，市场覆盖面相对较小，不利于药品的大量销售，更适合于单价较高的新特药、进口药品等的销售。另外，由于渠道短，市场稍微有变化，就可能直接波及生产商，所以生产企业的经营风险也较大。

（三）宽渠道与窄渠道

营销渠道的宽度是指营销渠道中每个层次使用同种类型中间商数目的多少，多者为宽，少者为窄。渠道宽窄的具体数量并没有严格的界定，只是根据产品特点相对而言。

生产者在每一个流通环节上选用两个以上的同类型中间商推销其产品称为宽渠道；在每一层流通环节上只选用一个中间商来销售自己的产品，这种营销渠道一般称为窄渠道。

宽渠道的优点是大批量的药品可以迅速进入市场，增加销售量；同类中间商之间互相竞争，可促进整体营销效率提高；有利于生产企业对渠道成败进行评价、取舍。在目前市场条件下，OTC 药品和普通药品生产者多采用这种渠道。宽渠道的缺点是中间商与生产者的合作关系不密切，对本企业药品的忠诚度很难保证，在销售过程中有可能推销不专一，不愿付出更多的费用和精力，从而影响药品的销售。此外，生产者对营销渠道难以实行有效的控制。

窄渠道优点在于可以更好地控制产品销售的过程和质量，同时减少与中间商的协调工作。此外，窄渠道还可以提高产品的专业性和品牌价值。但是，窄渠道也存在一些缺点，例如销售效率相对较低，覆盖面相对较窄，以及需要花费更多的时间和精力来寻找合适的中间商。

三、药品中间商的功能和类型

药品中间商在药品分销链中扮演着重要角色，它们连接了药品生产商、分销商和医疗机构或零售药店，为药品的流通提供便利。

（一）药品中间商的功能

药品中间商主要有以下功能。

1. 采购功能　从药品生产商或批发商处采购药品，满足市场需求。

2. 存储和配送功能 药品中间商负责药品的储存和运输，确保药品质量和安全。

3. 价格谈判功能 药品中间商与生产商和采购方进行价格谈判，争取到更优惠的价格，降低药品成本。

4. 质量控制功能 药品中间商需对药品进行严格的质量检验，确保药品的质量和安全性。

5. 品种丰富功能 药品中间商通常经营多个品种的药品，为市场提供丰富的药品选择。

6. 服务支持功能 药品中间商提供售后服务，如药品咨询、使用指导等，保障患者用药安全。

（二）药品中间商的类型

根据不同的标准，药品中间商可分为不同的类型。按照中间商在药品流通中的地位及分销对象的不同分类，分为批发企业和零售企业。按在药品流通中是否拥有所有权分类，分为代理商和第三方物流企业。

1. 药品批发企业 主要从事药品的批量采购和销售，业务范围广泛，可覆盖多个地区和医疗机构。药品批发企业主要是将购进的药品（或原料药）销售给药品生产企业、药品经营企业、医疗机构的药品经营企业。药品批发企业的特点是成批购进和成批出售，并不直接服务于最终消费者。

药品批发企业是药品销售渠道中不可缺少的机构，在沟通药品生产与销售的过程中，发挥着重要的作用。无论是处方药或非处方药，绝大部分都是经由批发商转售给医疗机构药房或社会药房。一方面药品零售商（医疗机构药房或社会药房）的数量庞大、规模小、经营品种多，而且分布于城乡各处，非常分散。药品的最终消费者更是分散，治疗需求的药品必须及时。另一方面，药品生产企业相对数量较少，比较集中，每家企业生产的药品品种比较少，有的甚至仅生产几种。所以，药品市场供需之间的空间、时间、品种、数量、拥有权等方面的空隙，必须由药品批发商涉足其内，促使药品、信息、资金流动、所有权和管理权转移，实现药品为人民健康服务的目的。药品批发企业具体有以下几个作用。

（1）降低药品销售中交易次数 这是指药品销售时，若由生产企业直接售予零售商，其交易次数大大高于通过批发企业再售予零售商的交易次数。因为每一次交易都有费用及一系列活动，减少交易次数就可减少费用和人力物力的投入，并可减少差错发生率。由此可见通过药品批发企业销售药品可产生经济效益。

（2）集中与分散功能 药品批发企业在沟通产销的过程中，从各生产企业调集各种药品，又按照零售药房需要的品种、数量进行分销，担任着繁重的集散各地各种药品的任务，起着调节供求的蓄水池作用。它们为药品生产企业服务，大批量购进药品，减少生产企业的库存。同时也为社会药房、医疗机构药房服务，使它们能就近、及时买到药品，并减少了药房库存费用。一般来说药房三分之二的资金受到购买和库存再销售的限制，库存周转率对药房经营影响很大。药房从邻近的药品批发商处购买药品，使提高库存周转率得以保证。药品批发企业的集中与分散（又被称为调配）的功能，是使药品价格增值的重要因素。

目前一些药品批发企业，应用计算机信息管理系统，与购货的药房建立信息网络，提供自动化订货服务，使药房节约了很多费用。另外还为药房提供多种服务，改善药房的经营条件和方式方法。药品批发企业与药房之间，已不是以前那种传统的买卖关系，而是越来越明显地服务销售过程，以促进药房发展使价值增值。药品批发企业的功能作用日益明显。

2. 药品代理商 是指负责某个区域的药品销售，药品生产企业不直接将药品供给终端市场，而通过中间环节销售药品。受制药企业委托，代理商是销售其几种或全部产品，但不拥有药品所有权的中间商。药品代理商有以下特征。

（1）与厂商优势互补 代理商具有法人地位，是独立的药品经营企业，并与药品生产商有长期固定的关系。厂商和代理商资源共享、优势互补。厂商的优势在于拥有产品的批准文号和制造能力，代理商则具备开发区域市场的资金和网络，药品的代理制营销使厂商和代理商优势互补、共担风险，最终获得双赢。

（2）营销功能强大　药品代理制中，药品的营销活动主要由区域代理商来完成，代理商一般拥有成熟的营销网络、相应的营销队伍和充分的营销经验。厂商在各地发展代理商，由代理商来开展客户的开发和维护工作，使得厂商的产品市场导入期明显缩短，市场启动较快。另外，当前药品的营销成本越来越高，这种高成本主要来源于终端客户的开发和维护。由于代理制中只需负责药品的生产和必要的营销辅助工作，而不必在终端环节投入过多的资金和人力，生产企业相应的营销成本得到降低。

（3）资金优势　代理制往往采用现款现货的结算模式。可帮助厂商较好地解决应收账款的问题。同时，厂商无需在终端客户的开发和维护上耗费人力和财力，从而降低了财务风险。另外，和厂商自建网络相比，由于厂商和代理商在营销领域的分工，厂商只需在营销领域负责相应的辅助工作和代理商的管理和维护，不必面对数量众多的商业客户和终端客户。代理制缩小了厂商管理的范围。降低了管理的难度，从而降低了管理风险。因此，厂商采用代理制的战术风险是较低的。

（4）独揽市场控制权　对厂商而言，尽管采用代理制的短期风险较小，但从长期来看，由于市场由代理商经营和管理，市场控制权主要掌握在代理商手里，这对于企业政策的统一性和连续性必然产生影响。

（5）代理药品选择权　代理商在生产商指定的区域内不能再代理销售其他具有竞争性的药品，但代理商可自由经营或代理与其所代理的生产企业没有竞争关系的其他相关药品。

3. 药品零售机构　药品零售是指将购进的药品直接销售给消费者。零售和批发都是商品流通渠道的中间环节，批发商是流通领域的起点或中间环节，零售商是流通环节的终端。二者的根本不同之处是批发的销售对象是零售商或另一批发商，而零售的销售对象是最终消费者。广义的药品零售机构包括药品零售经营企业（又称药店或称社会药房）、医疗机构药房（含医院药房、诊所药房和各种保健组织药房）等，还有各种其他药品终端销售形式。

（1）药品零售经营企业　简称药店，是药品流通渠道的重要环节。药店直接面向消费者，提供药品购买和咨询服务，其经营范围包括处方药、非处方药、中药饮片、保健品等各类药品。药品零售经营企业在我国药品市场中的地位日益突出，发挥着保障民众用药需求、保障药品供应稳定、促进医疗资源合理配置等方面的重要作用。

药品零售经营企业的发展受到多种因素的影响，如政策法规、市场需求、经营模式等。近年来，我国政府加大对药品零售行业的监管力度，推行一系列政策，旨在规范市场秩序、提高服务质量、保障用药安全。如《药品管理法》《药品经营质量管理规范》等，为药品零售企业设立门槛，强化药品流通环节的监管。此外，政府还鼓励药品零售企业创新经营模式，如开展远程医疗服务、推进线上线下融合发展等，以满足民众多样化、个性化的用药需求。

（2）医疗机构药房　药品流通渠道的另一个重要环节是医疗机构药房。医疗机构药房主要包括医院药房、诊所药房和各种保健组织药房等。这些药房主要负责为患者提供药品和用药服务，是医疗服务的重要组成部分。

医疗机构药房是药品流向最终消费者的关键环节，其服务质量直接关系到患者的用药安全和疗效。医疗机构药房需根据患者的病情、年龄、体质等因素，为患者提供个性化的用药方案。此外，医疗机构药房还需密切监测药品库存和供应情况，确保药品的充足供应。

随着医疗改革的深入，医疗机构药房面临着新的发展机遇和挑战。一方面，医疗机构药房需要不断提高药品供应和药学服务的能力，以满足患者日益增长的用药需求；另一方面，医疗机构药房还需积极探索创新经营模式，如与药品零售企业合作，开展远程医疗服务等，以提高服务质量和效率。

4. 药品第三方物流企业 药品市场分销不仅意味着满足和发掘并刺激消费者或用户的需求和欲望，而且还意味着适时、适地、适量地提供药品给消费者使用，从而满足其需求和欲望。为此要进行药品的仓储、运输、包装、装卸、流通加工和配送等与药品流通有关的活动，即进行物流管理。药品批发零售企业一般都有自己的仓储配送中心，但随着社会化分工和现代物流的发展，第三方药品物流发展迅猛。

（1）药品物流的概念 物流是为物品及其信息流动提供相关服务的过程。

药品物流是指通过有效地安排药品的运输、仓储、包装、装卸、流通加工、配送和信息处理等活动，使药品以"5R"的标准送达顾客，即以最少的成本（right cost），在正确的时间（right time）、正确的地点（right location），将正确的商品（right goods）送到正确的顾客（right customer）手中。

现代药品物流是以符合我国药品管理法律法规规范、管理要求的药品经营企业为主体，利用现代物流设施、设备、技术、方法与管理信息系统，为药品生产企业、流通企业（含药品分销、零售等企业）、医院药房、社区（乡村）医疗服务机构及消费者提供物流支持服务的活动。

药品物流支持服务活动主要包括药品的采购、进货验收、入库存储、在库保养、订单处理、拣选、出库、配送、客户服务、物流服务营销等。

（2）药品第三方物流 是由供方与需方以外的物流企业提供物流服务的业务模式（图8-3）。第三方物流服务企业，接受药品生产、经营、使用单位的委托，采用现代化物流管理手段，为其提供符合GSP要求的药品验收、存储、养护、配送管理服务的活动。第三方物流作为分销渠道的新成员，是物流专业化的一种形式，是社会分工和现代物流发展的方向。第三方物流功能体现在可以在省市乃至全国建立分仓或周转仓（新兴新建，面积更大，更合规，价格更低廉），并且通过发挥符合GSP要求的物流配送将产品输送到终端，同时部分具有终端医院的准入功能。

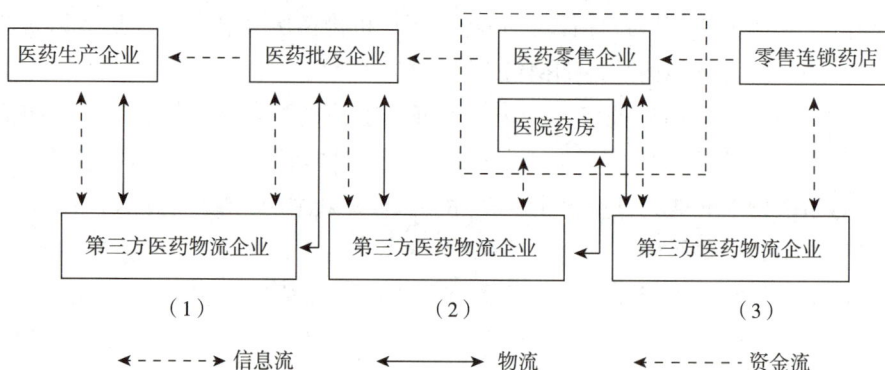

图8-3 第三方医药物流运作模式结构图

2016年2月3日，国务院印发《关于第二批取消152项中央指定地方实施行政审批事项的决定》（国发〔2016〕9号），规定取消从事第三方药品物流业务批准等7项省级食品药品监督管理部门实施的审批事项。审批门槛的降低，将更加有力地促进第三方医药物流发展。

目前包括中国邮政、顺丰及UPS等在内的3家企业已陆续进入医药物流市场，但药品批发巨头仍占据主流。面对新形势，国内的药品批发企业也在调整自己的结构，比如九州通已经将公司物流部门单独列出来，成立了独立的物流公司，除承接集团自身的医药物流配送业务外，也承接第三方的医药物流业务。

未来的第三方药品物流市场在行业分工更趋专业化的背景下，将获得大的发展机遇。传统医药批发商业和非医药物流配送企业同台竞技的产业格局逐渐形成；在冷链运输板块非医药物流配送企业有可能实现弯道超车。

（3）现代医药物流技术　"十四五"规划指出要推动5G在智慧物流、智慧医疗等重点领域开展试点示范；深入推进服务业数字化转型，培育智慧物流等新增长点。当前，医药物流的数字化、智慧化特征已经显现，医药物流中心广泛应用WMS、WCS、DPS、温湿度自动监控系统等管理信息系统，正向作用明显。

发展医药物流的数字化、智能化具有重要意义，一是可实现药品全作业流程可追溯管理、实现全程温控管理；二是将人工智能的技术应用到医药物流作业各个环节，避免人工产生失误，同时降低人工成本，降低人工在较为寒冷恶劣环境中作业带来的健康安全问题；三是能够精准预测药品的供应链需求，设计一站式物流解决方案，成为降本提质增效的科学有效手段。

CIS、GPS、EDI等技术应用于车辆调度管理，可以通过科学决策提高车辆运行效率、监控车辆在途信息、降低运行成本。同时，指纹、声纹、视网膜技术的应用可以保障车辆调度过程的安全。部分企业逐渐创新使用AGV、机器臂拣选、自动化立体仓库、自动穿梭机等自动化物流技术，冷库安装温湿度自动中央控制监测系统，自动实时监测记录温湿度数据，可实现现场蜂鸣报警、远程声光报警、短信报警等预警措施。通过技术手段完成药品全过程信息化的跟踪，并通过信息的反馈来维持药品的环境进而保持药效，使得生产、储存和运输过程中更加智能化、更加可控，这是发展中的必经之路。

信息化、智慧化是医药流通企业能否成功扩张、降低管理成本的关键因素，也是更好、更快响应客户需求的基本支持。未来大数据技术、智能分拣系统、自动化物流设备等智慧物流技术的应用，将是医药物流转型升级的主要方向。现代化的智慧信息管理系统的建立，大大降低差错率、提高劳动效率，可以实现医药物流向自动化、高效化物流的转型。新技术特别是区块链、大数据、云计算等技术在医药物流中得到研究与应用。区块链技术能够保证供应链中的交易数据不被篡改，有效解决信用数据的安全问题，特别是对于交易全流程能够进行有效记录，可以降低医疗风险。大数据、云计算使医药物流全流程、全环节的数据联网化，数据流不再是线状而是立体化、多维网络化，可以对融资企业进行风险评价、风险预警等。"互联网+药品流通"是行业发展方向。"互联网+"是医药流通行业发展的机会所在。

任务二　药品分销渠道设计

>> **情境导入** ///

情境：某外企与互联网平台公司合作，邀请目标医院的目标医生在互联网医疗平台注册成为专家，以保证平台医生质量。患者的问诊、开方、购药均在线上完成，再由第三方平台将药品配送到家。同时，医生也会进行线上直播的患教活动，或者在线上问诊后邀请患者扫码进入患者圈子，将患者引流到线下进行患者教育。目前某外企过专利期产品在互联网医疗平台的销售占比可达5%~10%，尤其对于集采落标产品，能够很好地挽救产品销量下降的趋势，促进产品商业寿命的延续。

思考：该案例体现了药品分销渠道的哪一种模式？优点是什么？

一、影响分销渠道设计与选择的因素

（一）影响药品分销渠道设计与选择的主要因素

分销渠道的选择与设计的正确与否，直接关系到产品的销量，关系到企业资金的周转。设计得好，可以使产品顺利进入目标市场；设计得不好，产品销售受阻，库存积压，危及企业的生存与发展。企业进行渠道设计的中心环节是为了确定将产品或服务送达消费者或用户的最佳途径，没有任何一种渠道可以适应所有的企业、所有的产品，有时甚至是同一种产品也不得不采用迥然不同的分销渠道。因此，企业在进行渠道设计时必须充分考虑影响渠道设计的主要因素，对产品、市场环境以及企业自身等各种因素进行综合分析，充分考虑这些因素或限制条件，才能有效地进行渠道设计。

影响分销渠道设计的因素很多，具体包括以下几个方面。

1. 目标市场特性 渠道的选择首先受到目标市场特性的影响。目标市场顾客的多少、地理分布、购买特点以及市场的集中分散程度和市场竞争状况等要素，对渠道类型的选择具有决定性意义。面对顾客人数多、分布范围广、多品种、小批量购买的市场，企业通常需要选择能充分利用中间商的高宽渠道；对于目标顾客少而集中的市场，企业可采取精短渠道，甚至可以实施直销策略。如果顾客收入较高，处于较高的社会阶层，针对他们的渠道设计要讲求品牌高档，反之对价格敏感的中低收入阶层，品牌对他们的购买行为影响不大，应大力推行以价格竞争为主的渠道，如零售环节可选择仓储式或折扣商店等。

2. 产品因素 产品的自然属性和用途不同，其采用的分销渠道也不相同。产品价格、产品的体积和重量、产品的时尚性、产品的易毁和易腐性，产品的标准化程度、产品的技术复杂程度等产品因素对渠道决策有重要影响。通常，易腐易损品、危险品、体积庞大笨重品，要尽可能采用直销或短渠道。单价较低的日用品、标准化的产品可采用长宽渠道；单位价值较高，如大型设备、高科技服务等一般多由生产企业推销员而不是通过中间商销售。

3. 中间商因素 设计渠道时，还必须考虑执行不同任务的中间商的优缺点。例如，由制造商代表与客户接触，花在每一个顾客身上的成本比较低，因为总成本由若干个顾客共同分摊，但制造商代表对顾客所付出的销售努力则不如中间商的推销员。一般来讲，中间商在执行运输、广告、贮存及接纳客户等职能方面，以及在信用条件、退货特权、人员训练和送货频率等方面，都有不同的特点和优势。

4. 企业因素 企业自身状况是渠道设计的立足点。每个企业都要根据其规模、财务能力、产品组合、渠道经验以及控制渠道的愿望来选择适合自己的渠道类型。实力雄厚的大企业有能力和条件承担较多的渠道职能，可以考虑短渠道或直接销售的分销模式，或者对渠道做更多的垂直整合或一体化工作，担当渠道领导者的角色。规模较小的公司可以借力发展渠道，把分销的职责主要转移给中间商，当企业成长壮大后再调整和控制渠道。

5. 环境因素 环境作为大系统对渠道设计有广泛影响。就其最主要方面来说，一是经济形势。经济景气，渠道选择余地较大；经济萧条，渠道就要缩短，以减少渠道费用满足廉价购买需求。二是科技进步。如冷冻技术延长了易腐食品的储存期，信息技术减少了沟通困难，可以提供渠道的更大选择空间。三是法律法规。相关的法规，如专卖制度、反垄断法、进出口规定、税法等是渠道设计必须考虑的因素。

（二）药品分销渠道的优化方法

1. 利用互联网和大数据技术 随着互联网和大数据技术的飞速发展，互联网和大数据在各个领域的应用也日益广泛。在此背景下，药品分销行业也开始探索结合线上线下模式，以实现信息共享、提高分销效率，更好地满足广大患者的需求。

线上线下相结合的药品分销平台的基本架构主要包括以下几个部分。

（1）线上平台 通过搭建官方网站、手机 APP、社交媒体等网络渠道，为用户提供药品信息查询、在线购买、用药咨询等服务。线上平台可以整合众多药品生产商、经销商和零售商资源，实现药品信息的实时更新和共享。

（2）线下实体店 在各大城市设立药品零售门店，为用户提供便捷的购药体验。线下实体店可以与线上平台紧密结合，实现库存、订单等数据的实时同步，提高药品分销的效率。

（3）物流配送系统 通过与专业物流企业合作，建立快速、高效的药品配送网络。用户在线上平台下单后，系统将自动匹配最近的实体店或仓储中心，确保药品在最短时间内送达用户手中。

（4）信息系统 利用大数据技术，对药品的生产、流通、销售等环节进行实时监控和分析，为决策者提供有力支持。信息系统可以帮助企业更好地了解市场需求，优化库存管理和供应链协同，降低运营成本。

（5）质量监管与追溯体系 通过物联网、二维码等技术，实现药品从生产到消费的全过程监管。这有助于保障药品的质量和安全，让患者用上放心药。

（6）专业服务团队 为用户提供药品咨询、用药指导、售后服务等专业化服务。通过培训和引进专业人才，确保用户在使用药品过程中能够得到专业、贴心的服务。

利用互联网和大数据技术构建线上线下相结合的药品分销平台，将为我国药品市场带来更加高效、便捷的服务，有利于提高药品分销效率，保障药品质量和安全，满足广大患者的需求。

2. 深化供应链协同 在全球化时代，企业之间的竞争已经从单一的企业竞争转变为供应链之间的竞争。一个高效、协同的供应链对于企业的核心竞争力至关重要。因此，医药企业应当加强与上下游企业的合作，实现供应链各环节的协同，降低库存成本，以提升整体竞争力。在激烈的市场竞争中，客户满意度是衡量企业成功与否的重要标准。通过加强供应链协同，提高产品质量和交货速度，企业可以更好地满足客户需求，提升客户满意度，从而赢得市场份额。

3. 创新服务模式 在我国医药行业不断发展的背景下，医疗机构和患者对药品的需求日益多样化。为了更好地满足这些需求，提升医疗服务质量，药品定制配送和药事服务等创新业务得到了广泛关注。

4. 强化渠道管理 完善渠道管理制度和加强对分销商的质量监督和管理是保障药品安全的基础。建立健全药品生产、流通、销售、使用等各个环节的规章制度，明确各部门和企业的责任，确保各个环节有序进行。分销商作为药品流通环节的重要参与者，其行为的规范与否直接影响到药品的安全。因此，有必要采取以下措施加强对分销商的质量监督和管理：一是加强对分销商资质的审查，确保其具备从事药品分销的资格；二是建立健全分销商信用体系，对其经营行为进行评价和记录，对信用良好的分销商给予政策支持，对不良信用的分销商进行惩戒；三是加大对分销商违规行为的查处力度，严厉打击非法经营、虚假宣传、恶意竞争等行为；四是加强对分销商培训和指导，增强其法律意识、质量意识和业务水平，确保其能够合规经营。

（三）药品分销渠道的发展趋势

1. 渠道扁平化 受"两票制"等因素影响，药品流通环节将逐步扁平化，有助于降低药品价格。

2. 互联网＋药品分销 互联网和大数据技术在药品分销领域的应用将更加广泛，推动药品分销模式创新。

3. 供应链协同 药品生产、流通、销售环节将加强协同，提高药品供应效率。

4. 专业化和多元化 药品分销企业将向专业化和多元化方向发展，满足市场和患者的多样化需求。

二、药品营销渠道的设计与原则

分销渠道设计的本质是寻求一种适合环境变化、节约交易成本的制度安排，通过获取合作伙伴的互补性资源，聚合彼此在不同价值链环节中的核心能力，创造更大的顾客价值。分销渠道的复杂性和渠道战略的长期性决定了分销渠道设计的难度。

设计一个渠道系统包括分析消费者的需要、建立渠道目标及分析限制因素，确定渠道方案和制定渠道评价方法等重要步骤。

（一）分析顾客要求的服务水平

明晰目标市场上顾客购买什么、为何购买、有谁参与、何处何时购买、怎样购买等问题是设计分销渠道的第一步。渠道设计方必须明确目标顾客需要的渠道服务水平。目标顾客如果愿意支付更高的货币获取周到的服务，渠道设计者必须细致构建提高渠道服务的制度和机制，节约顾客的时间、精神和体力成本。相反，针对不强调服务，对价格高低很在意的目标顾客，设计的渠道则以如何降低购买者的货币成本为关键，可以适度提高他们的时间成本或精神体力成本，例如，可把零售店选址在离市中心较远的城乡结合部或郊区。

（二）确定渠道目标和限制条件

如前所述，渠道问题的中心是以最低成本有效地传递目标顾客要求的服务产出，形成较强的竞争力。为此，设计人员要研究并预测目标市场顾客对渠道服务产出的需求水平，然后根据客观条件测算渠道系统可能达到的服务产出供给水平，并依据对渠道竞争力的预期在两者之间进行平衡，设定服务产出水平。在设计中，要防止渠道的服务产出供给不足或过剩两种偏差。前者指渠道提供的服务低于目标消费者要求，这会导致顾客不满，降低渠道竞争力；后者指渠道提供的服务高于目标市场要求，这会导致渠道成本的浪费。因此，合理的服务产出水平，应当设定在恰好能满足消费者需求的基准线上或附近。在确定限制条件时，要充分考虑影响分销渠道战略设计的主要因素对渠道设计的限制。

（三）确定渠道方案

渠道方案的形成主要考虑以下三个方面：渠道的类型、渠道的长度和宽度以及每个渠道成员的交易条件及责任。这一过程可决定是以企业自身资源为主来建立分销渠道还是更多地利用外部资源（如中间商）来进行产品的分销；采用较短的分销渠道还是较长的渠道模式；采取密集营销网络，还是选择型或独家型分销。

1. 分销渠道长短的选择　企业分销渠道设计首先是要决定要经过多少中间商环节，是派推销人员上门推销或以其他方式自销，还是通过中间商分销。如果决定中间商分销，还要进一步确定选用什么类型，什么规模的中间商，渠道经过多少个层次等。

2. 分销渠道宽窄的选择　即确定每一个渠道类型中不同层次的中间商的数目。这主要取决于产品本身的特点、市场容量的大小和需求面的宽窄。通常有四种可供选择的形式。

（1）密集分销　尽可能多的利用中间商分销，使渠道加宽。消费品中的便利品，如香烟、肥皂、牙膏、毛巾等，以及工业用品中的标准件、通用小工具等，适于采取这种分销形式，以提供购买上的最大便利。

（2）独家分销　在一定地区内只选定一家中间商经销或代理，实行独家经营。独家分销是最窄的分销渠道，通常只对某些技术性强的耐用消费品或名牌货适用。独家分销对生产者的好处是：有利于控制中间商，并提高他们的经营水平，也有利于加强产品形象，增加利润。但这种形式有一定风险，如果这一家中间商经营不善或发生意外情况，生产者就要蒙受损失。采用独家分销形式时，通常产销双方议定，销方不得同时经营其他竞争性商品，产方也不得在同一地区另找其他中间商。

（3）选择性分销　这是介于上述两种形式之间的分销形式，即有条件地精选几家中间商进行经营。这种形式对所有各类产品都适用，它比独家分销面宽，有利于扩大销路，开拓市场，展开竞争；比密集性分销又节省费用，较易于控制，不必分散太多的精力。有条件地选择中间商，还有助于加强彼此之间的了解和联系，使被选中的中间商愿意努力提高推销水平。因此，这种分销形式效果较好。

（4）复合式分销　生产者通过多条渠道将相同的产品销售给不同的市场和相同的市场。这种分销策略有利于调动各方面的积极性。

为确保渠道正常运行，企业必须通过合同或协议确定渠道成员的条件与责任。这就是渠道运作与管理制度、机制方面的设计。包括确定企业对渠道的控制程度的设定，渠道系统的商流、物流、资金流、信息流以及成员基本分工的原则设定，建立分销网络资料库、协调中间商关系、激励及对渠道冲突管理的原则等。

（四）评估主要的渠道设计方案

如果制造商需要从几个渠道设计方案中挑选最佳方案，那么每一个渠道设计方案都必须从经济性、可控性和适应性三个方面加以考察。

1. 经济性标准　在上述三项标准中，经济性标准最重要。企业追求利润是其终极目标，渠道经济与否，决定企业利润的高低。追求渠道的经济性，首先要考虑的问题是主要依靠生产厂家自己的力量建设渠道，还是更多地吸纳中间商发挥渠道功能。雇用销售代理商的成本一开始低于公司设立销售处的成本，但销售代理商的成本增加较快，因为它收取的佣金比公司的推销员要高。在某一销售额之后，企业组建自己控制的销售队伍分销可能更经济。可以根据获取的销售额和分销成本的费用，测算利润额的高低以判断其经济性。

2. 控制性标准　渠道必须把控制问题考虑在内。使用销售代理商容易产生控制问题，因为销售代理商是一个独立的机构，以追求自己的利润最大化为目标，它会将注意力集中到消费者最想购买的商品上，而不是制造商的产品上。销售代理商很可能对制造商产品的技术细节缺乏兴趣，也不会有效地利用制造商提供的促销资料。

3. 适应性标准　在一个渠道中，每一个成员都必须承诺在一定期间内承担一定的义务。但如果市场环境发生变化，这些承诺将降低制造商的适应能力。在变化迅速、不确定性大的市场上，制造商应增强对渠道的控制力以适应迅速变化的市场营销战略。

任务三　药品分销渠道管理

>>> **情境导入** ///

情境： A 公司与 B 公司凉茶之战，家喻户晓。A 公司新产品品牌，要与已经深入人心的 B 公司对阵，必须用渠道拦截品牌的市场战法，为 A 公司品牌的再次崛起赢得时间——A 公司必须将 B 公司阻挡在渠道之外或抑制 B 公司在渠道中的销量，扭转消费者的自然选择趋势，让 A 公司凉茶被消费者接受。渠道战法，成为 A 公司制胜 B 公司的重装武器。

A 公司采用的渠道战法即由 A 公司的业务员、导购员负责对各类经销商覆盖的终端进行拜访、拿订单、铺货、理货、促销、导购等市场服务，各类分销商只是物流配送商（邮差经销商）。这种渠道运作模式，是一种投入了大量的人员（俗称的"人海战术"）、大量的培训、大量的生动化投入、与分销商融为一体的庞大的销售服务系统。A 公司虽经重创，却利用渠道战法再次创造了正宗凉茶的新辉煌。

思考：请你谈谈对"渠道为王""深度分销"的理解。

渠道管理是指生产商为实现自己的目标而对现有渠道客户进行管理，以确保渠道客户间、企业与渠道客户间相互协调和合作的一切活动。其目的是加强渠道成员间的合作，调解渠道成员之间的矛盾，从而提高整理的分销效率。渠道管理过程中，既要注意对分销渠道成员的激励与扶持，又要及时对分销渠道进行检查和调整。激励和扶持可使中间商提高推销本企业产品的积极性，提高中间商的工作效率和服务水平。分销渠道的检查和调整，能使渠道保持或提高分销功能。

一、激励渠道成员

生产企业不仅要把商品销售给经销商，如何透过经销商将商品销售给消费者才是最终目的，这就使得激励经销商使之尽职销售，这一工作变得十分必要而且非常复杂。

激励渠道成员，使其具有良好的表现，必须从了解各个经销商的心理状态与行为特征入手。了解了经销商的心理状态后，在采取激励措施时，生产企业还要尽量避免激励过分和激励不足两种情况。当生产企业给予经销商的优惠条件超过它努力销售所需条件时，就会出现激励过分的情况，其结果可导致销售量提高，而利润下降。当生产企业给予经销商的条件过于苛刻，以致不能激励经销商努力时，则会出现激励不足的情况，其结果可引起销售量下降、利润减少。所以，生产企业必须确定应花费多少力量以及花费何种力量来激励经销商。根据经销商特征的不同，可采取各不相同的具体激励方法。

（一）一级批发商的激励方式

一级批发商是区域性的总经销或总代理。它们一般在当地都有着健全的网络、良好的信誉、广泛的人际关系和雄厚的实力，因此，对一级批发商主要采取以下激励方法。

1. 价格优惠　对于经销商而言，追求较高利润为其首要目标。在较大价格差异带来的丰厚利润驱使下，一级批发商将主动拓展市场，将商品分销至各渠道。事实证明，激发一级批发商的积极性相较于激发五个二级批发商的积极性，前者在成效上更为显著且成本较低。

2. 销量奖励　生产企业可以设定销售目标，根据当地市场容量计算出一个"销量基数"，超过这个基数时，每一件货给批发商一定比例的返利或其他奖励。

3. 广告支持　生产企业在当地做广告时，应充分听取和采纳一级批发商的意见和建议，共同制定广告策略，提高产品知名度，促进销售。

4. 人员培训及售后服务　给予一定的人员培训支持，以及稳定的售后服务。售后服务关系到生产企业和一级批发商的共同利益，两者应该互相配合，共同开展售后服务工作。

5. 保证总代理商货权　生产企业保证未经总代理商的允许，不会向二、三级批发商、零售商及消费者供应产品，这将使得总代理商的独家代理地位名副其实，使其得以安心经销，而无需担忧地位受到冲击或被取代。然而，若生产企业直接向二级批发商、零售商及消费者供货（实则扮演一级批发商角色），将不可避免地需要建立健全的机构并配置大量人员，这将极大地增加销售成本。

（二）零售商的激励方式

1. 价格激励　确保零售价与进价之间存在合理差距，以丰厚的利润驱动零售商。

2. 激励措施　制定一套激励措施，促使零售商积极向顾客推荐自家产品。

3. 广告支持　在广告宣传方面提供支持，包括制作精美的产品说明书、使用指南、海报、店内招牌、彩旗、灯箱广告以及广告礼品等。

4. 全面辅助　在人员培训、售后服务、产品概念及包装等方面给予配合。

5. 客户关系维护　注重与零售商的情感投资。

二、评估渠道成员

绩效是对渠道成员进行表扬、批评、激励和约束的重要依据之一。若某一渠道成员的绩效显著低于既定标准，企业需查明主要原因，并考虑相应的补救措施。在必要时，可采取中断与某一中间商的协议。若放弃或更换中间商将导致更为不利的结果，企业应要求销售绩效较差的中间商在一定期限内予以改进，否则将取消其资格。

对渠道成员的绩效评估主要围绕以下几个方面展开。

1. 对销售的贡献　渠道成员对销售的贡献可从以下几点来进行判断。

（1）横向比较　上一个评估时期内，在所处市场区域的经济增长水平和竞争条件下，该渠道成员为企业创造的销售量或销售额是否高于平均水平，这是渠道成员之间的横向比较。

（2）纵向比较　上一个评估时期内，在所处市场区域的经济增长水平和竞争条件下，该渠道成员为企业创造的销售量或销售额是否高于前一个评估期的水平，这是对渠道成员本身的纵向比较。

（3）对手比较　同本地区的其他竞争对手相比，该渠道成员是否为企业创造了高水平的市场渗透。

（4）同级比较　在上一个评估时期内，该渠道成员为企业带来的销售收入是否比本地区与之竞争的其他渠道成员要高。

2. 对利润的贡献　渠道成员对利润的贡献可从以下几点进行判断。

（1）交易量　根据该渠道成员为企业带来的交易量分析，企业向该渠道成员提供支持和服务的成本费用在数量上是否合理。

（2）盈利水平　渠道成员持续要求企业对其提供支持，结果是否会为企业带来令人满意的盈利水平。

（3）费用　与同类型同等规模的渠道成员相比，服务与支持该渠道成员的费用是否过高而且企业不堪重负。

（4）营销目标　对某渠道成员的支持是否符合企业的营销目标。

3. 渠道成员的能力　渠道成员能力评估涉及以下方面。评估成员是否具备成功经营本企业产品所必需的知识与能力；衡量销售人员的素质与能力是否达到企业预期；核实成员在资金等方面的实力是否满足作为本企业渠道成员的最低标准要求；分析拥有的客户数量及客户购买能力是否符合企业目标市场定位与营销策略要求。

4. 渠道成员的配合程度　对于渠道成员的配合程度，企业可从以下几个方面进行评估。在涉及重要规划方面的工作中，渠道成员是否能与企业保持协同并给予支持；渠道成员是否频繁违反与企业签订的合同或协议中的规定；是否存在恶意冲货行为或违反企业设定的价格政策；渠道成员是否积极配合并支持企业的各项销售管理工作。

5. 渠道成员的适应能力　评估渠道成员的市场适应能力可从以下几个方面进行。观察其是否能洞察所处市场领域的长远发展趋势，并不断调整自身的销售策略；评估其在销售企业产品时是否具备卓越的创新能力；了解其是否致力于适应所在领域的竞争态势变化；关注其在培训方面投入程度，考察其是否能对企业的销售管理工作提出建设性建议。

6. 渠道成员对销售增长的贡献　评估渠道成员对销售增长的贡献，可从以下几个方面进行。判断该渠道成员是否持续或迅速成为企业的主要收入来源；分析该渠道成员销售企业产品的数量或金额增长是否超过整体平均水平；关注该渠道成员对我国企业产品的投入程度。

7. 渠道成员的顾客满意度情况 顾客满意度情况的评估主要涉及两个方面：一是企业是否频繁接到顾客对渠道成员的投诉，二是渠道成员在处理企业产品问题时，是否能向顾客提供优质的解决方案。

基于渠道评估的结果，如有必要，应适时对销售渠道进行调整。主要的调整策略包括以下两点。

（1）调整渠道成员的数量 在保持原有渠道模式不变的基础上，根据实际情况适当增加或减少渠道成员。在此过程中，需仔细衡量增加或减少中间商所带来的销售收益与相应代价之间的关系，以确保调整方案的合理性。

（2）彻底调整原有渠道 根据产品生命周期不同阶段或经营产品种类的变化，对渠道策略进行必要调整，甚至对渠道进行根本性的重新设计。这一策略旨在适应市场变化，提高渠道效能。

三、药品分销渠道调控

（一）常规渠道管理

1. 供货保证与管理 这部分工作主要是指销售人员应该及时满足中间商的供货需求，在此基础上帮助经销商建立并理顺经销商的销售渠道，分散销售及库存压力，加快产品的流通速度。

2. 库存与存销管理 成功的销售并非仅仅将产品从企业的库房转移到经销商的库房，而是在完成向经销商销售产品后，协助经销商将产品进一步售予终极消费者。若产品仅在经销商处积压，将导致以下不利后果。

（1）降低经销商的经营效率，进而挫伤其积极性。大量库存积压在经销商处将占用其资金，增加仓储成本，最终影响经销商的盈利水平，久而久之，将动摇经销商与供应商的合作意愿。

（2）依赖积压库存构建的销售业绩向供应商管理层传递虚假需求信息，管理层据此制定未来销售计划。长此以往，销售额将难以维系，而大量退货导致的亏损将吞噬企业的大部分净利润；如以低价抛售的库存商品亦可能扰乱供应商的市场管理秩序。

虽然压缩库存能盘活商品，但需注意库存过少也将导致顾客需求时无货可售的脱销现象。脱销不仅影响渠道成员的生意，更关键的是阻碍企业销售，为竞争对手留下更大的运作空间。因此，在临时需求高峰或促销期间，供应商需提前向渠道成员供货，必要时，企业还需协助渠道成员间的转货或换货。

销售人员要及时了解渠道成员的销售能力与实际库存量，使渠道成员始终保持一个正常的库存量。

3. 渠道成员沟通管理 企业需要与渠道成员保持密切的沟通，了解他们的需求、困难以及市场变化，以便及时调整策略。此外，企业还应定期召开渠道会议，分享市场信息、销售策略以及产品知识，提高渠道成员的销售能力。

4. 信息反馈管理 企业应建立一套完善的信息反馈机制，及时收集渠道成员的销售情况、市场动态以及顾客反馈，以便针对性地调整营销策略。同时，企业还应鼓励渠道成员主动提出建议和意见，共同优化销售策略。

5. 培训管理 企业应定期为渠道成员提供产品知识、销售技巧以及市场分析等方面的培训，提高他们的业务水平和服务质量。此外，企业还可以邀请渠道成员参加行业研讨会、交流会等活动，帮助他们拓展人脉，提升竞争力。

6. 售后服务管理 企业应根据渠道成员的需求，提供相应的销售支持，如提供充足的库存、及时的物流配送、优惠的价格政策等。同时，企业还应加强对渠道成员的售后服务支持，确保他们在销售过程中无后顾之忧。

7. 激励与奖励管理　企业应制定一套合理的激励与奖励机制，根据渠道成员的销售业绩、市场表现以及客户满意度等因素，给予相应的奖励。这将激发渠道成员的积极性，提高他们的忠诚度。

（二）渠道冲突管理

1. 分销渠道冲突的分类　渠道冲突是指渠道成员发现其他渠道成员从事的活动阻碍或不利于本企业实现自身的目标，而发生的种种矛盾和纠纷。依据渠道成员之间的关系，将渠道冲突分为水平渠道冲突、垂直渠道冲突和多渠道冲突三种。

（1）水平渠道冲突　是指发生在同一渠道中的同层次中间商之间的冲突。当同一渠道层次中有多个中间商时，渠道冲突往往难以避免。水平渠道冲突的产生原因大多是生产企业没有对目标市场的中间商数量、分管区域做出合理的规划，使中间商为各自的利益互相倾轧。水平渠道冲突的主要表现形式有同层次的中间商之间跨区域销售（即窜货）、压价销售等。如果发生了这类冲突，生产企业应及时采取有效措施，缓和并协调这些矛盾。另外，生产企业应未雨绸缪，采取相应措施防止这些情况的出现。

（2）垂直渠道冲突　是指在同一渠道中的不同层次中间商之间的冲突，也称作渠道上下游冲突。例如，生产企业与批发商、医院或零售药店间的冲突、批发商与医院或零售药店间的冲突都属于垂直渠道冲突。渠道的长度越长，即渠道的层次越多，垂直渠道冲突可能就越多。就医药产品而言，由于国家政策的限制和研发成本、生产成本的上升，利润空间越来越小，在这种情况下，某些医药商业批发公司可能会抱怨药品生产企业在价格方面控制太紧，留给自己的利润空间太小，而提供的配套服务太少；医疗机构（药店）对医药商业批发公司或医药生产企业，可能也存在类似的不满。垂直渠道冲突带来的问题，一是在分销过程中，上游分销商不可避免地要同下游经销商争夺客户，这会大大挫伤下游渠道成员的积极性；二是当下游经销商的实力增强以后，希望在渠道系统中拥有更大的权利，也会向上游渠道成员发起挑战。因此，生产企业必须从全局着手，妥善解决垂直渠道冲突，促进渠道成员更好的合作。

（3）多渠道冲突　随着顾客细分市场和可利用的渠道不断增加，越来越多的企业采用多渠道营销系统，即进行渠道组合、整合。不同渠道间的冲突指的是生产企业建立多渠道营销系统后，不同渠道服务于同一目标市场时所产生的冲突。多渠道冲突仅出现在采用复合渠道系统的厂商营销系统之中，不同营销渠道的成员之间对同一目标市场的客户进行争夺时所产生的冲突。比如，某厂家在采用传统渠道的基础上又开发了电子商务渠道，形成对原有渠道的冲击。

2. 分销渠道冲突产生的原因　从冲突的来源分析主要有以下三种情况。

（1）冲突可能来自不明确的目标和权利　例如，某制造商有多条销售渠道，可以利用自己的销售人员把产品销给大客户，直接赚取利润，而它的经销商也在努力争取大客户，这就造成多渠道冲突。另外，地区划分权、销售信用也会引起冲突，比如同一地区经销商太多，距离又近以致压低了彼此的利益，就会引起水平渠道的冲突。

（2）冲突也可能起源于对市场预期的差异　例如，制造商预测近期需求乐观，于是希望经销商增加仓储量或经营高档商品。但经销商的观点不同，这就引起垂直渠道的冲突。

（3）冲突还可能来源于中间商对制造商的过度依赖　制造商的产品设计、定价策略、管理模式，直接影响到经销商，若制造商与经销商在观念上有较大差异，就很可能产生冲突。

3. 分销渠道冲突的解决方法　渠道冲突有些是结构性的，需要通过增减渠道等调整渠道的方法解决；有些则是功能性的，可以通过管理手段来加以控制。分销渠道冲突的主要解决方法如下。

（1）强化沟通与协作　通过定期的渠道成员会议、培训、座谈会等形式，增进彼此间的了解与信任，共同探讨市场动态、消费需求、竞争态势等，形成协同作战的氛围。同时，企业应关注渠道成员的诉求，及时回应其关切，以达成共识，降低冲突。

（2）明确渠道成员的权利与义务　企业应合理规划渠道成员的职责范围，明确其权利与义务，避免因权责不清而引发的冲突。此外，对于跨区域销售、压价销售等行为，企业应制定相应的管理规定，加强监管，确保渠道成员遵守游戏规则。

（3）优化渠道结构　企业应根据市场需求和渠道成员的实际情况，合理配置资源，优化渠道结构。例如，在同一地区减少经销商数量，保持适当的距离，以避免恶性竞争。同时，企业还可以考虑开发新的渠道，如电子商务渠道，以满足不同消费者的需求，降低渠道冲突。

（4）协调价格策略　企业应与渠道成员共同制定合理的价格策略，确保各渠道成员的利益。此外，企业还需密切关注市场价格动态，及时调整价格策略，避免因价格问题引发的渠道冲突。

（5）提高渠道成员的忠诚度　企业可通过激励措施（如提供优惠政策、奖励优秀渠道成员等）提高其忠诚度。同时，企业还应关注渠道成员的成长需求，提供培训、指导等支持，助力其成长，从而降低渠道冲突。

（6）建立健全渠道管理体系　企业应建立健全渠道管理体系，包括渠道招募、培训、考核、激励等环节，实现渠道成员的规范化管理。通过制度约束，降低渠道冲突的发生概率。

在现代市场营销中，渠道的作用愈发重要，企业应充分认识到这一点，并在实践中不断探索渠道管理的新方法、新思路。只有把握住"渠道为王"的原则，深度分销，才能在激烈的市场竞争中立于不败之地。企业应持续关注渠道成员的动态，不断调整和优化分销策略，确保市场占有率和经济效益的提升。在此基础上，企业还需关注市场环境的变化，及时调整自身的营销观念，以适应不断变化的市场需求。

总之，药品分销渠道的调控是一项系统工程，企业需从多个层面进行考虑和策划。通过激励渠道成员、评估渠道成员、解决分销渠道冲突等手段，企业可以实现渠道的和谐共生，提高市场占有率和经济效益。在未来的发展中，企业应继续深化对渠道管理的认识，积极探索新的管理模式，以实现可持续发展。

（三）窜货管理

窜货管理是分销渠道调控的重要环节，涉及对产品在不同渠道之间的价格、销售区域、货源分配等方面的管理。窜货现象指的是产品在分销渠道中，由于各种原因造成的销售价格混乱、销售区域重叠、货源分配不均等问题。这种现象不仅会影响企业的品牌形象，还会导致渠道成员之间的矛盾，进而影响企业的市场占有率和经济效益。

1. 窜货的原因

（1）价格差异　不同渠道之间的产品价格差异较大，导致消费者对产品的选择产生混乱，进而影响渠道成员的销售。

（2）销售区域重叠　企业在拓展市场时，可能会出现销售区域重叠的现象，导致渠道成员之间的竞争加剧。

（3）货源分配不均　企业对不同渠道的货源分配可能存在差异，导致渠道成员之间的不满和矛盾。

（4）市场需求波动　市场需求的不稳定，可能导致产品在不同渠道之间的销售情况发生变化，进而引发窜货现象。

2. 窜货的危害

（1）渠道成员利益受损　窜货现象导致价格混乱，渠道成员的利润空间受到压缩，影响其积极性。

（2）品牌形象受损　窜货可能导致产品质量、服务等方面的不一致，使消费者对品牌产生怀疑，降低品牌忠诚度。

（3）市场秩序混乱　窜货现象可能导致市场秩序混乱，影响企业和渠道成员的长期发展。

3. 窜货管理的策略　为避免窜货现象的出现，企业需采取下列管理策略。

（1）制定合理的价格策略　企业应根据市场需求和渠道成员的实际情况，制定合理的价格策略，确保各渠道成员的利益。例如建立合理稳定的级差价格体系，也就是在将销售网络内经销商分为总经销商、二级批发商、零售商的基础上，由销售渠道管理者制定包括总经销价、出厂价、批发价、团体批发价和零售价在内的综合价格体系。制定级差价格体系可在确保销售网络内部各个层次、各个环节的经销商都能获得相应利润的前提下根据经销商的出货对象规定严格的价格，以防止经销商跨越其中某些环节进行窜货活动。

（2）明确销售区域　在企业的销售管理中，销售区域的规划是一项至关重要的任务。合理的销售区域规划不仅可以提高企业的销售效率，还可以确保渠道成员的销售权益得到保障。为此，企业需要遵循以下几个原则来明确销售区域。首先，企业应根据市场特点和客户需求来划分销售区域。这意味着企业需要对市场进行详细的市场调研，了解各个区域的市场容量、竞争状况、消费者偏好等因素。在此基础上，企业可以依据这些信息对销售区域进行合理划分，确保每个区域都有足够的市场空间和潜在客户。其次，企业应确保销售区域的边界清晰。明确的销售边界有助于避免区域重叠，确保渠道成员的销售权益得到保障。在实际操作中，企业可以采用地理信息系统（GIS）等工具来辅助划分销售区域，确保边界的准确性。再次，企业需要考虑销售区域的可持续性。在划分销售区域时，企业要充分考虑到市场变化、竞争态势等因素，确保销售区域具有较强的抗风险能力。此外，企业还应关注销售区域内的市场动态，定期对销售策略进行调整，以应对市场变化。

企业通过合理规划销售区域，以确保渠道成员的销售权益得到保障，同时提高企业的市场竞争力。只有科学、合理地进行销售区域规划，企业才能够在激烈的市场竞争中立于不败之地。

（3）优化货源分配　货源分配是企业供应链管理中至关重要的环节，它的优化对于提高企业整体运营效率和满足市场需求具有显著作用。在市场竞争日益激烈的今天，企业需要对货源分配进行精细化管理，以实现渠道成员之间的平衡发展。

（4）加强市场监控　市场监控在企业运营中起着至关重要的作用，尤其是对于防止窜货现象的发生，更是不可或缺的一环。窜货现象的出现，往往是因为企业对市场动态的监控不力，导致销售策略无法及时调整，进而使得市场需求波动加剧。为了避免这种情况的发生，企业应当加强对市场动态的监控，以确保销售策略的实施能够紧跟市场变化的步伐。首先，企业需要建立一套完善的市场监控机制。这套机制应当包括对市场信息的实时收集、分析以及反馈。通过这样的机制，企业可以迅速掌握市场的最新动态，如产品需求变化、竞争对手的策略动向等，从而为调整销售策略提供依据。其次，企业应当注重培养市场监控团队。一个专业且有经验的市场监控团队是确保市场信息准确性和及时性的关键。企业可以通过内部培训、外部招聘等途径，选拔和培养一批具备专业素养的市场监控人员，为企业的市场监控工作提供有力支持。此外，企业还需要充分利用现代信息技术手段进行市场监控。随着科技的发展，大数据、云计算等新兴技术为企业提供了丰富的市场信息获取途径。企业可以通过这些技术手段，实时收集和分析市场数据，进一步提高市场监控的效率和准确性。

在加强市场监控的基础上，企业还需要灵活调整销售策略。当市场需求出现波动时，企业要能够迅速作出反应，调整产品的售价、促销策略等，以适应市场的变化。这样一来，不仅可以避免窜货现象的发生，还能确保企业的市场份额和盈利水平。

（5）建立严格的窜货处罚机制　面对窜货问题的严重性，企业有必要建立严格的窜货处罚机制，以严厉打击窜货行为。首先，通过制定明确的处罚规定，可以让经销商明确了解窜货行为的成本，从而起到震慑作用。其次，对窜货行为进行严厉处罚，有助于维护渠道秩序，保障各渠道成员的合法权益。最后，建立窜货处罚机制有利于企业对市场进行有效管理，提升企业整体竞争力。

4. 窜货管理的实施与监控　企业应采取以下措施实施窜货管理。

（1）制定窜货管理政策　企业应制定明确的窜货管理政策，明确窜货的界定、处罚措施等，确保政策得到有效执行。

（2）加强内部沟通　企业应加强内部沟通，确保各部门和渠道成员对窜货管理政策的理解和认同。

（3）建立监控机制　企业应建立窜货监控机制，通过销售数据、市场反馈等信息，及时发现窜货现象，采取相应措施。

（4）开展培训和宣传　企业应对渠道成员进行窜货管理培训，提高其对窜货危害的认识，树立合规经营的意识。

任务四　药品采购

一、药品采购的含义与原则

（一）药品采购的含义

药品采购是指医疗机构、药店等从药品生产、经营企业购买药品的过程。它是药品供应链中的重要环节，关系到患者的用药安全和疗效。合法、规范的药品采购对于保障医疗质量、维护患者权益具有重要意义。

（二）药品采购的原则

1. 合法性原则　药品采购应严格遵守国家法律法规，从具有药品生产、经营资格的企业购进药品，确保药品的合法来源。

2. 质量优先原则　在保证药品合法性的基础上，优先选择质量可靠、疗效确切的药品，以保障患者用药安全有效。

3. 价格合理原则　在保证药品质量和疗效的前提下，医疗机构应合理控制药品采购价格，减轻患者负担。

4. 诚信守信原则　药品采购过程中，各方应遵循诚信原则，建立长期稳定的合作关系，共同维护药品市场的健康发展。

5. 及时性原则　医疗机构应根据临床需求，及时采购所需药品，确保药品供应充足、满足患者用药需求。

（三）违法购进药品的理解

违法购进药品是指医疗机构、药店等在药品采购过程中，违反国家法律法规，从无药品生产、经营资格的企业或其他非正规渠道购买药品。这种行为可能导致以下问题。

1. 药品质量无法保证　违法购进的药品可能存在质量问题，甚至可能是假冒伪劣药品，对患者的用药安全和疗效造成严重威胁。

2. 违法行为　违法购进药品违反了国家法律法规，可能导致医疗机构、药店受到行政处罚，甚至刑事责任。

3. 损害患者权益　违法购进的药品可能无法满足患者的临床需求，影响治疗效果，给患者带来经济损失和健康损害。

违法购进药品是对患者权益的严重侵犯，应引起全社会的高度关注。各级政府部门、医疗机构、药店等应共同努力，加强药品采购管理，确保药品的合法、安全、有效，为患者提供更好的用药保障。

知识链接

中华人民共和国药品管理法（2019 年修订）

第一百二十九条　违反本法规定，药品上市许可持有人、药品生产企业、药品经营企业或者医疗机构未从药品上市许可持有人或者具有药品生产、经营资格的企业购进药品的，责令改正，没收违法购进的药品和违法所得，并处违法购进药品货值金额两倍以上十倍以下的罚款；情节严重的，并处货值金额十倍以上三十倍以下的罚款，吊销药品批准证明文件、药品生产许可证、药品经营许可证或者医疗机构执业许可证；货值金额不足五万元的，按五万元计算。

二、药品采购的方法与程序

（一）药品采购质量管理

药品购进过程的管理控制，是整个药品经营活动合法、规范、保障人民用药安全的至关重要环节。药品购进的质量管理直接关系到企业的长久健康持续发展，影响到企业的社会效益和经济效益。

药品经营企业应把质量放在选择经营品种和供货单位的首位，必须确定供货单位的合法资格及质量信誉，保证所购入的药品是国家批准的合法药品。对首营企业和首营品种必须进行审核，必要时进行实地考察。

1. 确定供货单位的合法资格　经过相关部门批准取得合法资质的供应商称为合法的供货单位。合法的供货单位经过首营企业审核合格，将审核合格的供货单位基础信息录入计算机系统，建立合格供应商档案，采购部门采购药品时，只能从"合格供应商列表"上的供应商进行采购。计算机系统对合格供应商资质的有效期进行监控，资质过期将无法采购。

2. 确定采购药品的合法性　我国药品实行批准文号管理，未经批准的药品不得上市（没有实施批准文号管理的中药材、中药饮片除外）。首次采购的药品必须经过质量管理部门和企业质量负责人的审核批准。计算机系统对经营药品的批准证明文件的有效期进行监控，批件过期将无法采购。

3. 审核供货单位销售人员的合法资格　为保证供货单位销售人员身份的真实可靠，企业质量管理部门应对供货单位销售人员的合法资格进行审核，防止从非法销售人员处采购药品。计算机系统对经营销售人员授权书的有效期进行监控，授权书过期将无法采购。

4. 与供货单位签订质量保证协议　采购药品应对供货单位提出明确质量要求，签订质量保证协议。协议应经双方协商一致，明确责任，供需双方共同信守和执行。

5. 严格履行首营审核审批程序　企业应当按照药品采购管理制度制定"首营企业、首营品种"审核程序，经过审核合格后，方可购进药品。

6. 对供货单位实地考察　对确有需要的情况下，采购企业可以对供货单位进行实地考察。

知识链接

药品经营质量管理规范（2016 年修订）

第六十一条 企业的采购活动应当符合以下要求：

确定供货单位的合法资格；

确定所购入药品的合法性；

核实供货单位销售人员的合法资格；

与供货单位签订质量保证协议。

采购中涉及的首营企业、首营品种，采购部门应当填写相关申请表格，经过质量管理部门和企业质量负责人的审核批准。必要时应当组织实地考察，对供货单位质量管理体系进行评价。

（二）药品采购方法

1. 公开招标采购 是一种公平、公正、公开的采购方式，通过竞标选择质量好、价格合理的药品供应商。这种方式有利于促进市场竞争，降低药品价格，提高采购效率。

2. 邀请招标采购 是针对特定供应商进行的采购方式，一般适用于急需药品或特定品种的采购。这种方式具有较强的针对性和灵活性，可以满足医疗机构的特殊需求。

3. 竞争性谈判采购 是通过与多家供应商进行谈判，达成采购协议的一种方式。这种方式适用于药品品种较多、采购金额较大的情况，有利于优化药品供应链。

4. 单一来源采购 是指在紧急情况下，直接与唯一的供应商进行采购。这种方式适用于紧急救治、罕见病等特殊情况下，确保药品供应的及时性和可靠性。

（三）药品采购品种类型

根据 GSP 和相关法律法规要求，以及药品在流通过程中的流转规律，药品经营企业购进药品品种一般分普药、新药、基本药物、首营品种、进口药品、特殊管理药品、中药材及中药饮片等类型。

1. 普药 是指临床上长期广泛使用、安全有效的常规药品。普药在市场上一般有多家企业生产，产品进入市场比较容易。普药的价格比较透明，利润较低，已经形成固定的用药习惯。

2. 新药 是指未曾在中国境内上市销售的药品，已上市药品改变剂型、改变给药途径、增加新适应证的药品，亦属于新药范畴。药品流通中的新药是广义上的新药，是指新开发上市或者未广泛使用或者还处于临床推广阶段的药品。

3. 基本药物 是指由国家政府制定的《国家基本药物目录》中的药品。基本药物是公认的医疗基本药物，也是对公众健康产生最大影响的药物。国家基本药物的遴选原则为：临床必需、安全有效、价格合理、使用方便、中西药并重。基本药物包括预防、诊断、治疗各种疾病的药物。

4. 首营品种 企业首次采购的药品。采购首营品种前应索取资料，通过首营品种。

5. 进口药品 需经国务院药品监督管理部门组织审查，经审查确认符合质量标准、安全有效的，方可批准进口，并发给进口药品注册证书。

6. 特殊管理药品 包括麻醉药品、放射性药品、精神药品、医疗用毒性药品。国家有特殊管理要求的药品还包括戒毒药品、药品类易制毒化学品、兴奋剂、终止妊娠药品、蛋白同化制剂、肽类激素（胰岛素除外）、含特殊药品的复方制剂等。

采购特殊管理（终止妊娠药品和含特殊药品的复方制剂、兴奋剂除外）的药品时，供货单位必须具有特殊管理药品的经营范围。

采购麻醉药品、放射性药品、精神药品、医疗用毒性药品时，在采购合同、质量保证协议中应当明确对方在运输等环节应按照国家相关规定执行的要求。

在企业计算机系统中，应当实现对麻醉药品、放射性药品、精神药品、医疗用毒性药品的单独管理。对特殊管理要求的药品应做管理限制，建立专门的特殊管理的药品的采购记录。

7. 中药饮片　必须从合法饮片生产企业或经营企业购进，严禁从其他任何渠道购进中药饮片。

（四）药品采购程序

药品采购是医疗机构及零售药房等机构的药品供应保障的重要组成部分，其核心目标是确保患者能够及时获得安全、有效、质量可控的药品。在这个过程中，药品采购计划发挥着至关重要的作用。

1. 药品采购计划的制定　包括以下五个步骤。

（1）需求分析　药品采购部门需根据医疗机构及零售药房等机构的用药需求进行详细分析，了解患者用药特点、用药规律以及药品市场供应情况等，为制定采购计划提供依据。

（2）品种选择　在药品采购计划中，药品品种的选择至关重要。药品采购部门需结合患者需求、临床用药指南、药品性价比等因素，确保所采购的药品能够满足患者的治疗需求。

（3）数量预测　药品采购部门需对药品的需求量进行准确预测，以确保药品供应充足，避免库存积压和断货风险。

（4）供应商评估　选择合适的供应商是保证药品质量和供应稳定的关键。药品采购部门需对潜在供应商进行严格评估，考察其资质、信誉、产品质量以及售后服务等方面，确保所选供应商能够满足药品采购要求。

（5）价格谈判　在确保药品质量和供应稳定的前提下，药品采购部门需与供应商进行价格谈判，以降低采购成本，减轻患者负担。

2. 发布采购通知　是药品采购过程中的关键环节。通过计算机系统或其他途径，药品采购部门向合格供应商发送采购需求，包括药品名称、规格、数量、质量要求等信息。供应商收到通知后，需在规定时间内提交报价单，包括药品价格、产地、供货周期等内容。通过采购通知的发布和确认，从而确保药品的质量和价格符合标准。

3. 供应商报价　是采购过程中的一项重要环节。供应商需遵循相关法律法规和行业规范，以确保药品的质量和安全。药品报价单应包含以下几个方面的内容。

（1）药品信息　包括药品名称、剂型、规格、生产厂家等基本信息。这些信息有助于采购方了解所采购药品的属性，以确保药品的疗效和安全性。

（2）药品价格　报价单的核心部分，应明确标注药品的单价和总价。采购方会根据报价单中的价格信息，对比不同供应商的报价，从而选择性价比高的供应商。

（3）数量　供应商需根据采购方的需求，提供相应的药品数量。数量应符合采购方的实际需求，既能保证药品的供应，又不会造成库存积压。

（4）交货时间　供应商需明确承诺交货的时间节点。合理的交货时间有利于采购方安排药品的销售和使用，避免因延误交货而影响药品的供应。

（5）质量保证　供应商需承诺提供的药品符合国家相关法规和标准，确保药品的质量和安全。此外，供应商还需提供相关质量检验报告，以证明药品的质量。

（6）售后服务　供应商应提供完善的售后服务，包括药品的退换货、质量问题处理等。这有助于保障采购方的权益，降低采购风险。

（7）运输方式及费用　供应商需说明药品的运输方式及运输费用。合理的运输方式和费用有利于降低采购成本，提高药品的流通效率。

供应商在提交药品报价单时，应详细、真实地提供相关信息，以便采购方进行全面评估。只有通过透明、公正的采购流程，才能确保药品的质量和安全，满足医疗机构和患者的需求。

4. 价格谈判 药品采购过程中的价格谈判环节是关键的一步，它涉及药品的成本、质量以及供应商的选择等多个方面。在这个过程中，药品采购部门需要对各家供应商提交的报价进行细致的分析和全面的比较。

（1）药品采购部门会收集并整理所有供应商的报价信息，这些信息包括药品的单价、总价、折扣等。然后，采购部门会从多个角度对这些报价进行深入分析，例如比较药品的价格与质量，观察价格与疗效之间的关系，分析不同供应商的价格策略等。这一步骤的目的是为了找出性价比最高的供应商。

（2）药品采购部门会与入选的供应商进行进一步的价格谈判。在谈判过程中，采购部门会依据之前的分析结果，对供应商提出合理的价格要求。同时，采购部门还需要考虑到市场的供需状况、药品的稀缺性等因素，以确保谈判结果能够达到预期。在价格谈判的过程中，双方都需要展现出诚意和灵活性，以达成共识。供应商需要明确药品的成本构成，解释价格差异的原因，并在必要时提供优惠政策或折扣。而采购部门也要充分了解供应商的运营成本和利润空间，以便在保证药品质量的前提下，达成双方都能接受的价格协议。

（3）在达成共识后，药品采购部门与供应商签订采购合同。合同中应明确规定药品的品种、数量、价格、交货时间等相关事项，以确保采购过程的合规性和可持续性。同时，双方还需保持密切的沟通，以便在合同执行过程中及时解决可能出现的问题。

药品采购过程中的价格谈判是一个复杂且富有挑战性的环节。只有通过精细的分析和有效的谈判，才能确保药品的质量和供应，同时为患者提供性价比高的药品。这对于维护医疗体系的健康运行、保障人民群众的健康权益具有重要意义。

5. 签订采购合同 采购合同是供货方与需求方之间，就货物的采购数量、价格、质量要求等事项，经过谈判和协商一致同意而签订的法律性文件，合同双方都应遵守和履行相关职责和义务。

（1）药品采购合同的主要内容 有合同主体基本信息、药品品种、规格和数量、药品质量标准、价格和付款方式、交货时间和地点、售后服务、违约责任、争议解决、合同有效期和终止条件及保密条款等。

（2）签订药品采购合同的注意事项 ①合法合规，签订合同的双方应遵守国家相关法律法规，确保合同的合法性和有效性。②审慎评估，在签订合同前应对药品供应商进行充分了解和评估，确保其具备良好的信誉和质量保障能力。③详细明确，合同内容应具体、明确，避免因表述不清导致的纠纷。④合同备案，签订合同后，双方应及时将合同报相关部门备案，以确保合同的履行。⑤定期评估，应定期对药品供应商的履约情况进行评估，如发现问题时，及时采取措施予以纠正。

6. 建立采购记录 采购记录真实、准确地反映了药品经营企业采购过程中的实际情况。采购记录为企业提供了重要的追溯依据，有助于发现问题、及时纠正，确保药品的质量和安全。

╽知识链接╽

药品经营质量管理规范（2016 年修订）

第六十八条 采购药品应当建立采购记录。采购记录应当有药品的通用名称、剂型、规格、生产厂商、供货单位、数量、价格、购货日期等内容，采购中药材、中药饮片的还应当标明产地。

建立采购记录时需要注意以下几点。

（1）及时性 采购记录应在与供应商签订合同后尽快建立，确保记录的准确性。

（2）完整性 采购记录应包含药品的通用名称、剂型、规格、生产厂商、供货单位、数量、价格、购货日期等关键信息。对于中药材、中药饮片，还需标明产地。

（3）真实性　采购记录应真实反映药品采购过程中的实际情况，采购记录生成后，任何人不得随意更改，以保证数据的真实性和可追溯性，避免虚假记录影响数据准确性。

（4）规范性　采购记录应按照国家和行业的相关规范进行填写，确保合规性。

（5）存档管理　采购记录应妥善保存，以便在需要时进行查询和追溯。采购记录应按日备份，至少保存 5 年。

（6）定期审查　企业应定期对采购记录进行审查，确保记录的准确性和完整性。

7. 索取发票　是为了强化药品生产、流通过程的管理，确保药品的来源合法和质量可控。在药品采购过程中，采购部门应向供应商索取正规发票，以便对药品的购销情况进行追溯和审计。

知识链接

药品经营质量管理规范（2016 年修订）

第六十七条　发票上的购、销单位名称及金额、品名应当与付款流向及金额、品名一致，并与财务账目内容相对应。发票按有关规定保存。

第七十三条　药品到货时，收货人员应当核实运输方式是否符合要求，并对照随货同行单（票）和采购记录核对药品，做到票、账、货相符。

以下是索取发票时需要注意的几点。

（1）发票的合规性　发票应符合国家相关规定，包括发票的格式、开具要求等。同时，发票上的购、销单位名称、金额、品名应与付款流向及金额、品名一致，并与财务账目内容相对应。

（2）发票的保存　采购单位应妥善保存发票，确保发票的完整性和可追溯性。根据药品经营质量管理规范的要求，发票应按有关规定保存，以便在需要时进行查询和审查。

（3）药品到货核实　在药品到货时，收货人员应核实运输方式是否符合要求，并对照随货同行单（票）和采购记录核对药品，确保票、账、货相符。

（4）发票的索取时间　采购单位应在药品验收合格后及时向供应商索取发票，避免因时间拖延导致发票丢失或无法追溯。

（5）发票的审核　采购单位应定期对发票进行审核，确保发票的准确性和完整性。如发现异常情况，应及时与供应商沟通并采取相应措施。

8. 药品采购质量评价　药品质量管理部门定期对采购的药品进行质量评价，包括药品的有效性、安全性、价格合理性等方面，为优化药品采购提供依据。

知识链接

药品经营质量管理规范（2016 年修订）

第七十一条　企业应当定期对药品采购的整体情况进行综合质量评审，建立药品质量评审和供货单位质量档案，并进行动态跟踪管理。

三、首营企业审核

首营企业审核是指在药品采购过程中，对首次合作的药品生产、经营企业进行资质和信誉等方面的审核。它旨在确保药品的合法性、安全性和有效性，防止违法购进药品现象的发生。

（一）首营企业审核内容

对供货单位资质进行核实，是确保药品在流通环节能够有效降低药品质量风险的有效手段。供货单位为药品生产企业，合法资质包括药品生产许可证、营业执照及其年检证明；供货单位为药品经营企业，合法资质包括药品经营许可证、营业执照及其年检证明，此外还包括供货企业的相关印章、随货同行单（票）样式及企业的开户银行账户信息。

> **知识链接**
>
> ### 药品经营质量管理规范（2016 年修订）
>
> **第六十二条** 对首营企业的审核，应当查验加盖其公章原印章的以下资料，确认真实、有效：
> （一）药品生产许可证或药品经营许可证复印件；
> （二）营业执照、税务登记、组织机构代码的证件复印件，及上一年度企业年度报告公示情况；
> （三）《药品生产质量管理规范》认证证书或者《药品经营质量管理规范》认证证书复印件；
> （四）相关印章、随货同行单（票）样式；
> （五）开户户名、开户银行及账号。

1. 许可证的核实 供货单位的药品生产许可证、药品经营许可证是由药品监督管理部门核发。其真实性可以到国家药品监督管理局网站及各省药品监督管理局网站进行查询核实。供货单位合法资格审查时，需要核对拟供应药品是否在生产或经营许可范围内，以及证书有效期、是否加盖公章原印章等。

2. 营业执照的核实 需要核对营业执照单位名称、法定代表人、地址等与许可证的一致性，以及证书有效期、是否加盖公章原印章等。对营业执照真实性查询可以登录该企业所在的工商行政管理局网站进行企业信息查询。核查企业是否存在，是否在有效期内。

3. 相关印章、随货同行单（票）样式 印章式样包括企业公章、财务专用章、发票专用章、质量管理专用章、合同专用章、出库专用章、法人印章或签字等，上述印章应为原尺寸、原规格的原印章或彩色扫描件。随货同行单（票）样式须为加盖企业公章原件，不得使用复印件加盖公章样式。

4. 开户户名、开户银行及账号 供货单位需要提供本单位开设基本账户的开户许可证复印件，不允许为个人账户，并加盖供货单位公章原印章。需要核对开户许可证单位名称、法定代表人与许可证的一致性，对开户银行及账号进行备案，凡是未备案的账户，或者与备案不符的账户，均不得付款。供货单位变更账户需要办理变更手续，经过审核备案，否则不能发生业务关系。

5. 供应商销售人员资质审核 药品生产、经营企业和医疗机构，在购进药品时，应对供货单位的销售人员进行网上核查，不得与未经备案或有违法行为的销售人员建立业务关系，对违反规定的单位，一律按照从非法渠道采购药品处理。如各药品生产、经营企业和医疗机构发现违法销售人员，请及时向当地药品监督管理部门举报。

> **知识链接**
>
> ### 药品经营质量管理规范（2016 年修订）
>
> **第六十四条** 企业应当核实、留存供货单位销售人员以下资料：
> （一）加盖供货单位公章原印章的销售人员身份证复印件；
> （二）加盖供货单位公章原印章和法定代表人印章或者签名的授权书，授权书应当载明被授权人姓名、身份证号码，以及授权销售的品种、地域、期限；
> （三）供货单位及供货品种相关资料。

（二）首营企业审核程序

根据《药品经营质量管理规范》要求，药品经营企业应建立首营企业审核的工作程序，规范对供货单位的审核工作。首营企业审核流程如图 8 - 4 所示。

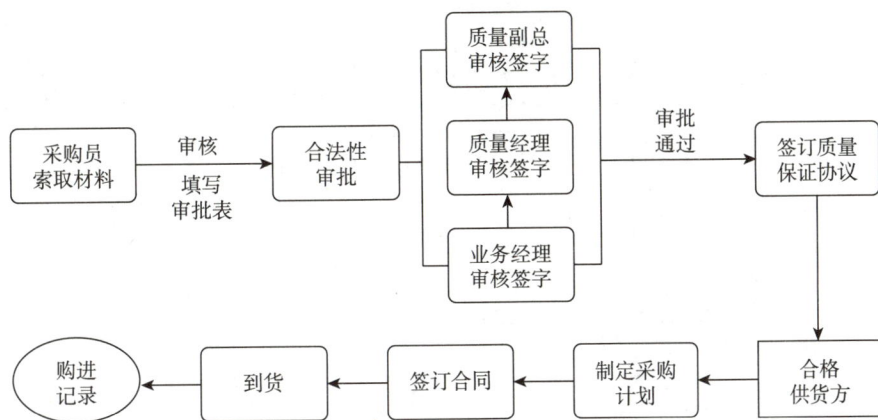

图 8 - 4　营企业审核流程图

1. 采购员索取材料　药品采购人员根据市场需要从首营企业购进药品时，应向供货单位索取以下材料。

（1）索取企业资质　首营企业属于药品生产企业的，应索取加盖公司原印章的药品生产许可证复印件、营业执照复印件及其年检证明等。

首营企业属于药品经营企业的，应索取加盖有公司原印章的药品经营许可证复印件、营业执照复印件及其年检证明等。

（2）索取首营企业药品销售人员的证明材料　验明首营企业药品销售人员的合法身份，并索取加盖企业原印章和有法定代表人印章或签字的委托授权书原件及销售人员的身份证复印件。

（3）首营企业的相关印章、随货同行单（票）样式。

（4）首营企业的开户户名、开户银行及账号。

（5）签订质量保证协议书。质量保证协议应从药品的合法性、药品质量情况、药品有效期、合法票据、药品包装情况、运输方式、运输条件等按照药品特性做出明确规定，并明确协议的有效期、双方质量责任，加盖供货单位公章或合同章原印章。

> **知识链接**
>
> **药品经营质量管理规范（2016 年修订）**
>
> **第六十五条**　企业与供货单位签订的质量保证协议至少包括以下内容：
>
> （一）明确双方质量责任；
>
> （二）供货单位应当提供符合规定的资料且对其真实性、有效性负责；
>
> （三）供货单位应当按照国家规定开具发票；
>
> （四）药品质量符合药品标准等有关要求；
>
> （五）药品包装、标签、说明书符合有关规定；
>
> （六）药品运输的质量保证及责任；
>
> （七）质量保证协议的有效期限。

2. 首营企业审批表的填写 药品采购人员将首营企业资料收齐后，填写表 8 - 1 "首营企业审批表"，进行合法性审核审批。

表 8 - 1　首营企业审批表

供货企业名称			详细地址	
企业类型		药品生产企业 □ 药品经营企业 □	E - mail	
供方销售人员			联系电话	
许可证	许可证号		有效期至 生产（经营）范围	
许可证	负责人		有效期至 生产（经营）范围	
营业执照	注册号		有效期至	
营业执照	法定代表人		注册资金	
营业执照	生产（经营）范围			
质量认证证书编号			有效期至	
供方销售人员资质		1. 身份证复印件 □　　2. 法人委托书原件 □　　3. 其他资料 □		
采购员意见		采购员：		年　　月　　日
采购部门意见		负责人：		年　　月　　日
审核意见		质量管理部负责人：		年　　月　　日
审批意见		企业质量负责人：		年　　月　　日

3. 合法性审核 采购员填写完"首营企业审批表"后，经本部门采购负责人签署意见后，连同上述有关资料，依次送质量管理部审核、质量管理部负责人和企业质量负责人审批。质量管理部进行资料审查，审查主要从资料的完整性、合法性、真实性、一致性、有效性等方面进行，查资料是否完备，内容是否符合要求，是否在有效期内，是否加盖有规定的原印章或签章、所购进药品是否在供货单位的生产或经营范围内等。如果需要对供货单位的质量保证能力做进一步确认时，质量管理部会同采购部门进行实地考察，详细了解首营企业职工素质、生产经营状况，重点审查企业质量管理体系、质量控制的能力和有效性。

资料审查合格后，审核人在"首营企业审批表"上签署意见，注明"审核合格"。质量管理部负责人和企业质量负责人根据质量管理部门的具体意见进行最后审核把关，并在"首营企业审批表"上签署明确的意见。

4. 建立合格供货方档案 对审核合格的首营企业，采购部或质量部在计算机管理系统中录入合格供货方信息，列出"合格供应商列表"，建立合格供货方档案。质量管理部门将"首营企业审批表"、首营企业资料、药品销售人员资料及质量保证协议等有关资料存档。

采购部门采购药品，只能选择"合格供应商列表"上的供应商进行采购，计算机系统具有预警机制，在供应商相应资质到期前，提示采购部门，避免采购行为发生时供货方资质已经过期无效，影响企业正常经营活动。

四、首营品种审核

首营品种审核是药品经营企业确保药品质量安全的重要环节。首营品种指的是从未在企业销售过的药品品种。首次从药品生产企业、药品批发企业采购的药品均为首营品种。为确保患者用药安全，企业需对首营品种进行严格审核。审核通过后，方可进行采购、销售。

（一）首营品种审核内容

> **知识链接**
>
> **药品经营质量管理规范（2016 年修订）**
>
> **第六十三条**　采购首营品种应当审核药品的合法性，索取加盖供货单位公章原印章的药品生产或者进口批准证明文件复印件并予以审核，审核无误的方可采购。
>
> 以上资料应当归入药品质量档案。

1. 国产药品首营材料查验　国产药品首营品种查验的证明文件材料如下。

（1）药品注册批件、再注册批件、药品补充申请批件等材料复印件。

（2）药品质量标准复印件。

（3）供货单位为药品生产企业，需要提供药品的包装、标签、说明书实样等资料；供货单位为药品经营企业，提供药品的包装、标签、说明书实样等资料，或者是药品的包装、标签、说明书报批资料复印件。

（4）法定检验机构或本生产企业的检验报告书。

（5）生产该产品的药品生产企业证明性文件。

（6）药品生产企业许可证复印件。

（7）营业执照复印件等。

2. 进口药品首营材料查验　进口药品首营品种查验的证明文件材料如下。

（1）进口药品注册证、医药产品注册证或者进口药品批件复印件，以及药品的包装、标签、说明书实样等资料。

（2）进口麻醉药品、精神药品除提供进口药品注册证（或者医药产品注册证、进口药品批件）复印件外，还应提供进口准许证，以及药品的包装、标签、说明书实样等资料。

（3）进口中药材要有进口药材批件复印件等资料。

3. 首营品种资料审核要点　主要包括以下几点。

（1）首营品种应在供货企业药品生产许可证或药品经营许可证的经营范围内。

（2）国产药品需核对药品包装、标签、说明书的品名、规格、生产企业、批准文号、药品标准、有效期等信息与药品注册批件或再注册批件上载明的相关信息是否一致，如不一致的需提供相应的药品补充申请批件或其他证明文件。药品标准变更需提供药品标准颁布件及新的标准。药品注册批件及药品再注册批件有效期为 5 年，超过有效期的，需要提供新的药品再注册批件或再注册受理通知书。

（3）进口药品及进口分装药品，需核对药品包装、标签、说明书的药品名称、商品名、规格、包装规格、生产企业、注册证号、药品标准、有效期等信息与药品注册批件、药品补充申请批件、进口药品注册证、医药产品注册证、进口准许证上载明的相关信息是否一致，如不一致应重新提供正确的资料。

（4）OTC 药品说明书应与国家药品监督管理局网站公布的 OTC 药品说明书范本相符。

（二）首营品种审核程序

根据《药品经营质量管理规范》要求，药品经营企业应建立首营品种审核的工作程序，规范对供货品种资料的审核工作。首营品种审核流程如图 8-5 所示。

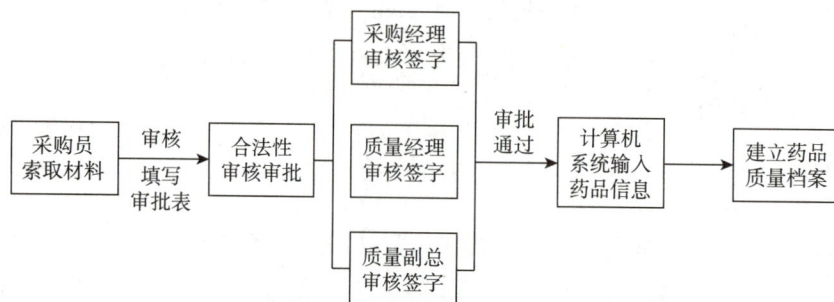

图 8-5　首营品种审核流程

1. 采购人员索取材料　药品采购人员根据拟采购的首营品种情况，向供货单位索取加盖供货单位原印章的首营品种证明材料，并对材料进行初步审核。

2. 填写首营品种审批表　药品采购人员将首营资料收齐后，填写表 8-2"首营品种审批表"，进行合法性审核审批。

表 8-2　首营品种审批表

药品通用名称				药品商品名称	
剂型		规格		包装单位		装箱规格	
生产企业			营业执照号		
药品主要成分、质量、适应证、功能主治、疗效、副作用等情况					
批准文号		质量标准		药品有效期	
许可证	许可证号		有效期至		
	许可持有人				
GMP 执行情况					
药品储存条件					
价格	购进价：	含税批发价：		最高零售价：	
采购员意见	采购员：			年　月　日	
采购部门意见	负责人：			年　月　日	
审核意见	质量管理部负责人：			年　月　日	
审批意见	企业质量负责人：			年　月　日	

3. 资料合法性审核　采购员填写完"首营品种审批表"后，经本部门采购主管签署意见后，连同上述有关资料，依次送质量管理部审核、质量管理部负责人和企业质量负责人审批。质量管理部主要进行资质审核、质量信誉审核，审核所购进药品是否超出供货单位的生产或经营范围，是否超出本企业的经营范围。如果需要对该品种生产企业进行实地考察，质量管理部会同采购部门共同进行。

资料审查合格后，审核人在"首营品种审批表"上签署意见，注明"资料齐全，符合要求"。质量管理部负责人、企业质量负责人根据质量管理部门的具体意见进行最后审核把关，并在"首营品种审批表"上签署"同意购进"意见，资料转质量管理部门。

4. 计算机系统输入药品信息　审核审批通过后的首营品种，采购部或质量管理部在计算机系统内输入药品信息，并持续更新维护有关内容。

5. 建立药品质量档案　质量管理部门将"首营品种审批表"、首营品种资料等存档，建立药品质量档案。药品质量档案包括初次提供的材料和所有变更的材料。质量档案中的合法资质和证明文件应保证持续有效。

目标检测

答案解析

一、单项选择题

1. 下列不属于药品分销渠道主要成员的是（　　）
   A. 制药公司　　　　　　　B. 批发商　　　　　　　C. 政府机构　　　　　　　D. 零售商

2. 在药品分销渠道中，以下环节不是必须的是（　　）
   A. 药品生产　　　　　　　B. 批发分销　　　　　　　C. 药品研发　　　　　　　D. 零售销售

3. 下列选项对药品分销渠道描述不准确的是（　　）
   A. 分销渠道是指药品从生产者到最终消费者的流动路径
   B. 分销渠道的目的是使药品能够被消费者方便地购买
   C. 分销渠道的成员包括生产者、批发商、零售商和消费者
   D. 分销渠道不包括医院和诊所等医疗机构

4. 药品分销渠道的优点不包括（　　）
   A. 扩大药品覆盖范围　　　　　　　　　　B. 减少交易次数和交易成本
   C. 提高药品价格　　　　　　　　　　　　D. 便于消费者购买药品

5. 下列关于药品分销渠道说法，正确的是（　　）
   A. 分销渠道越长，药品价格越低
   B. 分销渠道越短，药品价格越高
   C. 分销渠道的长度与药品的质量无关
   D. 分销渠道的宽度决定了参与销售的中间商数量

6. 关于首营品种审核，以下说法错误的是（　　）
   A. 首营品种审核是药品经营企业确保药品质量安全的重要环节
   B. 首营品种指的是从未在企业销售过的药品品种
   C. 企业无需对首营品种进行严格审核，只需确认药品的合法性
   D. 首营品种审核通过后，方可进行采购、销售

7. 关于供应商销售人员资质审核，以下说法正确的是（　　）
   A. 无需对供货单位的销售人员进行网上核查

  B. 销售人员身份证复印件需加盖供货单位公章原印章

  C. 授权书无需载明被授权人姓名、身份证号码，以及授权销售的品种、地域、期限

  D. 销售人员授权书无需原件加盖供货单位公章原印章

8. 首营品种审核的相关内容主要包括（   ）

  A. 药品生产企业生产许可证   B. 企业相关印章

  C. 销售人员身份证   D. 随货同行单

9. 首营企业审核的内容正确的是（   ）

  A. 药品检验报告单   B. 药品注册批件

  C. 药品生产企业营业执照   D. 药品质量标准文件

二、简答题

简述药品分销渠道的功能和特点。

书网融合……

重点小结

微课

习题

项目九　药品市场人员推销与广告促销

知识目标：通过本项目的学习，应能掌握人员推销和广告促销的相关概念；熟悉药品人员推销和广告促销的特点；了解人员推销和广告促销的类型、条件和要求。

能力目标：能运用人员推销和广告促销方式方法，进行基本的人员推销应用，制定广告促销方案。

素质目标：通过本项目的学习，强化药品推销人员素质要求和药品广告的规范化意识，树立成为药品市场高素质推销人员的职业理想，坚守药品广告规范化促销的职业道德。

任务一　药品市场人员推销概述

情境导入

情境：某药店推出"买阿胶赠辅料，现场免费熬制"活动，一位女顾客进店询问阿胶价格，听到店员报价，马上提出异议："你们价格太贵了，别的店价格低好多。"店员听后一边引领顾客到阿胶专柜一边回答："阿胶厂家很多，品牌、规格不同价格也不同。刚才给您报价的这款是我店销量最多的老品牌，性价比高。我们店所有阿胶都赠辅料免费熬制，您再选选。"顾客："原来阿胶厂家这么多！可熬制太慢，我没时间等。"店员："可以快递到家，阿胶熬制全程直播，保证真材实料。"顾客："服务还真周到，就买你推荐的这款吧"。

思考：1. 案例中的人员推销形式属于哪一种？

2. 该店员在推销药品时运用了哪些知识？案例中店员在推销过程中展现了哪些心理素养？

一、人员推销的含义

（一）人员推销的概念

药品市场人员推销是指药品生产或经营企业的药品销售人员直接与下游客户进行面对面的交流，实现企业与客户双向信息的沟通与传递，使客户详细了解药品信息和销售细节，销售企业能充分发掘和满足客户需求的药品促销活动。

人员推销是一种最古老的促销方法，也是一直以来最具活力的促销方法，这种与客户面对面沟通的方法灵活机动、信息互通量大且及时，对买卖双方获取相互信任十分有利，药品销售关乎人民生命健康安全，人员推销的优势更为突显。

（二）人员推销的特点

1. 信息沟通双向高效　药品推销人员代表企业直接与客户接触，向客户介绍药品的功能、价格、销量等各项信息，同时客户也及时反馈对药品及采购或使用过程中的疑问、意见等。推销人员能及时与客户进行信息的互相沟通与探讨，快速获取并解决药品交易全过程的各种问题，有利于企业制定合理的销售策略，更好地满足客户需求，同时提高工作效率。

2. 推销过程灵活机动 药品推销人员在与客户面对面交流时，现场解答客户提出的问题，观察不同客户的特点和反应，针对客户的问题发现客户最关心的方面，及时调整销售策略和技巧，着重满足客户的主要需求，消除客户疑虑。整个推销过程不需要遵守固定的形式，可以根据客户情况灵活使用推销方法，提高客户对药品和服务的满意度。

3. 推销作用明显稳定 推销人员与客户在推销过程中多次面对面交流，有亲切感，说服力强，除了工作关系还建立了长期的友谊，不仅拉近了企业与客户之间的关系，也增进了推销人员与客户的感情和友谊，使客户对销售企业和药品产生信任和偏爱。同时，推销人员也能充分发现客户现有和潜在的需求，企业通过完善营销策略的方式更好地服务客户、开发客户。人员推销在建立长期而稳定的客户群体方面往往发挥突出作用。

4. 推销成本费用较高 人员推销首先对推销人员的专业素养要求较高，推销人员要有丰富的药品专业知识和娴熟的推销技巧，企业培养优秀的推销人员难度较大，投入成本较高。其次由于人员推销销售面窄，接触的顾客有限，要实现大范围推销，派出大批人员费用开支增加，进而药品成本也会增加，产品竞争力下降，企业利润也会减少。人员推销的费用和时间成本相对都比较高。

二、人员推销的基本形式

随着医药市场的繁荣壮大，药品销售形式也不断创新发展，人员推销的对象逐渐呈现多样性，但由于药品管理的特殊性，目前药品市场人员推销的基本形式仍主要有上门推销、店内推销、会议推销等形式。

（一）上门推销

上门推销是药品销售人员携带药品实样、宣传页、企业资质等材料，上门拜访客户，推荐介绍药品，促成交易的推销形式。上门推销的对象主要是针对医药公司、药店、各级医院、诊所等药品采购部门人员。

（二）店内推销

店内推销主要指零售药店的销售人员与到店顾客进行对话交流，询问患者疾病情况并进行非处方药推荐介绍、用药指导，及处方药销售时针对生产厂家、价格等对比分析与推荐，引导顾客选择药品，促成交易的形式。店内推销的药品主要是非处方药。

（三）会议推销

会议推销是利用药品发布会、药品交易会、药品展览会等会议形式向参会的企业或医疗机构人员宣传和介绍药品的推销形式。会议推销的客户众多且集中，多为大客户，成交额较大。会议推销效果好，但推销成本较高。

三、推销人员具备的基本素质

（一）推销人员的知识储备

具备一定的医学、药学和相关药事管理法规知识是药品销售人员进行推销活动最基本的要求。药品推销专业性强，国家法律法规对药品经营的全过程实行严格管控，因此企业推销人员要掌握本企业生产或销售的药品功能类别、优势特点，才能在推荐药品时说服客户，使客户充分了解药品，从而促成交易。

1. 医学、药学专业知识　推销人员应掌握销售药品的相关医学、药学专业知识。零售药店的推销人员在店内推销时，需要运用医学知识询问并判断患者的疾病，运用药学专业知识向患者推荐合适的非处方药，或对购买处方药的患者进行处方审核和用药指导，并能用通俗的语言表述药品的作用原理、使用注意事项等专业知识。药品生产企业或批发企业销售人员向医疗机构临床医师、药师推荐介绍的药品多为处方药和新药，更需具备扎实的医药学知识，只有准确详细地介绍药品的理论及临床的发展背景、研发过程，阐述药品的有效成分，药效学、药动学等基本原理，才能更好地与医师、药师沟通，有效推广药品新知识，说服医生、药师接纳药品。

2. 药品知识　推销人员应掌握药品的名称、规格、类别、剂型、商标、生产企业、批发价格、零售价格、包装、贮藏条件、运输要求等基本信息，还需要熟悉药品是否为基本药物、集采目录药品、医保目录药品，及医保类别、报销支付比例等，了解生产企业历史、规模及市场同类药品的相关信息。零售药店推销人员还应掌握药品分区分类陈列的要求。推销人员必须充分掌握药品知识才能灵活应对客户提问，抓住推销的重点，及时消除客户疑虑，赢得客户信任。

3. 销售专业知识　掌握销售专业知识是销售成功的前提，销售专业知识主要包括营销心理、销售方法和技巧等。推销人员应该掌握一定的营销心理学知识，在与客户交谈时善于捕捉客户语气、表情和动作信息，推测客户真实目的，灵活运用洽谈方法和技巧排除客户异议，打破谈判僵局，有效促成交易。还要有一定的市场判断、沟通协调、观察应变技巧。由于药品推销必须考虑药品质量和经营质量的特殊性，使用的销售方法和技巧更加强调严谨和规范。

4. 药事及其他相关法律法规　药品经营必须服从国家各项法律约束。销售人员应充分了解医药行业相关法律法规，依法规范推销行为，如销售人员在推销时按法规要求向客户出示和索取各项资质证明材料，展现合法、正规、专业的推销过程，给客户留下良好的第一印象，获得客户信任，也减少后续材料不全带来的麻烦。销售人员要重点掌握药品生产、流通和使用环节的药事法规，如《药品管理法》《药品经营质量管理规范》《药品经营和使用质量监督管理办法》等，还要熟悉与经营过程相关的其他法律法规，如《产品质量法》《刑法》《民法典》等。

（二）推销人员的心理素养

1. 高尚的职业道德　药品质量和使用安全关乎人民生命健康，因此对药品销售人员的职业道德要求尤其重要。对客户热情、诚信，不论客户经营规模大小，一视同仁、热情对待，做到诚信推销、货真价实。尤其零售药店对待顾客更应不论男女老幼、贫富地位，均礼貌友善、热情周到、童叟无欺。对企业忠诚、无私，推销人员的言行举止关系到企业的声誉，要做到忠于企业，在推销过程中不投机取巧，积极听取客户对企业的意见和建议，发挥企业与客户之间的桥梁作用，用实际行动维护企业形象，对企业和自身发展都是十分有利的。

2. 乐观稳定的情绪　药品市场竞争激烈、千变万化。人员推销每天与客户打交道，面对众多文化层次、脾气性格不同的客户，交流相处肯定会遇到很多困难。遇到挫折和失败时，销售人员必须保持乐观、稳定的情绪，不能手足无措、轻言放弃，更不能言辞激烈、针锋相对，应该多角度思考问题，尝试多渠道解决问题。"买卖不成仁义在"即使未能达成合作，也要让对方感受到企业的真诚态度和推销人员良好的素质修养。推销人员作为复杂社会一员，每天都会受到市场竞争、药品因素、企业内部等因素的困扰，甚至生活环境也会带来一些消极影响。推销人员能保持开朗、乐观的心态，用开阔的眼光、稳定的情绪，积极地接受挑战，就达到成功的一半。

3. 坚定自信的态度　推销人员要成功把药品推销出去，取决于坚定自信的态度。只有对企业自信、对药品自信、对推销能力自信，才能与客户交流时保持语气坚定，信心十足，这种自信来自推销人员对企业、药品、市场等信息的收集、整理与提取。前期功课做得精准，推销时就能表述得清晰准确、有理有据，说话才会有说服力和感染力，即使客户不认可或轻视也不会失去自信，可以通过真实数据或案例采取灵活的方式说服客户，逐渐获取认可。

4. 百折不挠的抗压能力 药品营销工作是企业经营环节中最艰苦的，推销人员必须具备吃苦耐劳的精神和百折不挠的抗压能力。面对失败和打击，优秀的推销人员不会灰心丧气，而是变压力为动力，找到自己的不足，迎难而上。推销人员应该学会在遇到困难或失败时，通过适度的体育运动、充足的睡眠、向朋友倾诉请教等方式调节压力和心态，积极寻找方法和支持去改变现状，创造更大成绩。

5. 善于协作的团队精神 药品推销人员工作时看似"单枪匹马"，其实是企业整个团队在合作，一个销售订单需要生产、销售、仓储、运输、财务等部门协作完成。优秀的推销人员不仅要维护好客户，也要维护好团队的各项关系，工作起来才能得心应手。企业经常组织团建活动，目的就是培养每个员工的团队精神和协作能力，让大家围绕共同的目标，和谐相处、团结协作、互相支持、共同进步。因此推销人员拥有善于协作的团队精神，才能高效地完成任务。

（三）推销人员的形象礼仪

药品推销人员在推销药品时，是企业的对外代表，向客户推销的不仅是药品，还要推销企业的服务。成为一个受人欢迎的推销员，才能提升药品销量和个人业绩。一个人的衣着打扮、体态、谈吐等在一定程度上反映个人的内在素养和个性特征，留给客户的第一印象非常重要，客户对推销人员最初的认知在心理学上称为"首因效应"，第一印象往往日后很难改变，而且人们还会寻找理由去支持这种印象。推销人员必须注意自己的衣着打扮和举止谈吐，注重待人接物的礼节，展现人格魅力，才能受到客户欢迎，逐渐建立自己的稳定客户群。

1. 装束礼仪 推销人员穿衣打扮要符合时间、地点、场合，才利于融于环境，与客户建立起良好关系。男性推销人员要保持面容洁净，头发、胡须干净整齐。女性推销人员可以适度淡妆，发型要简洁，头发颜色要自然。推销人员穿衣要颜色搭配合理、款式稳重大方、干净利落，符合年龄身份，避免与客户服装有较大差异。保持仪表得体、风度优雅，能增强推销人员的自尊心和自信心，才能更好地展现个人和企业形象。

2. 行为举止礼仪 个人的行为举止往往反映出个人修养水平。准时守信，反映出有责任感。自然微笑反映出温和谦逊。还有问候、坐、立、行、走、接、送等礼节都反映出推销人员的自我修养。推销人员和谐美丽的外表向客户展现形象，但文明优雅的举止行为同样重要。正确的坐姿应轻轻落座，背部挺拔，肩部放松，手自然下垂，两腿并拢，双脚平放，体态稳重不乱动。正确的站姿不仅展现良好形象，还利于血液循环和内脏健康。站立时挺胸、双肩平齐微后张，头正、颈直、双眼平视、收腹、收臀、腿挺直、脚跟略微分开。走路时，男士步伐应稳重、有力，走平行线。女士步履应轻捷、娴雅，走直线。推销人员的举止行为要遵守一些行为的基本准则和礼节，如打招呼、打电话、收发名片、饮食、交谈等礼节。要避免不文雅、不礼貌的举止行为，处处注意礼节，赢得客户好感。

3. 谈吐礼仪 推销人员推销药品用的最多的是语言，因此要特别注意谈话的礼节。与客户见面、告别时要使用规范的用语和动作，交谈时必须使用文明用语，一定要充分尊重客户，保持谦逊的态度，注意倾听，不要随意打断客户，交谈时注意寻找客户感兴趣的话题并引起共鸣。药品推销尤其是介绍药品功效特点时，对语言的准确性、规范性要求很高，应使用普通话，不可有含糊的措辞。如与客户是同乡等特殊情况也可以使用方言，能增加亲切感。谈话遇到分歧时，要注意控制语速和音量，语气要缓和、中肯，多询问客户意见。

任务二　零售药店人员推销

情境：一位男性顾客到药店说自己拉肚子，要买诺氟沙星治疗，店员连忙解释："诺氟沙星是处方药，需要医生开处方才能购买，您是什么原因出现腹泻的？"顾客回答："在外面吃烤肉又喝了凉饮料，回家就肚子疼、腹泻。"店员："您应该是吃了不洁和刺激食物导致的急性胃肠炎，可以用非处方药肠炎宁，既抗菌消炎又止泻止痛。"顾客察看肠炎宁药盒时，店员又推荐加服乳酸菌素片用来改善肠道菌群，提高肠道免疫力。顾客接受店员建议，收款发药时店员交代用法用量和注意事项，提醒喝点淡盐水以防脱水，食用易消化食物避免寒凉刺激。顾客表示感谢，满意而归。

思考：分析案例中的药店销售人员在接待顾客过程中是如何揣摩顾客心理，合理介绍药品的？

零售药店是面向药品最终消费者的终端市场，促进销售应用的最广泛、最有效方式就是人员推销。药店销售人员的精神面貌、衣着打扮、言行举止都代表药店的形象，销售人员是顾客与药店沟通的桥梁，是促成销售的主导力量，对药店的销量产生直接影响。销售人员熟练掌握店内销售流程，做好充分准备，规范化操作，灵活运用推销技巧和方法，是提高药店销量和利润的关键。

一、营业前的准备

（一）人员的准备

1. 良好的工作情绪　药店销售人员在上岗前要调整好自己的情绪，面带微笑去迎接一天的工作，要以乐观的心态、饱满的热情、充沛的精力，向顾客展示健康和积极的形象。不能把个人的负面情绪带到工作中，更不能向顾客发泄，否则影响药店形象，甚至造成纠纷等严重后果。

2. 整洁规范的仪表　药店销售人员必须统一穿着整洁的工作服，佩戴标识身份的胸卡，面容整洁，头发整齐。保持手部清洁，不佩戴复杂的首饰，不留长指甲。保持整洁美观的仪表，能感染顾客，使顾客对药店产生信任和好感。

3. 扎实熟练的销售技能　药店销售人员应熟练掌握药品的存放位置、价格、库存数量、类别、功效等信息。当顾客进入药店，销售人员迅速观察判断顾客的类型特点，热情地招呼，大方地询问，向顾客熟练介绍药品功效、用法用量、注意事项、不良反应、禁忌等，语言表达清晰明确，举止大方得体，动作干净利落。销售人员娴熟的销售技能会使顾客感到亲切轻松，增加购买信心。

（二）物资的准备

1. 丰富齐全的医药商品　药店销售的医药商品包括药品、医疗器械、保健食品、消毒用品、化妆品等。各类医药商品应根据药店日常销售情况保证品种齐全，并根据季节、流行疾病等情况保持合理的库存数量，制定合理的价格，以满足销售的需求。

2. 保障经营的设施设备　药店应设置适应店内布局和经营要求货架、柜台、中药柜、阴凉柜、冷藏柜、空调、戥称、收银机、网络、照明设备等，并按时检查养护，保证设施设备的安全性和有效性。

（三）环境的准备

1. 医药商品陈列　药店医药商品陈列要严格遵守《药品经营质量管理规范》，做到药品与非药品分开、处方药与非处方药分开、外用药与其他药品分开，中药饮片、含麻含特药品、拆零药品、二类精神药品要有专区或专柜；阴凉、冷藏药品要放置适宜温度的区域；零售药店一般按作用分类陈列药品，各分类标识要清晰醒目。店员还应根据药店促销策略按照陈列原则和技巧陈列医药商品，以达到促销的目的。

2. 整洁通畅的店面　零售药店店外招牌应醒目牢固，门口出入畅通；店内布局要合理，既能充分展示药品又保证顾客行走方便；店内外卫生要及时打扫，保证物品摆放干净整齐，室内光线明亮、空气清新、无噪声，提倡播放轻缓的音乐，营造舒适轻松气氛。

二、顾客接待流程

（一）顾客购买药品的心理过程

药品零售市场竞争激烈，零售药店销售人员必须熟悉顾客的购买心理，灵活使用接待技巧，才能有效说服顾客，促成交易。顾客在购买药品时，心理活动是一个不断变化的过程，一般分为 8 个阶段。

1. 注视阶段　当顾客拿起或眼睛盯着药品仔细阅读药品包装或标签内容时，顾客进入了购买心理的第一阶段——注视阶段，这个阶段是顾客产生购买兴趣的前提，这时销售人员暂时不要打扰，给顾客一个自由空间，让顾客充分接触药品。

2. 兴趣阶段　顾客注视药品后，会注意了解药品的功效、价格及其他方面的信息，进而对药品产生兴趣，销售人员应抓住这个阶段适时介绍或展示药品优势，提升顾客的兴趣。

3. 联想阶段　顾客对某一药品产生兴趣后，会联想用药后的效果及疾病消除的情境，这时销售人员可以通过有说服力的数据或治愈案例，提升顾客的联想力，增加购买信心。

4. 欲望阶段　当顾客主动询问药品或同类药品的情况时，顾客就对药品产生了购买欲望，销售人员应详细介绍药品的各项信息，并做好同类药品的比较分析，便于顾客做出选择。

5. 比较阶段　顾客产生购买欲望后，会对同类药品进行对比，往往会对药品的各项指标多方面权衡，也会因各种疑问而犹豫不决。销售人员应根据顾客情况有针对性地分析介绍，积极消除顾客疑虑，帮助顾客选择适合自己的药品。

6. 信心阶段　顾客对药品产生购买信心，主要来自销售人员的真诚介绍，药品及生产厂家的质量信誉，消费者的用药习惯。当这些方面都让顾客满意时，顾客就坚定了信心。销售人员要了解顾客的用药习惯，真诚地为顾客推荐介绍药品，帮助顾客建立信心。

7. 行动阶段　顾客下决心购买时就会主动拿起药品，这时销售人员要熟练开具小票或拿好购买数量的药品，协助顾客付款结算。销售人员准确熟练的包装和结算操作，会给顾客留下好印象。

8. 满足阶段　顾客完成一次愉快的购买活动会产生一种满足感，这种感觉来自在药店享受的优质服务，和药品使用后达到预期用药效果的满意感。当然最终的满足感还是用药过程的便捷，以及疾病缓解和治愈带来的良好体验。

（二）接待顾客的步骤

1. 等待顾客　店内没有顾客时，要做好接待顾客的准备。销售人员要检查自己负责的区域药品情况、卫生情况等，缺货药品或工具及时登记或补货，过期药品及时撤回，药品价签一一核对，药品、货架、柜台、地面等保持干净整洁。即使手头暂无工作也不能依靠柜台无精打采或嬉笑闲聊，要时刻保持良好的仪表和精神状态，随时迎接顾客上门。

2. 进店招呼　顾客进店，当销售人员与顾客距离 5 米以内时，应主动向顾客问候"您好，欢迎光临"或"您好，里面请"，如果与顾客距离在 5 米以外，也可以向顾客微笑点头或挥手示意。简单地招呼让顾客感到亲切、随和即可，不要着急询问顾客需求，让顾客在店内多走动，多观察、多接触药品，拉长顾客在店内的行走动线。

3. 顾客接触　与顾客简单打招呼后，销售人员可以一边做手头工作一边观察，当顾客需要时再及时走到顾客身边。从顾客购买心理看，如果在顾客注视阶段初步接触容易使顾客产生心理戒备，在欲望阶段初步接触会使顾客感到被冷落。销售人员应在兴趣阶段和联想阶段之间初步接触顾客，这时顾客最容易接纳。

4. 药品导购　顾客诉说需求后，先引导顾客到药品陈列区域，然后通过同类药品相近陈列的运用，让顾客关注到这类药品，再通过药品价签上标注的规格、价格让顾客感受药品的性价比，销售人员再引导顾客选择满意的药品。这种导购形式属于软性引导，比直接推荐更能达到销售目的，也不影响顾客满意度。

5. 用药指导　在为顾客导购药品后，销售人员要进行详细的用药指导，告知顾客药品用法用量、不良反应及注意事项，还要针对患者情况提供健康生活建议。用药指导最能展现销售人员专业水平，是顾客最关注的环节，也是各药店竞争实力的比拼。销售人员要运用扎实的医药学知识让顾客感受到专业的服务和细心的关怀。

6. 关联销售　当了解顾客需求后，销售人员应分析顾客需求为顾客提供完整的用药方案，运用专业知识从治标、治本、预防等方面分析当前疾病的治疗及辅助治疗药物，例如向骨质疏松患者推荐补钙制剂和促进钙吸收的维生素 D，这样既增加关联销售获得更好的客单价和毛利，又保证疗效使顾客满意。

7. 当前促销提示　关联销售结束后，应向顾客介绍药店当前促销活动或促销产品相关信息，如妇女节店内有满 38 元赠礼品活动，可以鼓励顾客多购些冲击一下赠品，让促销活动发挥提高客单价的作用。

8. 邀请加入会员　在收银结账前，销售人员先询问顾客是否是药房会员，如不是应用标准会员办理话术邀请顾客办理会员卡，并向顾客说明会员权益。如顾客已是会员，可以邀请顾客扫码加入门店微信群，方便及时了解门店会员优惠活动和健康服务。

9. 收银结账　收银区是与顾客接触最多的区域，收银环节是加单最多的机会，收银台附近要精心布置一些关联商品，如婴儿喂药器、棉签、漱口水、清火茶饮等便利用品和应季商品。收银员在收银时，根据顾客购买药品提示顾客是否对周围可关联使用的便利品和应季品有需求。在收银作业中要做到药品逐一扫码计价，打印清单后核对药品信息与数量，唱价、唱收、唱付，包装完毕双手将清单和购物袋交给顾客，并提示顾客核对药品和金额，保证收银准确无误，避免纠纷。

10. 请顾客推荐顾客　收银结束后，销售人员可以请顾客帮助将药店优惠活动推荐给朋友。可以通过顾客转发微信群或朋友圈送代金券或赠品的方式，请顾客帮助推荐和宣传。用顾客推荐亲朋好友的方式开发新会员，成功概率高，会员稳定性也更好。

11. 促销预告　顾客离开前，销售人员要抓住最后一个机会，将近期促销主题、优惠项目、时间等提前告知顾客，邀请顾客参加，给顾客一个下次光临的理由。

12. 送客　当顾客准备离开时，之前一直提供接待服务的销售人员应亲自送顾客到门口，可以再次嘱咐顾客："您回去按时用药，有问题随时联系"，或使用礼貌用语"祝您早日康复""谢谢您，您慢走"等完成送客。

知识链接

顾客需要帮助的信号

药店通常以下四种情况表示顾客需要帮助。

（1）顾客在一组货架前来回踱步，好像在寻找某一药品。

（2）顾客从一组货架上拿起一个药品又放下，接着又看另一个药品，好像是在对比。

（3）顾客在一组货架前看了一会，突然抬头张望，好像有问题需要咨询。

（4）顾客在一组货架前驻足不动，目光来回看，可能是对药品不了解有点茫然。这是顾客购买心理的兴趣阶段，销售人员应抓住与顾客接触的最佳时机，快速走到顾客身边，主动询问顾客是否需要帮助。

三、药品介绍程序

（一）揣摩顾客需求

顾客的需求来自购买动机，因此销售人员要善于揣摩顾客的需求，明确顾客自用还是他用？想治疗、预防什么疾病？改善什么症状？通过开放式提问，尽可能多地让顾客多提供更多信息。注意观察顾客表情、反应、动作捕捉有效信息，比如顾客青睐的品牌、价位、剂型等，揣摩顾客购买药品的真正动机。推荐最能满足顾客需求的药品，帮助顾客尽早做出明智选择。

（二）药品推荐介绍

在顾客心理过程的联想阶段和欲望阶段之间，销售人员适时推荐几种药品供顾客选择，可以是不同价位的同类药品，向顾客详细介绍药品的成分、疗效、使用方法、用量、不良反应、禁忌证、优缺点等。

（三）专业性介绍

顾客产生购买欲望后，一般不会立即购买，还需与同类药品进行比较、权衡，对药品产生充分信赖后，才会下决心购买。此时，销售人员应结合顾客自身情况，运用医药、药学专业知识向顾客详细介绍药品的各项功能特点，客观分析药品的优势与不足，为顾客选择一种合适的药品。例如向患者推荐长效药物，虽然价格稍高但服用次数少，有效避免漏服。针对顾客的疑问，用通俗易懂的语言来解答，打消顾客疑虑，增加购买信心。

（四）劝说诱导

顾客了解药品相关专业知识后，开始做出决策。决策有两种情况，一种是下决心购买，另一种是决定不买了。因此销售人员要把握机会，及时劝说诱导，促使顾客达成购买决心。劝说时应遵循实事求是原则，抓住顾客的购买动机投其所好，用药品本身的质量和功能优势帮助顾客比较、选择，劝说同时可以做出收回其他药物，拿起主推药物，准备开票等动作，促使顾客下决心。

四、药品介绍技巧

有经验的销售人员跟顾客打招呼时懂得察言观色，根据顾客的年龄、性别、衣着打扮、语言、语气、语速、目光等，判断顾客的类型及购买需求的缓急，采取相应的接待技巧，有针对性地销售药品。

（一）展示技巧

店员向顾客展示药品，要双手托举，必要时可打开药品外包装，让顾客详细了解药品。一些带有器械装置的药品，如气雾剂等可以通过样品演示的方式向顾客展示，传递药品时要双手递给顾客，不可随意放在柜台上，更不能抛掷。

（二）说服技巧

1. 卖点提炼 销售人员提炼出药品卖点，在介绍药品时有简洁易懂的一两句话向顾客传递药品的治疗作用与社会价值。能较快地契合顾客的兴趣点，提高成交效率。

2. 把握优缺点顺序　店员在向顾客说明药品的优缺点时，应注意"先说缺点，再说优点"，如"这个药质量虽然很好，但价钱稍高了一点儿"与"这个药价钱稍高了一点儿，但是质量很好"，可见说明同一药品的优缺点顺序将会影响顾客的购买心情。

3. 坚持问病售药　不管顾客是凭处方购买药品，还是购买非处方药，店员都要坚持先询问顾客病症细节及过敏史、用药史等，确保顾客用药的适宜性、安全性，要让顾客感到"没有最好的药，只有对症的药"。

4. 关注个体化用药　店员在介绍药品时应根据患者自身情况分析药品的适应性，针对患者年龄、病史、用药史、过敏史、职业、经济条件等情况对应介绍药品特点优势，介绍重点放在药品如何方便、合理治疗缓解患者病症上，注意把专业复杂的药品知识用简洁通俗的语言表述给顾客。在介绍药品过程中给患者推荐个体化用药方案，让患者感受专业的服务和关怀，能很好地促成交易。

知识链接

药品卖点提炼

药店销售药品应从专业角度提炼药品优点——药品卖点，精准荐药，才能吸引顾客，提高竞争力。卖点不能夸大其词，否则会破坏药店专业形象。

卖点的提炼主要从药品自然属性出发，研究药品功效、用后效果、原料、工艺、包装、用法、价格、历史渊源、科技含量等方面的特点与优势，挖掘出消费者需求的核心利益。也可以研究药品社会属性，以目标消费者的需求、感受、期望为出发点，表述药品所能提供的情感价值，如孝心、自我关怀、专业权威等角度。

提炼卖点要注意尽可能口语化，包含品牌名或商品名，多用"请用""就选""认准""就找"等词汇，确立第一关键词，一切围绕它，卖点确立后不易改动。

五、促进成交

顾客对药品和服务产生信任时，就会采取购买行动。这时销售人员应进一步强调药品功效质量和药店服务优势，打消顾客最后顾虑，促进"成交"。当促进成交时机出现时，店员要帮助顾客下决心，强调一下药品的优点，注意语气要温和、坚定，切勿使用生硬、催促的语言，不要让顾客产生被强迫推销的感觉。

知识链接

八种促进成交的时机

1. 顾客突然不再发问。
2. 顾客话题集中至某个药品上。
3. 顾客不讲话若有所思。
4. 顾客不断点头。
5. 顾客开始注意价钱。
6. 顾客开始询问购买数量。
7. 顾客开始关心售后服务。
8. 顾客不断反复询问同一个问题。

六、完成交易

(一)收款包装与用药交代

顾客决定购买后,销售人员要指引顾客交费,然后对药品进行包装,同时要向顾客交代药品的用法和注意事项。

(二)送客

送别顾客时销售人员应双手将包装好的药品和小票交给顾客,并向顾客礼貌告别,祝患者早日康复。

任务三 中间商人员推销

>> **情境导入** ///

情境: A 药厂研发生产了一种抗癌新药,已进入 B 省药品集中采购平台药品目录,由于 B 省与 A 药厂距离遥远,药厂派销售员小王去 B 省寻找销售商,委托销售商负责 A 药厂集采中标药品在 B 省的销售业务。

思考: 1. 案例中销售员小王应携带哪些材料证明自己的身份和销售药品的合法性?

2. 案例中销售员小王要寻找的销售商应该是药品批发企业还是零售企业?

3. 案例中销售员小王应查验销售商的哪些资料来确认销售商的合法性、信誉和销售能力?

药品市场中间商人员推销主要是指药品生产企业的销售人员面向药品批发企业或零售连锁企业总部的推销活动。全国性批发企业向区域性批发企业开展的推销活动也属于中间商人员推销的范畴。中间商经营药品数量多、金额大,推销成功后供销双方多会成为长期合作伙伴。推销人员需要熟悉药品相关的知识、技能,做好充分准备才能顺利开展工作。

一、客户拜访前的准备工作

销售人员在开展推销前应做好客户拜访前的准备工作,拟定拜访计划。一方面规范自身工作流程,另一方面通过制定拜访计划对客户进行分类,提前准备资料,合理安排拜访行程,提高拜访效率。

(一)熟悉本企业的情况

1. 企业的发展历史 销售人员首先要熟悉本企业的创建时间、地点、生产规模、药品种类,熟悉企业的发展演变。这些是展示企业实力和个人知识储备的重要信息,能激发客户的兴趣和合作欲望。

2. 企业的生产和供应能力 销售人员要清楚本企业的生产经营状况、经营范围、市场占有率、行业地位、销售区域、年生产量、年销售量、市场竞争力等信息,在与客户交流中通过这些信息的传递,能使客户充分了解购进企业的实力,有利于建立采购信心。

3. 本企业药品的基本情况 药品是特殊商品,销售人员要充分认识所推销的每一种药品的作用和功效,对药品的成分、剂型、特点等熟练掌握。向客户提供药品的相关性能和专业数据,帮助客户分析药品带来的利益,解决客户需求。销售人员应成为所推销药品的专家,获得客户认可,做好详尽功课,熟练掌握推销药品的成本价、批发价、零售限价、集采中标价、医保挂网价等各种价格,熟悉药品的类型与相关政策要求,明确药品是否特殊管理药品、特殊储运要求药品、集采目录药品、医保目录药品等类型及相关要求。熟练掌握药品的销售、退货、换货、运输、货款往来、税票开具等办理要求。

（二）本企业的资料准备

根据《药品管理法》《药品经营质量管理规范》等相关法律法规要求，销售人员应向客户提供本企业的和所推销药品的合法资质证明材料，这些材料必须按要求加盖企业公章原印章，需要法人签字盖章的必须法人亲自签字或盖章。销售人员还需要向客户出示本人身份证原件，以便客户核实销售人员身份真实合法性。

1. 首次合作企业资料准备　如果与推销目标企业是首次合作，那么要按照《药品经营质量管理规范》首营企业的要求提供以下资质材料。

（1）药品生产企业许可证或药品经营许可证复印件。

（2）企业营业执照复印件，及上一年度企业年度报告公示情况。

（3）相关印章（企业公章、法人印章或签字、发票专用章、财务专用章、合同章、出库专用章、质量管理专用章等）。

（4）随货同行单（票）样式。

（5）开户户名、开户银行及账号。

（6）质量保证协议书，明确与供应药品有关的相应条款（运输、包装标签、质量标准、资料真实有效、协议有效期等）。

（7）质量保障体系调查表。

（8）供货单位销售人员身份证复印件。

（9）法人授权委托书，法定代表人签章或签名，应载明被授权人姓名、身份证号码，以及授权销售的品种、地域、期限。

2. 首营品种资质材料准备　如果此次推销的药品是合作企业首次采购的品种，那么就需要向下游企业提供首营品种资质材料，以下是目前企业首营品种索取常规材料清单。

（1）药品注册批件（或再注册批件、药品补充申请批件）复印件。

（2）药品质量标准复印件。

（3）药品包装、标签、说明书报批样稿的复印件或其实样。

（4）法定检验机构或本企业的药品检验报告书。

（5）如供货商为药品经营企业，还应提供该药品生产企业合法性证明文件复印件。

知识链接 --

《药品管理法实施条例》部分条款

第七十七条　本条例下列用语的含义：

药品批发企业，是指将购进的药品销售给药品生产企业、药品经营企业、医疗机构的药品经营企业。

药品零售企业，是指将购进的药品直接销售给消费者的药品经营企业。

（三）熟悉目标客户的基本情况

销售人员要提前了解拜访企业的相关信息，掌握企业总部及子公司名称、地址、经营规模、资金状况、行业口碑、规范经营情况、购进需求等。熟练掌握应向拜访企业提供和索取的资质材料，还要了解对接人员的基本情况，对方采购经理或人员的姓名、年龄、籍贯、联系方式、文化层次、兴趣爱好等，有助于选择适当的话题和推销计划，营造有利的洽谈气氛。

知识链接

客户资质材料

1. 药品经营许可证复印件。

2. 企业营业执照复印件，及上一年度企业年度报告公示情况。

3. 采购人员法人授权委托书原件。

4. 收货人员法人授权委托书原件。

5. 开户户名、开户银行及账号等发票开具信息。

以上客户资质材料均需加盖购货单位公章原印章。

（四）销售人员自我准备

销售人员在拜访客户前首先做好物质方面的准备，如服装、公文包、证件、名片、笔、记录本等，提前安排好时间和交通工具等。其次要做好心理准备，调整情绪、树立自信、不畏阻力，保持良好心态。

二、客户拜访技巧

药品销售人员拜访客户，在交谈时要注意拜访的礼节与流程，顺利完成一个完整的拜访流程就迈出成功的第一步。

1. 初次拜访礼仪 当药品销售人员见到预约拜访客户时，应立即称呼对方，进行自我介绍，对客户接受拜访表示感谢。如"X 经理，您好！我是××公司的销售员×××，非常感谢您能抽出宝贵时间接受我的拜访"。规范简洁的拜访礼仪，能给客户留下礼貌、客气的形象，有助于客户对销售人员产生好感。

2. 表明拜访来意 客户引导药品销售人员进入会谈场所，其间应出示或交换名片。落座后销售人员拿出笔、笔记本或手提电脑、资料等，做好会谈准备。这时销售业务员要迅速主动提出话题与客户寒暄，营造融洽、轻松的氛围，避免直接进入主题，使客户感觉突兀。寒暄的内容多样，如天气、体育赛事、新闻、对客户公司的感受等。寒暄的时间不宜过长，目的是营造气氛、使客户对销售人员产生好感，自然结束寒暄，表明来意，展开会谈主题。

3. 交流洽谈 这是拜访流程的主要部分，双方要通过介绍、询问、倾听、话术交流充分沟通，销售人员要让客户大概了解自己的公司、药品及服务，同时也了解客户现状及需求。这个过程中双方都可以对一些不确定的问题进行提问，充分交换意见并记录。

4. 总结确认 药品销售人员与客户洽谈结束后，要主动迅速对此次拜访结果进行总结，向客户叙述并确认。总结主要针对客户实际情况和要求，确认客户需求。总结便于使客户进一步明确目前存在的问题，利于销售人员开展下阶段销售工作。

5. 结束拜访 销售人员初次拜访结束后，要与客户约定下次拜访时间，礼貌道别并再次向客户表示感谢。人员推销通常一次拜访很难达成销售目的，尤其针对中间商客户的推销工作更是如此。因此在与客户道别时要郑重地与客户约定下次拜访的具体时间，从而获得客户有意向进一步合作的承诺。

任务四　商务谈判与药品购销合同 🔲微课

情境导入

情境：最近 A 药品经营企业从 B 供应商购进的颗粒剂药品常常被下游客户投诉有结块和变质现象，客户纷纷要求退货赔偿。A 公司怪采购经理办事不力。采购经理很恼火，找来供应商要求退货挽回损失。但 B 供应商不承认是自己的问题，表示药品出厂时，每一件都经过仔细检验，出具了检验报告，A 公司购进时也由质检人员抽样验收合格并签收。质量问题是在 A 公司储存过程中出现的，A 公司应自己负责。双方围绕着谁是谁非发生了争吵，最后不欢而散。

思考：1. 采购经理找来供应商谈判的目的是什么？达到了吗？

　　　　2. 这次谈判，双方维护各自权益的依据是什么？应该如何谈判才能达到双方目标？

一、商务谈判概述

（一）商务谈判的定义

商务谈判是买卖双方为了促成交易而进行的活动，是为了解决买卖双方的争端，并取得各自的经济利益的一种手段和方法。

（二）商务谈判的特征

1. 以获取经济利益为目的　商务谈判双方以获取经济利益为根本目的，谈判首先满足经济利益，然后才涉及其他非经济利益。虽然商务谈判过程中，谈判者会调动和运用一些非经济利益因素来影响谈判结果，但经济利益仍是最终目标。商务谈判相对于其他谈判，更加重视谈判的经济效益。谈判中，谈判者都很注重谈判所涉及的成本、效率和效益。因此，一项商务谈判的成功与否通常以获取经济效益的好坏来评价。

2. 以价值谈判为核心　在商务谈判中，价格作为价值的表现形式，最直接地反映了谈判双方的利益。谈判双方在其他利益上的得失，多数情况下或多或少都可折算为一定的价格，并通过价格升降得到体现。在商务谈判中，双方要以价格为中心，坚持自己的利益，但又不能局限于价格，如谈判因价格陷入僵局，就应及时变换思路，设法从其他利益因素上争取自身利益。

3. 注重合同的严密性与准确性　合同条款从法律层面规范购销双方的权利和义务，合同条款的严密性与准确性至关重要，是保障谈判获得各种利益的重要前提。有时谈判者花大力气在谈判中获得有利的结果，但在拟订合同条款时，没有注意合同条款的完整、严密、准确、合理、合法，被对方在条款措辞或表述上引入陷阱，不仅丧失到手的利益，而且还付出惨重的代价，这种情况在商务谈判中屡见不鲜。因此商务谈判中，谈判者务必让本公司法务部审核合同，保证条款的准确和严密，以合同条款为准，其他一切口头承诺，都是空谈。

二、商务谈判的技巧与程序

（一）商务谈判的技巧

1. 建立融洽气氛　在谈判之初，找出双方观点一致的内容率先陈述，使对方产生一种彼此合作融洽的潜意识。这样后续谈判就朝着容易达成共识的方向发展。当遇到僵持问题时也可以用之前双方的共识来增强彼此的信心，化解分歧。谈判开始前，也可以以闲谈的方式向对方提出一些其感兴趣的商业信息或一些无关的的问题进行简单探讨，迎合对方的意见达成共识，坚定双方谈判成功的信心。

2. 设定谈判禁区　谈判双方对交流过程中使用的每个词句都十分敏感，因此，交流时语言应简练。提前设定好谈判中的禁语是避免说错话的好办法。还要设定一些谈判禁区，明确谈判的心理底线、不能提及的危险话题，不能做的行为、动作等。在谈判中避免出现这些谈判禁区就能最大限度地避免掉进误区或陷阱。

3. 控制谈判局势　谈判者要主动争取把握谈判节奏、方向和趋势。想要在谈判中获得主动，从谈判开始就要客观、公正地面对问题，这样对方才会慢慢被引导，局势将向有利于自己的一边发展。谈判中要适时地让步，才可能使谈判顺利进行，毕竟最终的谈判结果是以双赢为目的。

4. 语言表述简练　谈判中使用的语言要简练，针对性强，让对方清楚地接收到信息。重要的谈判前务必进行模拟演练，训练语言的表达、突发问题的应对处理等。谈判中切忌使用模糊、啰唆的语言，不仅无法准确表达意图，而且会使对方产生疑惑、反感。

5. 让步式进攻　谈判的关键就是谈判双方都获得心理平衡，当谈判双方都达到心理平衡点，双方才能达成协议。这时双方在谈判中取得了满意或基本满意的结果，包括达到预期的利益、对手的让步、获得主动权、融洽谈判气氛与过程等。利益不是双方在谈判中获得平衡的必要条件，因此，为了赢得利益，可以输掉谈判。表面上做出让步，损失一点利益或权利，让对手感觉取得胜利，实际上是为了获取更大的利益。

6. 曲线进攻　谈判中，直奔目标往往会暴露了自己的意图，引起对方的警觉与对抗，甚至被对方利用。想要达到目的就要迂回前行、曲线进攻。想办法引导对方的思维转入自己设置的路径，例如，通过提问的方式，让对方主动说出自己想听到的答案，从而消除双方分歧。

（二）商务谈判的程序

商务谈判的程序分为准备、谈判、终结三大阶段，包括准备、开场陈述、探询了解、报价议价、达成协议、后续跟进六个步骤。

1. 准备　商务谈判开始之前，双方需要做好充分的准备，需要了解对方的公司背景、业务范围、药品特点、市场需求等，分析谈判潜在的风险和利益。确定谈判目标，制定谈判计划和策略，准备谈判材料等。

2. 开场陈述　一般在谈判开始时，谈判双方都会进行开场陈述，介绍自己公司、药品、服务等，阐述自己的立场和利益诉求，这样双方互相了解，初步建立信任，为后续谈判打下基础。

3. 探询了解　开场陈述之后，双方需保持开放和坦诚的态度，通过提问、回答、澄清等方式进一步探询和了解对方的立场和需求。

4. 报价议价　双方对彼此的需求和利益有了充分了解之后，就可以开始报价议价，双方需要充分表达自己的立场和利益诉求，并尝试寻找双方都能接受的解决方案。在报价和议价过程中，双方需要保持务实、灵活的态度，才有利于达成互利共赢的结果。

5. 达成协议　当双方就报价和议价达成一致后，就可以开始起草协议了。本环节双方需仔细核对协议内容，确保所有条款都符合双方的利益诉求。协议达成后，双方需要签署合同并履行相应的义务。

6. 后续跟进　商务谈判结束后，双方需要进行后续跟进工作，包括履行合同、监督执行进度、处理执行过程出现的问题等。后续跟进过程中，双方要及时沟通、合作，以便更好地实现互利共赢目标。

知识链接

谈判成功的五大黄金法则

1. 欲速则不达。

2. 利益和压力并用。

3. 如果自己不愿让步太多，就先让步。

4. 让对方用自己的方法看问题。

5. 谈判桌上人人平等。

三、商务谈判僵局的处理技巧

谈判僵局一旦出现会使双方陷入一筹莫展的境地，严重影响谈判效率。因此，应积极采取处理技巧来缓和双方对立局面，使谈判出现新的转机。

（一）理性看待

出现谈判僵局并非失败的标志，谈判者要理性看待、正确认识，僵局出现对双方都不利，这时双方都会采取策略、技巧试图打破它。谈判者首先应具备勇气和耐心去积极面对，发挥团队力量，运用经验和智慧采取措施及时处理，变不利为有利。如果因害怕失败而消极躲避，处处迁就对方，一旦出现僵局，很快就会失去信心和耐心，使自己陷入被动。

（二）避重就轻

有时谈判出现僵局，是因为双方在某个问题上僵持不下。这时，转移视线也不失为一个有效方法，找个理由暂停讨论僵持的问题，转入磋商其他条款。如双方在价格上互不相让，可以提出价格先请示领导，稍后再议，接着洽谈药品运输、交付、售后等条款。如果双方对后续讨论的问题都比较满意，有可能双方都坚定了解决僵持问题的信心，甚至特别满意的一方可能会主动对僵持问题做出适当让步。

（三）休会策略

谈判出现僵局，双方情绪都比较紧张、激动，谈判一时难以进行。此时，一方可征得另一方同意，提出暂时休会，是个较好的缓和方法。双方利用借休会时机冷静思考争议的问题，也可以召集各自谈判小组成员，商量具体解决办法。

（四）改变环境

如果采取许多办法、措施，谈判僵局还是难以打破，可以考虑改变谈判环境。会议室一般是商务谈判的正式场所，但容易形成紧张严肃的气氛。当双方就某一问题发生争执互不相让、横眉冷对时，这种环境容易给人带来沉闷、压抑的感觉。这时一方可以建议暂时停止谈判，双方人员一起去观光游览、放松休息一下，在轻松愉快的环境中，大家一起聊天、用餐，进一步接触、熟悉，也可以就僵持的问题不拘形式地继续交换意见，在轻松活泼、融洽愉快的气氛中坦露心声，双方互相提升工作能力和个人品质修养的了解，有可能谈判桌上争论许久无法解决的问题，就迎刃而解了。

四、药品购销合同含义

（一）药品购销合同的定义

药品购销合同是指药品买卖双方根据各自利益需要，在相互协商的基础上，依照《中华人民共和国民法典》签订的规定双方权利义务的文书凭证。药品购销合同一经签订，双方都必须严格遵守，合同也明确规定了违约方应该承担的责任和义务，以及合同纠纷的处理方式。因此，药品购销合同是保障购销活动顺利开展，维护买卖双方在购销活动中合法权益的重要依据。

（二）药品购销合同的内容

药品购销合同内容主要包括供需双方、购销药品的详细信息，合同签订依据、时间、地点，药品的数量、质量、运输方式、交货地点、验收时限、价款、结算方式及期限，双方违约责任、合同纠纷解决方式等。

知识链接

《中华人民共和国民法典》部分条款

第四百七十条　合同的内容由当事人约定，一般包括下列条款：

(1) 当事人的姓名或者名称和住所。
(2) 标的。
(3) 数量。
(4) 质量。
(5) 价款或者报酬。
(6) 履行期限、地点和方式。
(7) 违约责任。
(8) 解决争议的方法。

五、签订购销合同程序

（一）订立合同的法律要求

《中华人民共和国民法典》规定，订立合同的程序包括要约和承诺两个阶段。要约是一方当事人以缔结合同为目的，向对方当事人提出合同条件，希望对方当事人接受的意思表示。承诺是受要约人同意要约的意思表示。

（二）签订购销合同的具体程序

签订购销合同的程序是指购销双方对合同的内容进行协商，取得一致意见，并签署书面协议的过程。一般分为五个步骤。

1. 要约　一方当事人向对方提出的订立合同的要求或建议，称为要约。这时主要提出订立合同所必须具备的主要条款和希望对方答复的期限等，供对方考虑是否订立合同。提议人在答复期限内受自己提议的约束，不能改变合同的条款和提出的建议。此时如果对方不同意合同内容，可以提出新的要约，这样原要约人变成接受新的要约的人，而原承诺人成了新的要约人。实际工作中双方当事人会就合同内容反复协商并经法务部门审核，协商过程就是要约—新的要约—再要约—直到承诺的过程。

2. 承诺　指受约人接受提议，双方对合同的主要内容表示同意，经过双方签署书面契约，合同即可成立。承诺不附带任何条件，如果附带其他条件，应认为是拒绝要约，需提出新的要约。

3. 填写合同文本　购销双方按照协商内容填写合同文本，包括购销双方名称、地址、税号、账号，购销药品的名称、数量、单价、金额、生产厂家，合同签定地点、时间等信息，质量条款、运输方式、交货地点、验收时限、结算方式及期限，双方违约责任等各条款都必须填写齐全。合同文本确定后，双方共同审核确认无误后，方可进行签字盖章程序。

4. 履行签约手续　购销双方在双方平等自愿与合法合规的基础上，由双方的法定代表人或委托代理人签署，购销双方在合同上加盖双方合同专用章，合同方可生效。委托代理人签署合同需有合法的法人授权委托书。签订金额或数量较大的采购合同时，可以申请经市场监管部门或购销双方的主管部门共同签署。

5. 合同归档　购销合同一般分为两联，具有同等法律效力，购销双方各自保留一份。合同签署后，购销双方根据各自管理制度，将合同归档，妥善保存，发生纠纷时作为法律依据，依法维护各自权益。

六、药品购销合同的条款与文本格式

（一）药品购销合同的条款

1. 标的　是订立经济合同的前提，是合同双方当事人权利和义务共同指向的对象，药品购销合同的标的是药品，在合同中表现为购销药品的具体品种，应当列出所有药品品种的名称、规格、生产厂家等信息。

2. 数量和质量　数量是合同中标的的量，为了使标的、数量准确，在合同中应明确规定计量标准和计量方法，即写明药品的单位、单价、数量、金额。质量是检验标的内在素质和外在形态的标准。在合同中应明确规定药品质量应符合的质量标准及包装、附属物质量要求，明确双方对药品质量负有的责任。

3. 运输及交付条款　为保证药品在运输过程中的质量，《药品管理法》《药品经营质量管理规范》等法规都对药品运输的工具、运输过程中的温湿度等有强制性要求，因此应在合同中明确约定运输方式。《民法典》规定，除法律另有规定或者当事人另有约定外，货损、灭失风险在交付前由出卖人承担，交付后由买受人承担。可见"交付"节点是判断风险承担责任的关键，应在合同中明确约定交付时间与地点。

4. 结算条款　包括价款、结算期限、结算方式。药品购销合同中的价款是购方取得药品后支付给销方的价款，包括货款、运费、手续费等。结算期限也就是结算周期，有现款、月结、季结、年结等，不同的结算期限对应不同的回款风险。结算方式主要有现金支付、银行转账、支票支付、银行汇票等。现金支付在药品经营中受限，如《药品管理法》等规定特殊管理药品禁止现金交易。购销双方应充分考虑，提前协商好具体的价款、结算时限与方式，明确填写入合同中，避免出现纠纷和风险。

5. 质量检测条款　在药品到货交付时，购方收货员对药品运输质量进行检查，合格后交由质量验收员对药品进行抽样检查，确认药品质量合格后，收货员、验收员在随货同行回执单上签字并加盖"收货专用章"，若验收不合格，出具拒收通知单。购方收货验收需要时间，双方应在合同中明确约定收货验收和提出异议的具体时间，保障双方权益。

6. 履行期限　即合同双方当事人履行义务的时间期限，主要指合同有法律效力的时间范围，过期合同视为无效。

7. 违约责任　购销双方应在合同中约定违约责任、违约责任承担方式、违约金计算方法和支付方式等，可以明确双方责任和权益。如果违约条款未约定好，将来会增加维权成本，甚至导致损失方无法主张。

8. 其他约定事项　购销双方对合同上述条款外的一些事项认为有必要做出约定，可以写入此条款。如合同的份数与法律效力，双方对合同的条款无异议，未尽事宜双方协商解决的约定等。

（二）药品购销合同的文本格式

药品购销合同的文本并没有固定格式要求，只要合同内容完整，包含双方约定的条款，符合相关法律法规要求，就是有效合同。下面介绍的是药品购销合同常见文本之一。

药品购销合同

销方（甲方）：　　　　　　　　　　　　　　　　合同编号：

购方（乙方）：　　　　　　　　　　　　　　　　签订日期：　　　年　　　月　　　日

签约地点：

药品名称	生产企业	规格	单位	数量	单价	金额	交（提）货时间

合计人民币（大写）：　　　　　　　　　　　　　　　　　　¥：＿＿＿＿＿＿

合同有效期限：自＿＿＿＿年＿＿＿月＿＿＿日至＿＿＿＿年＿＿＿月＿＿＿日

根据《中华人民共和国民法典》，经双方协商，签定本合同。

1. 质量要求：
2. 交（提）货地点、方式：
3. 运输方式、到达港站及费用负担：
4. 结算方式及期限：
5. 验收方式及提出异议期限：
6. 违约责任：
7. 解决合同纠纷的方式：
8. 其他约定事项：

销方	购方
单位名称（盖章）：	单位名称（盖章）：
开户银行：	开户银行：
账号：	账号：
税号：	税号：
地址：	地址：
邮编：	邮编：
电话：	电话：
委托代理人： 法定代表人：	委托代理人： 法定代表人：

任务五 药品广告促销

情境导入

情境： 1996 年，三精制药销售遇冷，巨额亏损。时任厂长在出租车看到了"三九胃泰"的广告，他决定按最高标准做广告。一年后，仍在亏损中的三精药业砸了 1000 万广告费，霸屏央视多个频道的黄金时段，效果立竿见影，几乎所有人都记住了那句"蓝瓶的钙，好喝的钙"。销售额在一年内达到了 1 亿。第二年，三精制药投放 2000 万广告费，销售额超过预期达到了 2.2 亿。第三年投了 2 亿广告费，赚到 8.6 亿。1999 年，整个哈药集团广告费支出 6.19 亿，研发费却只有 234 万。即使是当今，电视媒体广告效果减弱，但哈药已经成为一个品牌名称，烙印在消费者的脑海中。

思考： 1. 案例中的药品促销是通过什么形式实现的？

2. 思考当前发布药品广告想获得较好促销效果，应优先选择哪些传播媒介？

一、药品广告的定义

凡利用各种媒介或者形式发布的广告含有药品名称、药品适应证（功能主治）或者与药品有关的其他内容的，为药品广告。药品广告是由药品生产企业、药品经营企业、药品上市许可持有人、医疗机构等法人或组织，支付一定的费用，通过特定的媒体介绍具体药品品种信息，直接或间接地进行以药品销售为目的商业宣传。

药品广告的目的是树立品牌、销售药品，但药品关乎生命健康和安全，药品广告的制作必须以遵守国家相关法律法规为前提，同时兼顾对受众的说服力和广告促销效果。

药品广告是普遍应用的促销手段，有音频、视频、图像、文字等多种表现形式，除具有一般广告的广泛宣传属性外，对指导合理用药、安全用药影响极大，对引导患者自我药疗有重要作用。因此，我国《广告法》《药品管理法》等法律法规都对药品广告进行约束，如内容必须真实、合法，不得含有虚假、夸大、误导患者的内容，不得以专家、学者、医生、患者的名义作证明，处方药不得在大众传播媒介发布广告，特殊管理药品不得发布广告等。

二、药品广告的目标和定位

（一）药品广告的目标

一般药品广告的目标主要是传递药品信息、提高药品知名度、树立品牌形象、推动药品的销售、提升市场占有率、加大市场布局、发展潜在消费者、巩固原有忠诚消费者、与其他品牌抢夺消费者等。企业实施广告决策，首先要明确广告目标，确定目标受众，才能对广告活动进行有效的决策、指导、监督、评价。

1. 确定广告目标的原则 首先，广告的目标要尽可能具体，易于操作和测定，如拟定特定时间序列的广告目标，在时间节点用目标来测定广告效果。其次，广告目标要服从于企业营销总目标，广告促销是企业营销的一部分，应利于营销目标的实现，不能脱离营销工作方向和进程。再次，广告目标要获得企业内部采购、财务、营销、储运等部门的同意，确保广告策略的合理性、可行性，减少内部不必要的干扰，保障广告促销顺利进行。

2. 广告目标类型　主要分为以下几种类型。

（1）以药品销售额为目标　达到具体销售额往往是广告的主要目标之一，但销售额目标必须建立在广告是促进药品销售增加的唯一或主要因素的基础上。因此，以销售额作为广告目标一般只适合于少数药品。

（2）以创造品牌为目标　这种广告目标主要为新药品开拓新市场，通过广告宣传介绍药品的功能、特点、品牌，提高消费者对药品的认识度。

（3）巩固品牌为目标　这类药品广告的目的是为了巩固该品牌药品市场，刺激消费者购物需求，提高药品市场占有率，保持忠诚消费者对品牌药品的好感，增强对品牌的信心，保持最高的知名度。

（4）竞争性广告目标　目的是加强药品的宣传，提高药品的市场竞争力。通过广告宣传药品与其他同类药品的优势，增加消费者对广告药品的偏爱，争取从竞争对手处吸引更多消费者。

（二）药品广告的定位

1. 品质定位　指在广告目标中突出药品的具体品质，重点宣传该药品在同质、同类药品中的优势和特点，如从药品的包装质量、使用便利等方面着重宣传，以求在同类药品竞争中突出卖点，获取更多消费者的青睐。

2. 功效定位　指在广告诉求中重点突出药品的功能和效用，展示该药品在同类药品中的区别和优势。从消费者的用药体验方面加大宣传，如白加黑的广告定位，从功效入手介绍白天和夜晚的功效与优势，很快收获巨大成功。

三、药品广告媒体的特点

随着科技的进步和发展，药品广告媒体多种多样。按广告发布形式分类，主要有声音、图文、视频等。按传播媒介分类，主要有印刷品、纪念品、电子传媒、销售现场、户外媒体等。常见药品广告媒体主要有电视、广播、网络、户外、报纸、杂志等，主要介绍一下常见媒体的特点。

（一）电视

电视作为众多家庭必备家电之一，有固定的观众群体。电视广告形象逼真，表现力、娱乐性强，可重复播放，收视率高，广告宣传效果好。但广告投入成本高，播放时程短，观众印象不深，节目插播广告，不易吸引观众注意力，广告投放目标人群分散。

（二）广播

广播广告制作简单，费用低，内容表现形式灵活多样，通俗易懂，听众多传播面广，信息传播迅速及时。但目前广播听众有限且较分散，有声无形，时间短，不易记忆、查询，听众印象不深。

（三）网络

网络作为新媒体，是当前最流行的信息传递途径，已成为各类产品广告的主要传播媒介。具有应用最广，受众最多，传播速度最快、范围最广等优点，尤其各网站的识别推送功能，能更好地锁定目标消费者。但网络广告宣传也受到一定限制，如传播必须依赖硬件和通信能力，药品互联网广告受法律法规约束性强，广告效果测评标准尚未完善等。

（四）户外

户外广告主要指在露天或面向户外行动的人传播信息的形式。销售现场户外广告媒体，主要有药店橱窗、灯箱、现场演示等。非销售现场户外广告媒体，如路牌、墙绘、户外显示屏、宣传气球、张贴海报等。户外广告媒体可以长期固定在一定场所，反复性强，传播效果好；户外宣传内容色彩鲜艳，图文醒目，投入费用弹性大；还可以根据观众的风俗、习惯、特点设置广告形式，更易被接受。

但也存在局限性，如宣传区域小，变更成本高等。

（五）报纸

报纸广告制作方便、费用低廉、刊登日程可自由选择，有时报纸本身的知名度也有利于广告的传播。报纸读者不受时间限，传播速度快、及时，信息量大，覆盖面广。但也有局限性，如手机网络的盛行，使报纸读者数量减少，报纸本身时效短，需多次刊登，印刷不够精美，表现力不强等。

（六）杂志

杂志作为广告媒体，具有稳定的读者群体，杂志印刷精美可以存留，信息量大，反复翻阅接触机会较多；药学、医学专业刊物，对药品广告针对性强。但它也有局限性，如发行周期长，时效性差，专业杂志广告读者范围窄。尤其受法律法规约束，处方药只能在国务院卫生行政部门和国务院药品监督管理部门共同指定的医学、药学专业刊物上发布广告，选择范围受限。

知识链接

药品广告发布新渠道

随着数字化转型的推进，传统广告媒体的弊端逐渐凸显，越来越多的企业意识到新媒体在品牌传播和营销方面的巨大潜力。

新媒体广告是指借助移动互联网手段，在诸如抖音、快手、微信、微博、贴吧等新兴媒体平台上，通过策划与品牌相关的优质、易于传播的内容和线上活动，将信息推送给客户，从而提高品牌参与度和知名度，利用粉丝经济来实现广告促销目标的一种营销策略。

由于药品本身的特殊性，消费者的决策周期通常较长。因此，在实施广告策略时，必须充分考虑到精准性，选择适当的渠道和方式，才能更容易地达到预期的目标。

四、药品广告媒体的选择

广告媒体的作用是把药品的信息有效地传递到目标市场。广告主选用的广告媒体以什么形式表现广告信息，决定了广告产生的效应和作用。选择药品广告媒体要从促销目标和企业或药品的特点出发，充分考虑不同广告媒体的优缺点，选择广告覆盖面广，传播速度快，能直接接触目标市场，节省广告成本，从而获得最佳促销效益的广告媒体。

（一）媒体调查

媒体调查是为了掌握各个广告媒体单位的经营状况和工作效能，以便根据广告目标来选择媒体。如报刊媒体主要调查发行量、发行区域、读者层构成、发行周期、信誉等内容。广播电视媒体主要调查传播区域、收视听率、视听者层次构成等内容。户外媒体主要通过调查交通车流量、人流量等内容。网络广告则调查发送信息的点击量和信息阅览时长等内容，进行估算和预测。

（二）媒体选择

选择广告发布媒体，主要从以下几个方面来考虑。

1. 目标市场　选择广告媒体要根据目标市场范围，选择覆盖面与之相适应的媒体，从而对目标市场的潜在顾客产生影响，促进购买。如开发区域市场可选择地方媒体，提高品牌知名度或选择全国性媒体等。

2. 目标顾客的媒体习惯　企业选择媒体时首先要分析考虑目标顾客的媒体习惯。如受教育程度高的人接受信息的来源一般侧重于互联网和官方媒体；老年人大多接受信息来源于电视、广播；学生偏爱通过手机上网接受信息等。全面分析目标顾客的媒体习惯，有利于针对性地选择广告媒体，提高广告效果。如大家耳熟能详的一些药品广告，就是针对各种类型的目标消费者的媒体习惯选择不同的媒体发布广告，从而获得广泛关注，广告取得了成功。

3. 药品的特性　广告主要重点分析药品的特性与相关法律要求，如非处方药选择大众媒体，处方药、新药选择专业媒体，儿童用药、老年用药选择受众集中的媒体等。

4. 媒体的特点　不同媒体的市场覆盖面、市场反应程度、流通性、表现力、可信性等特点也各不相同，要全面考虑。

5. 媒体成本　不同媒体的广告费用相差很大，同一媒体不同时间、不同地点的费用也不同。衡量发布药品广告的成本，不能单纯对比各媒体广告费用的高低，应综合考虑广告产生的效应与费用之间的关系。

知识链接

药品广告审查办理条件

（1）申请药品广告批准文号，应当向药品生产企业所在地的药品广告审查机关提出。

（2）申请进口药品广告批准文号，应当向进口药品代理机构所在地的药品广告审查机关提出。

（3）药品经营企业作为申请人的，必须取得药品生产企业的同意。

（4）申请人可以委托代理人代办药品广告批准文号的申办事宜。

（5）申请人和代理人应熟悉国家有关广告管理的相关法律法规及规定。

（6）药品广告应当真实、合法，不得含有虚假或者引人误解的内容。

目标检测

答案解析

一、单项选择题

1. 下列不属于人员推销特点的是（　　）

　　A. 信息双向沟通　　　　B. 推销过程灵活　　　　C. 推销作用稳定　　　　D. 推销费用较低

2. 以下不属于推销人员具备的基本素质的是（　　）

　　A. 医药知识　　　　　　B. 形象礼仪　　　　　　C. 抗压能力　　　　　　D. 社会关系

3. 销售人员应抓住顾客购买心理的（　　），此时是与顾客接触的最佳时机

　　A. 注视阶段　　　　　　B. 兴趣阶段　　　　　　C. 欲望阶段　　　　　　D. 信心阶段

4. 下列属于中间商的是（　　）

　　A. 零售药店　　　　　　B. 医院药房　　　　　　C. 药品批发公司　　　　D. 制药厂

5. 向供应商或客户索取的企业资质材料必须加盖企业（　　）原印章

　　A. 合同章　　　　　　　B. 质量管理专用章　　　C. 法人章　　　　　　　D. 公章

6. 购销双方在双方平等自愿与合法合规的基础上，由双方的法定代表人或委托代理人签署，购销双方在合同上加盖双方（　　），合同方可生效

　　A. 公章　　　　　　　　B. 法人章　　　　　　　C. 合同专用章　　　　　D. 财务章

7. 标的是订立经济合同的前提，药品购销合同的标的是（　　）

　　A. 成交额　　　　　　　B. 药品　　　　　　　　C. 要约　　　　　　　　D. 承诺

8. 可以在大众传播媒介发布广告的是（　　）

  A. 精神药品   B. 麻醉药品   C. 非处方药   D. 处方药

9. 可以为药品广告代言的是（　　）

  A. 医护人员   B. 患者   C. 专家   D. 明星

二、简答题

1. 处理谈判僵局的方法有哪些？

2. 如何进行药品广告的定位？

书网融合……

   重点小结   微课   习题

项目十 药品市场营业推广与公共关系

学习目标

知识目标：通过本项目的学习，掌握"营业推广"的概念、"医药企业公共关系"理论；熟悉医药企业营业推广的方式；了解医药营业推广的特点。

能力目标：能将所学的"营业推广""医药企业公共关系"运用于医药市场营销实践活动；能应用医药营业推广、医药公共关系等手段进行产品推广。

素质目标：通过本项目的学习，树立依法经营的意识。

任务一 药品市场营业推广

情境导入

情境：贵州××药业有限公司（以下简称"××药业"）利用黔西南山区丰富的野生植物资源及民间防治感冒偏方，开发出一种"防感涂鼻膏"，在感冒高发季节或感冒初起时，将膏体涂抹在鼻腔内，即可起到预防、治疗感冒的作用。该产品为纯植物制剂，无毒副作用，得到了有关医药学专家的好评。为了提高广大药店店员的认知率和推荐率，××药业经过策划，在深圳××各连锁药店开展了一次别开生面的手绘海报比赛。活动在南方感冒高发季节12月份开始，要求各参赛药店采用下发的空白海报纸及马克笔，以"冬季防感冒大比拼"为主题，为"防感涂鼻膏"设计一个手绘海报，并张贴在参赛药店的橱窗上。为保证手绘海报的质量，××药业特别聘请平面设计师对各参赛药店的兼职美工（对一些连锁药店总部无法统一配置的小型海报，各连锁药店普遍采用统一下发的空白海报纸，由分店有一定美术特长的人来设计与绘写，因此他们被称为兼职美工）进行了专业培训。该项活动因为能够切实提高门店员工的手绘海报与陈列水平，受到了××市场部的大力支持和门店的积极配合；活动期间张贴在各门店的海报扩大了××药业在消费者中的影响面；整个活动别开生面，极大地调动了店员的参与热情并丰富了店员的业余生活，无形中加深了店员对××产品的认知，提高了对××产品的推荐率。

思考：医药企业营业推广的方式有哪些？

一、医药企业营业推广概述

营业推广，也称为销售促进，是企业用来刺激早期的需要或强烈的市场反应而采取的各种短期性促销方式的总称。在营业推广、人员推销、广告、公共关系四种促销措施组合中，营业推广是被广泛采用的促销工具。

（一）营业推广的目的

1. 可以吸引消费者购买 这是营业推广的首要目的，尤其是在推出新产品或吸引新顾客方面，由于营业推广的刺激性比较强，较易吸引顾客的注意力，使顾客在了解产品的基础上采取购买行为，也可能使顾客追求某些方面的优惠而使用产品。

2. 可以奖励品牌忠实者 因为营业推广的很多手段，譬如销售奖励、赠券等通常都附带价格上的让步，其直接受惠者大多是经常使用本品牌产品的顾客，从而使他们更乐于购买和使用本企业产品，以巩固企业的市场占有率。

3. 可以实现企业营销目标 这是企业的最终目的。营业推广实际上是企业让利于购买者，它可以使广告宣传的效果得到有力的增强，破坏消费者对其他企业产品的品牌忠实度，从而达到本企业产品销售的目的。

（二）医药营业推广的特点

医药营业推广是一种短期的促销方式，方式多种多样，相比较其他的促销方式，医药营业推广常具有以下几个明显的特点。

1. 针对性强、销售效果明显迅速 医药营业推广是一种以激励消费者购买和调动经销商经营积极性为主要目标的辅助性、短暂性的促销措施。大都是通过提供某些优惠条件，调动有关人员的积极性，刺激和诱导顾客购买。因而医药营业推广见效快，对一些消费者具有较强的吸引力。

2. 无规则性和非经常性 医药营业推广是一种非人员的促销形式，大多数医药营业推广方式是无规则性和非经常性的，它只是辅助或协调人员推销，或作为广告活动的补充性措施。大多数公司采用推销人员或广告去推销商品，或采用广告和人员推销相结合的促销方式，几乎没有一家公司单凭医药营业推广去维持经营。

3. 有一定的局限性和副作用 医药营业推广促销方式的效果往往是短期的，如果运用不当，容易使顾客产生逆反心理或使顾客对产品产生怀疑，这种做法有时会降低产品的身份和地位，甚至给人以产品质量低劣的印象，从而有损产品或企业的形象。因此，选择医药营业推广形式时应慎重。活动结束后营销活动就要恢复到正常水平。如果营业推广经常化、长期化，那就失去了销售促进的意义。

二、医药企业营业推广的方式

医药营业推广经过多年的发展已更趋完善，根据营业推广的诉求点不同，可分为对消费者的营业推广、对中间商的推广、对医院的营业推广、对推销人员的营业推广四类。

（一）针对消费者的常见营业推广形式

在实体店、网店等线下线上针对消费者开展各种营业推广活动，可以促使现有顾客增加产品的使用频率、提高购买量，吸引尚未使用的顾客群。因此，商家总是热衷于开展各种营业推广活动，由电商推出的"双十一""双十二"等网购营业推广活动甚至变身为一场网络狂欢节日。在法律允许的范围内，药品生产经营企业也针对广大消费者开展各种营业推广活动，尤其是 OTC 药品、功能食品，所采用的营业推广形式更变化多样，主要有以下几种形式。

1. 附送赠品 主要是指消费者在购买产品的同时可以获得一份与所推广产品不同的礼品的推广活动。在消费品领域有许多产品，如果有吸引人的小礼品，销售往往会大幅增加。OTC 药品及保健食品或药用化妆品，某些特征与普通消费品相同，因此，这种买某种商品送一件小礼品的推广方式也经常被 OTC 药品生产经营企业采用。例如某治疗阴道炎的产品凡买一盒该产品，即送卫生护垫；某知名的感冒药为了打击竞争对手，凡购买该公司的产品，即送体温计一只；治疗胃病的药，每购买一个疗程的药品，厂家给患者提供一次免费胃镜检查；治疗肝病的药品，每购买一个疗程数量的药品，厂家给患者提供一次"二对半"检查等。附送赠品是 OTC 药品市场普遍采用的一种推广方式，很多厂家运用它取得了成功，但也有一些失败或者效果不好的案例。要使赠品推广的效果最大化，赠品的选择需遵循以下原则。

（1）赠品要特别　例如麦当劳曾经在广东市场推出史努比套装公仔作为赠品，一些消费者为了收集到这样一份特别的礼品甚至通宵排队去抢购汉堡包。厂商如果能够设计出一款让消费者怦然心动的赠品，消费者就会产生"药品成分都一样，我不如就买这个"的心理，进而促进产品销售。

（2）赠品要实用　比如买感冒药送体温计，许多顾客也许就会因为体温计很实用，而顺便买了该品种的感冒药品。

（3）考虑成本　在选择赠品时还必须考虑到成本因素，由于 OTC 药品的单价普遍不高，如何选择一个物美价廉的赠品，的确需要花费很大的精力。

2. 各种形式的折价促销　折价是指厂商通过降低产品的价格，以优惠消费者的方式促进销售。价格是患者选择药品的重要因素，因此，折价也成为药品市场的主要推广方式。折价既包括直接降价，也包括赠送优惠券、附送赠品等间接降价形式，制药厂家开展折价推广活动可以不必依赖医药公司等商业单位，既改变了现有价格体系而对药品实施一定范围的降价，同时对推广药品的价格恢复原来价格体系影响不大。因此折价推广活动是一种最有效、最实用的竞争手段，可以帮助药品生产厂家抵御竞争者同类产品的进入，便于迅速提高推广药品的销量，提高患者再次购买率和市场占有率。但是，折价推广活动也有以下几个非常明显的缺点。

（1）直接有损于企业的利润　推广活动结束后，因为消费者购买饱和，销量可能有一个下降的过程。

（2）折价推广并不能帮助提高消费者对推广药品的忠诚度　因为折价吸引的消费群是对价格敏感的患者，当推广活动结束时，随时可能转移到价格更低的同类产品。

（3）频繁的折价推广活动会对品牌形象造成伤害　过于频繁的折价活动，容易让人以为推广价格才是正常价格，进而怀疑推广产品可能是暴利、虚高定价，损害消费者的利益。因此，折价推广活动要根据各种具体情况进行选择。

3. 集点换物　是指消费者收集产品的购买凭证，达到活动规定的数量即可换取不同的奖励（奖励可以是现金，也可以是礼品，或者是下一次购买的折扣优惠等）的一种推广活动。随着信息技术的发展，开展集点换物不用再像以前一样收集积分卡、瓶盖、包装等凭证，而是直接通过手机网络系统计分，大大提高了消费者的参与度。例如，购买一定数量的治疗口腔溃疡的药品，就可以兑换与口腔卫生健康有关的奖品，如牙刷、牙膏等。集点换物可以刺激消费者重复购买或大量购买，在不断的重复购买过程中进一步了解产品，继而养成持续的购买习惯，如果产品具有明显的品质优势，可以达到压制竞争品牌的作用。对于一些疗程药品，开展按疗程购买送礼品的集点换物活动，鼓励消费者按疗程购买，既提高了销量，又促使消费者通过疗程试用加深对产品的认识。

4. 组合销售　这是一种将相关产品（互补产品）"打包"销售的推广形式。例如在旅游旺季到来的时候，将创可贴、风油精、止泻药、解热镇痛等药品一起"打包"成一个旅游小药箱，可以较好地提高销售。再如某厂家正在促销减肥产品，很多服用减肥产品的顾客会很担心服用这些产品的副作用，比如脱水、维生素缺失……如果开展联合的促销，在卖减肥产品的同时，给消费者一个减肥的健康套餐，将减肥产品和维生素产品"打包"在一起销售，并且可以获得一定的优惠，那对于消费者来讲，也是非常乐意接受这样的促销形式。

5. 抽奖与有奖竞赛　抽奖是利用人们普遍存在的侥幸及以小博大的心理，提高消费者购买欲望的一种推广方式。抽奖方式有即开即中式抽奖、多重连环抽奖或抽奖与其他推广模式组合运用等。有奖竞赛是指厂家为消费者提供一个丰厚诱人的奖励，人们利用所学的知识，展示自身才华，通过竞争参加竞赛活动而获取奖赏，厂家因此而获得自己应得利益的一种推广方式。如药厂为某一 OTC 药品征求广告语，被采纳者将获得高额回报等。不论是抽奖还是有奖竞赛，诱人的都是奖励。因此，一定要避免消费者过于关注活动而忽视了产品本身。

6. 会议促销　各类展销会、博览会、业务洽谈会期间的各种现场产品介绍、推广和销售活动。

（二）针对中间商的营业推广

药品生产企业为了激励中间商重点推销本企业产品，会针对医药公司、药店、医院等药品批发零售企业开展各种营业推广活动。除价格折让外，还有以下常见的推广形式。

1. 销售积分等各种竞赛　销售积分竞赛多为药品生产厂家在医药零售企业之间、同一医药零售企业旗下各分店之间开展销量竞赛的活动。在某一城市或地区的铺货率已经到位，销量尚不如意时，为提高药品在药店的销量，鼓励药店积极参与推广产品的活动中，提高对推广产品的关注及产品知识的认知，提高店员的推荐率，常采用这一方法。通常可以把被促销产品用盒数作为统计单位来设置一定的分值。在竞赛活动中，设定各项竞赛指标，如推荐率、总销量、销售增长率等，从而评出各种奖项，同时给予相应不同金额的奖金或其他奖励。开展这一推广活动的不足之处在于竞赛活动所设的奖励数量有限，部分参加竞赛的药店投入了一定的人力或物力参加了竞赛，可能在活动评比中拿不到任何奖项，从而会挫伤部分药店的积极性，对厂家带来一定的负面影响。因此，在开展销量积分竞赛时要注意选择所参加的药店在地理位置、营业面积等方面条件相近；同时，在进行竞赛规则设计时，要兼顾效率和公平，既要有经营性指标，还要有管理性指标。如小型药店规模小，无论如何努力其销量也不能和大药店相比，通过设置销售成长奖则可保证相对较小的药店也有获奖机会；此外，还可设置一些最佳组织奖、最高推荐率奖等管理性指标。为了避免评比中的偏颇，可挑选一些人员假扮顾客，也即担当"神秘顾客"，在药店店员毫不知情的情况下，对其推荐率等指标进行评比。除销售积分竞赛外，厂商也可组织开展各种其他性质的竞赛，如陈列竞赛等。

2. 销售订货会议　一般是厂家为新产品上市或针对某一区域的产品销售状况不好时，召集相关的医药公司、零售药店、医院而举行的一种产品推广活动。在销售会议中也同样需要与折让、样品赠送、附送赠品等推广手段组合使用，给予经销渠道中各个环节一定的奖励，以吸引他们的关注，鼓励他们采购，以帮助厂家提高产品铺货速度及铺货率，保证在销售渠道的各个环节中均有推广产品，方便患者购买，最终打开市场，提高市场的占有率。需要注意的是：销售会议的对象是渠道，销售会议的作用，仅仅是保证产品在渠道中的存在；而患者的购买用药才是真正的销售，所以销售会议还要和其他营销方式配合才能发挥其最大的作用。

3. 推广津贴　企业为促使中间商购进企业产品并帮助企业推销产品，可以支付给中间商一定的推广津贴，以鼓励和酬谢中间商在推销本企业产品方面所做的努力。

4. 交易会或博览会　同对消费者的营业推广一样，企业也可以通过举办或参加各种商品交易会或博览会的方式来向中间商推销自己的产品。由于这类交易会或博览会能集中大量优质产品，并能形成对促销有利的现场环境效应，对中间商有很大的吸引力，所以也是一种对中间商进行营业推广的好形式。

知识链接

全国药品交易会

全国药品交易会拥有 40 年历史，由国药励展展览有限责任公司主办。每年举办两次，展览规模达 10 万平米，是汇聚全国 2000 家企业最新产品的一站式高效商贸平台。具有化学药、中成药、中药饮片、中医药养生、OTC、保健品、研发供应链、互联网＋医药、医药物流技术与设备、医用耗材、智慧营销、医美"专区专展"的展出模式和精细分类。

（三）针对医院的常见营业推广形式

1. 学术推广会 药品学术推广会即以药品本身的各种信息为基础，激发医务工作者的兴趣、认知，并掌握药品使用的学术型市场推广活动。将药品在医药领域的研究成果和临床实践的最新信息及时提供给医师，使医师了解产品的特点。同时，医师将临床工作中遇到的问题反馈给企业，使企业在价格、剂型、包装、规格等方面对产品进行改进，有利于提升企业产品的竞争力。企业也可以了解到本地区患者的经济状况、常见疾病种类，以及竞争产品销售信息等，为制订产品销售策略提供参考。药品学术推广会很好地在企业、医师及患者之间架起了沟通的桥梁，主要形式包括以下几类。

（1）新药发布会 在新药上市之前，可以举办各种新药发布会，通过问答的方式介绍自己药品的优点，吸引各类媒体的关注，能够起到不错的宣传效果。

（2）产品学术交流会 是指针对某一新药进行专门的学术交流会，由各位专家、产品研发人员及企业高层经理组成，共同探讨药物的治疗效果及应用领域等问题。

（3）医学专题论坛年会 很多药学会举办的各种类型的年会，也是进行学术推广的平台。药品生产经营企业可以邀请医生参加此种类型的会议，为医生进行相关药物临床效果的研究提供数据和实验条件，支持医生的医学科研工作。同时在会议的某些时段，邀请知名专家、学者做一个与药品研制或临床应用研究有关的题目，促使医、药界同行从不同角度交流药品。

（4）学术研讨会 主要分为三种，一是主题式研讨会，主要是讨论特定主题的小型研讨会；二是普通研讨会，主题较大，并拥有较多子议题，这种研讨会经常是各级药学会或医学会定期主办；三是专业研讨会，是指不受限的大型学术研讨会。还有很多药学会举办的专门针对某些问题的学术研讨会，医生也是比较愿意参加的。但限于资金问题，积极性可能不是很大，但若得到企业的支持，可以实现双赢，医生能够增长学术水平，企业能够赢得医生的支持与信赖。

（5）定期举办的医（药）学会议 以中华医学会为主体举办的各种学术会议都可以成为企业进行学术推广的机会，这些会议的参加者主要由医学科学技术工作者和医学管理工作者构成，与医院的各科医生都有一定的联系，尤其重要的是医（药）学会的会长、学会负责人多是医药界的名人，或者本身就是著名的医生，他们有能力、有条件为医药企业推广新药提供咨询和帮助。同时，医（药）学会的相关会议也是医（药）师自己组织的医（药）学知识学习、学术交流活动，并且每年要举办多次。因此，企业把握这些机会可以更好地进行学术推广。

（6）大医院论坛 是指以省内某家在某一专科领域全国知名的医院为主办方，企业选定一个领域与大医院的合作，选择客户感兴趣的学术主题，邀请该院专家进行专题学术报告。同时邀请许多曾经在该医院进修的医生参加会议，并做好医院科室的参观交流，借助大医院的学术影响力，更好地推广药物使用、研制等学术信息。

2. 临床试验 制药企业可挑选有代表性的医院，进行大规模、多中心、随机双盲的药物临床试验，通过临床试验，让医生直接参与，直观地感受到药品的效果，是非常有效的学术推广方式。

3. 专业媒体学术推广 医药企业与学术机构和临床医师合作，进行产品学术研究，在国内外具有较高影响力的医药专业期刊等媒体发表学术论文，及时报告产品最新研究成果、上市后临床研究成果，或针对竞争产品比较研究的结论，为企业和产品做好舆论铺垫和学术宣传。或者是在相关疾病的科普手册、科普书籍中融入产品知识。

4. 学术拜访 是指学术代表通过与医务工作者的面对面交流，向医务工作者正确传递药品信息，协助合理用药，收集、反馈药品临床使用情况的过程。虽然随着移动互联技术的发展，线上交流也在学术拜访中发挥着越来越重要的作用，但学术代表上门和医务工作者进行面对面交流仍然是最主要的方式。

5. 科室会与患者宣教活动　组织医院相关科室医务工作者进行演讲培训（科室会）、在医院或医院附近社区组织患者宣传教育活动是常见的营业推广形式。小型科室会是由学术代表组织的，以某些科室的医生为主要参加对象的小型会议，其目的是向相关医务工作者系统全面地介绍药品及相关学术信息，弥补一对一学术拜访的不足。科室会的规模虽然不大，但也是一项系统工程，在征得医院同意后，需要结合医务工作者的需求和产品的特点制订会议主题和目标；然后就会议如何开展、每一环节的程序制订详细的策划书；实际组织中按照各环节的计划有步骤地执行；最后，会议结束后一段时期内还要对会议效果进行评价。

健康宣教是医院维护患者健康的重要手段，它面向患者及其家属开展，根据不同疾病的特点，宣教内容包括疾病知识、不同疾病的饮食管理方案、正确的运动方式、用药知识、自我管理方法等。健康宣教实质是贯穿于疾病的预防、治疗、护理整个过程，每种疾病都有对应的健康宣教。学术代表可协助医院开展相关患者宣教活动，重点介绍与疾病相关的药物知识。

6. 折扣　在药品销售过程中，医药企业根据购药单位销售额，在年终或不定期地返回不同比例的现金或药品的行为。在市场经济条件下，折扣是常见的商业行为。但必须注意公开折扣，不能暗扣，同时还要遵守相应的道德及法律规范。

7. 为医院、科室和医生个人在科学研究方面提供赞助　在营销上，赞助的方式还称得上是新兴的医药营业推广方式，是指医药企业为了实现自己的目标（获得宣传效果或推销效果）而向某些活动或单位提供资金支持的一种行为。如果运用得当，赞助的方式能为医药企业带来比较大的经济效益。

8. 公司礼品或纪念品　用这种方式能有效地宣传公司形象和产品，更好地发展与医院客户之间的关系。如印有药品公司名称的笔、本、灯、台历等。但需要注意的是，医药企业在针对医院和医生的医药营业推广活动中，应遵守社会公共道德及有关的法律规定，而不能变成变相行贿，那样虽有短期效果，但长期来看却容易给公司带来信任危机，甚至卷入法律纠纷。

（四）针对企业内部销售人员的医药营业推广

对医药企业内部进行医药营业推广活动，旨在使销售活动顺利进行，明确销售重点所在，策划最佳医药营业推广活动，提高销售人员对产品特性的认识，了解医药营业推广计划，促使其有效开展医药营业推广活动。医药企业要想保持长期的激励效果，还需要建立良好的激励制度来促使销售人员努力工作。激励制度一般是由药品销售定额和药品销售佣金两方面的内容组成。

总之，医药企业对于各种医药营业推广策略的选择，应当根据其营销目标、产品特性、目标市场的顾客类型灵活加以运用。

三、药品营业推广方案的制定与评估

（一）医药企业制定营业推广方案的基本步骤

1. 明确营业推广的目的　针对消费者的营业推广目的包括鼓励消费者更多地使用商品和促进大批量购买，争取未使用者试用，吸引竞争者品牌的使用者。针对零售商的营业推广目的包括吸引零售商们经营新的商品品目和维持较高水平的存货，鼓励他们购买冷落的商品，储存相关品目，抵消各种竞争性的促销影响，建立零售商的品牌忠诚度和获得进入新的零售网点的机会。针对销售队伍的营业推广目的包括鼓励他们支持一种新产品或新型号，激励他们寻找更多的潜在顾客和刺激他们推销冷落的商品。

2. 明确营业推广的优惠幅度　营业推广时的优惠幅度是活动成败的关键。幅度并非越大越好；当然如果太小，就引不起消费者注意，达不到预期效果，一般原则是要能引起营业推广对象的注意。

要使营业推广活动做得成功，必须使活动具有刺激力，能刺激目标对象参与，刺激程度越高，促进销售的反应越大。

3. 确定营业推广的期限 营业推广是一种促销活动，其目的是通过这一活动刺激消费者或用户购买其产品，这就要有一个过程，如果期限太短，许多消费者可能由于恰好在这一期限内由于某种原因没有购买或没有来得及购买，从而影响营业推广的效果；反之，如果奖励的期限太长，又不能促使消费者立即做出购买决策，还有可能增加较多的费用。营业推广时间安排必须符合整体策略，选择最佳的市场机会。既要有"欲购从速"的吸引力，又要避免草率行事，确保恰当的推广期限。

4. 确定费用预算 没有利益就没有存在的意义。营业推广的实质就是对消费者、中间商予以优惠和折扣，为推销员的工作创造良好的条件，刺激消费者购买，完成企业的目标。所以企业在制定具体营业推广方案时应首先决定活动的规模。在确定活动规模时，最重要的是进行成本–效益分析。促销费用是影响促销效果的一项重要因素，企业的目标是以最小的成本获取最大的效益，但一些必要的开支要事先预算好。确定营业推广预算的方法有两种：一是先确定营业推广的方式，然后再预计其总费用；二是在一定时期的促销总预算中拨出一定比例用于营业推广。后者较为常用。

5. 编制营业推广方案 有一份有说服力和操作性强的活动方案，才能让公司支持自己的方案，也才能确保方案得到完美的执行，使促销活动起到四两拨千斤的效果。企业要根据产品的特点，依据推广的目的、推广的对象、推广的经费与经营效益的比率等，来综合考虑确定企业最佳的营业推广方式，并制定营业推广方案。

（二）医药企业制定营业推广方案的基本格式

1. 活动目的 对市场现状及活动目的进行阐述。

2. 活动对象 活动针对的是目标市场的每一个人还是某一特定群体。

3. 活动主题 这一部分主要确定活动主题和包装活动主题。

4. 活动方式 确定伙伴和政府或媒体合作，和经销商或其他厂家联合整合资源，降低费用及风险；必须使活动具有刺激力，能刺激目标对象参与。

5. 活动时间和地点 促销活动的时间和地点选择得当，会事半功倍。

6. 广告配合方式 一个成功的促销活动需要全方位的广告配合。

7. 前期准备 一般分为人员安排、物资准备和试验方案三个方面。

8. 中期操作 主要是活动纪律和现场控制。

9. 后期延续 主要是媒体宣传的问题。

10. 费用预算 对促销活动的费用投入和产出应做出预算。

11. 意外防范 每次活动都有可能出现一些意外，都应做好预案。

12. 效果预估 利于活动结束后与实际情况进行比较，总结成败点。

知识链接

"××补钙制剂"营业推广策划方案

1. 活动主题 关爱敬老院老人。

2. 活动主旨 整合并提升"××补钙制剂"的品牌形象，彰显实力与品牌形象结合，增添品牌附加值。树立"××补钙制剂"的公益形象和影响力。

3. 关爱对象 某敬老院老年人。

4. 传播对象 敬老人群及其他送礼人群。

5. 阶段与策略

活动阶段一：六月初，主题活动正式启动。

活动阶段二：敬爱老日，主题活动实施。

6. 媒体报道计划　主题：报道方式、媒体选择、时间安排。

7. 费用预算　宣传品、场地费、餐饮等。

8. 意外防范　现场安全问题、解决方案。

9. 效果预估

（1）高校老教授、老学者、教职工代表满意度评估。

（2）企业社会的公益形象、活力形象的认知度、好感度评估。

（三）药品营业推广方案的评估

药品营业推广方案执行结束后，常从以下几个方面进行药品营业推广方案的评估：评估药品营销推广方案对药品销售额的影响、产品市场份额的贡献，对企业认知度、好感度评估，品牌满意度评估，投入产出比等。

任务二　医药企业公共关系

一、医药企业公共关系概述

要使企业在激烈的市场竞争中长久立于不败之地，不仅在于短期内把产品推销出去，还需要用各种方法在公众的心中树立企业的良好形象。于是营销界开始将公共关系理论融入市场营销的各个要素中，将公关活动同促销活动有机地结合起来，逐步重视公共关系促销形式的运用，并收到了良好的效果。药品的特殊性决定了药品生产经营企业开展的多种营销活动受到政策、法规因素极大的制约，因此，公共关系在药品生产经营中占有更重要的地位。

（一）公共关系的含义与特点

公共关系源自英文 public relation，意思是与公众的联系，简称公关。它是指企业为树立良好的信誉和形象而采取的一系列决策、计划与行动的总称。公共关系作为促销组合的一个重要组成部分，具有自己的特点。

1. 从公关目标考察，公关注重长期效应　公共关系要达到的目标是树立企业良好的社会形象，创造良好的社会关系环境。实现这一目标并不强调即刻见效，而是注重长期效应。企业通过各种公关策略的运用，能树立良好的产品形象和企业形象，从而能长时间地促进销售，占领市场。

2. 从公关对象看，公关注重双向沟通　公共关系的工作对象是各种社会关系，包括企业内部和外部公众两大方面。它是全方位、立体化的关系网络。它强调企业与公众之间的真情传播与沟通。在企业内部和外部的各种关系中，如果有一种关系处理不善，就可能带来许多责难和纠葛；如果处理得当，企业定会左右逢源，获得良好的发展环境。

3. 从公关手段看，公关注重间接促销　公共关系的手段是有效的信息传播，而这种信息传播并不是直接介绍和推销商品，而是通过积极参与各种社会活动，宣传企业营销宗旨，联络感情，扩大知名度，从而加深社会各界对企业的了解和信任，达到促进销售的目的。

知识链接

公共关系与人际关系的区别

1. 主体不同　公共关系的行为主体是组织，人际关系的行为主体是个人。在公共关系活动中，个人也是以组织的身份与公众交往的，是组织的化身与代表。

2. 对象不同　公共关系的对象是与组织相关的所有公众及其舆论，而人际关系则包含许多与组织无关的私人关系。

3. 传播、沟通手段不同　公共关系非常强调运用大众传媒的方式做远距离、大范围的公众沟通，人际关系则比较局限于面对面的交流方式。

（二）药品企业公共关系的作用

1. 树立药品企业形象　企业形象是指企业内外广大公众对企业的看法、评价、标准和需求，是企业在社会公众心目中从内到外整体特征的综合印象。由于医药产品的特殊性，医药企业要赢得公众支持，除了优质的产品外，还需要通过公共关系等手段在公众心中树立良好的企业形象，提高企业知名度。

2. 开拓药品销路　通过公共关系活动，有利于沟通药品企业与公众之间的联系，对公众实施影响，为药品的销售创造良好的环境。

3. 创造良好的营销环境　通过公共关系可以使药品企业加强同外界的沟通与联系，有利于药品企业内部理顺关系，使全体员工以主人翁态度维护企业形象，共同创造宽松和谐的工作氛围和良好的内外环境。

（三）药品企业公关活动的主要方式

公共关系活动是一门综合性的复杂工艺，它必须遵循一套科学的程序和步骤。这些步骤可以归纳为调查研究、确定公关目标、制定公关对策、实施公关计划、反馈和评价公关效果等。企业要有效地实施这些步骤，实现公关目标，就必须善于运用各种公关活动方式。药品生产经营企业常用的公关活动方式如下。

1. 通过新闻媒介传播企业信息　这是企业公共关系最重要的活动方式。通过新闻媒介向社会公众介绍企业和产品，不仅可以节约广告费用，还由于新闻媒介的权威性和广泛性，使得它比广告效果更为有效。这方面活动包括撰写各种新闻稿件（企业介绍、产品介绍、人物专访、特写等）、举行记者招待会、邀请记者参观企业等。

2. 参加公益活动　通过参加各种有意义的赞助、社会福利事业活动，密切关注环境的变化，抓住一切有利时机和条件，树立企业关心社会公益事业的良好形象，培养与有关公众的感情，从而增强企业的吸引力和影响力。

3. 借助人际交往　通过人与人的直接交流沟通，广交朋友，为企业建立广泛的社会关系网络。

4. 广泛征集公众参与性资讯　通过向社会发布信息（如介绍企业的产品及经营状况等），有偿或无偿征集公众对企业的建议。例如，某药业公司根据企业新产品开发需要，为了提高产品品位，对治疗慢性萎缩性胃炎的中药胶囊剂新药诚征商品名，凡推荐的商品名一经采用，公司将给予高额的奖励；活动同时设立鼓励奖若干名，以增强参与者的积极性。

5. 提供特种服务　提供优质服务为主的公关活动方式，以此获得社会公众的好评，建立良好的企业形象。如：①组织各类有奖征答活动、各类知识竞赛活动；②定期请重要人物、知名人士为公司员工讲课，为各类群众团体（如老干部协会等）做新特药应用情况的学术报告，对各层次的群众进行动员宣传等；③定期召开各大中医院院长、药房主任、采购人员、主治医生、药店销售员的新药推广会、联谊会等，联络感情，形成巩固的合作伙伴关系；④组织有关专家学者撰写各类新特药的科普宣传文章，进行普及性宣传。

6. 建立健全的企业内部公关制度　企业应当关心职工福利，激励员工的工作积极性和创造性，开展针对职工家属等的公共关系活动，密切与社会各界的联系。

二、医药企业公共关系的主要内容

公共关系的主要任务是沟通和协调企业与社会公众之间的关系，以争取公众的理解、认可与合作，实现扩大销售。这一任务决定了其工作的主要内容是企业要正确处理与公关对象的关系。企业公关对象的特点与要求不同，公关工作的内容就有差异。公共关系的主要内容如下。

（一）正确处理企业与消费者的关系

医药企业对消费者负有责任，包括以下内容。

1. 医药产品质量责任　不仅包括生产质量控制的相关责任，还包括研发责任、售后对产品安全监测的责任等。

2. 产品价格责任　医药企业应考虑到患者的负担能力，以适当合理的价格将产品提供给医疗机构和患者，保证药品的可及性。

3. 产品信息责任　企业应向社会提供全面真实的医药产品信息，依法发布产品宣传信息，尊重消费者对药品不良反应的知情权。

4. 产品结构方面的责任　企业应在保证经济利益的同时，充分考虑到对疾病防控医药产品和利润虽低但社会有一定需求的医药产品的研发、生产和供给。前者可以降低群众患病概率，节约社会资源，提高人们的生活质量；后者可以满足患者需要，实现社会效益的最大化。

同时，消费者对企业的印象和评价，决定着企业能否保持和扩大市场占有率，决定着企业的生存和发展。因此，公共关系工作要树立以消费者为中心的思想，主动、积极地争取消费者，处理好与他们的关系。

常见的面向广大消费者的公关活动除保持与消费者的日常沟通外，还包括组织参观企业、开展形式多样的创意活动等。

◾ 知识链接

形式多样的消费者公关活动

深圳市某品牌鲜乳制品除满足深圳本地居民需求外，还供应香港市场，是深受深港两地市民信赖的鲜乳品牌。生产农场地处深圳市郊，市民们周末到农场休闲时，可以在工作人员的引导下参观乳牛场，凝望乳牛在绿草地上悠闲地吃草，参观操作规范、洁净度高的挤乳车间，品尝刚挤出来的鲜乳，鲜乳的新鲜、卫生、营养尽收消费者眼底，不知不觉间产生对企业及产品的高信任度。

深圳某连锁药店以"社区好邻居"为主题集中各厂商经常开展多种社区活动，活动开始前利用其会员数据库邀请目标顾客参加，某家药店曾经组织多名心脑血管慢性疾病患者参加由知名专家主讲的讲座，受到了顾客的普遍好评。

（二）正确处理与相关企业的关系

现代企业市场营销，无时无刻不与相关企业发生联系。这些相关企业一般可分为两大类：与本企业生产同类产品的竞争企业；与本企业有着业务往来的协作单位，包括供应原料、零部件的企业，购买本企业产品或协助本企业销售产品的企业，为本企业提供技术与人才的科研、教育部门。企业在处理与竞争企业的关系时要树立公平竞争的思想，正确处理竞争过程中的各种经济纠纷和冲突，绝对不能采取诽谤、中伤、贿赂等不道德手段搞垮对手，以免企业自身形象和信誉受损。企业在处理与协作单位的关系时，应当加强单位之间的联系，互通信息，相互协商和体谅，合理分利，共同发展。企业与协作单位的沟通交流形式主要包括：①有组织的互访等人际交往形式；②当协作单位取得重大成就或面临困难时，利用广告声明立场，说明真相或表示慰问、祝贺；③企业之间互送企业刊物、小册子；④主持召开同行业研讨会或联谊会，沟通同行之间的感情；⑤采取多种形式帮助协作单位成功，既树立本企业在行业中的形象和地位，同时协作单位成功也有助于本企业的业绩提升。

知识链接

药企借沙龙树立行业地位

某制药企业借助其旗下网站和某专业杂志在行业内的影响，以全国近万家药店经理为发展对象，组建中国第一家具有一定专业性、实用性的俱乐部——"药店经理沙龙"。沙龙会员除了能够优先参与沙龙举办的一切活动与专业培训外，还可以在企业网站上进行交流。该企业还一并推出"店员俱乐部"，以"关注业者存在，增进企业情结"为活动宗旨，目的是与药店店员进行沟通交流和信息互动，很快在行业内树立了重要地位。

（三）正确处理企业与政府的关系

国家政策对医药行业的影响是非常重要的，因为政府的政策举措直接影响着医药行业的发展和运营。在不同国家和地区，政府的医药政策可能存在差异，但总体来说，政府的政策对医药行业的影响可以从多个方面来看。

首先，政府的医药政策会影响医药市场的准入和退出。政府通过发布相关法律法规和政策文件，规范医药市场的运作，包括药品的注册、生产、流通和销售等方面。政府的政策会影响医药企业的准入条件，要求企业符合相关的法规标准和质量要求，确保药品的安全性和有效性。同时，政府的政策也会影响药品的退出，比如对过期药品的处理和回收等规定。

其次，政府的医药政策会影响药品的定价和医保政策。政府会通过政策来规定药品的定价政策，包括药品的价格管控和医药费用的报销政策等。政府的政策可以影响药品的价格水平和医疗费用的负担，进而影响患者的用药选择和医疗服务的质量。医保政策的调整也会影响医药企业的经营和药品的销售，政府的政策调整可能会带来不同的影响。

此外，政府的医药政策还会影响医药产业的发展方向和政策支持。政府会通过发布相关政策文件和产业规划，指导医药企业的发展方向和重点领域，促进医药产业的升级和转型。政府的政策支持包括财政支持、税收政策和政策倾斜等，为医药企业的发展提供政策支持和保障。

总的来说，政府的政策对医药行业的影响是全方位的，政策的制定和调整会直接影响医药企业的经营和发展。医药企业需要密切关注政府的政策动态，及时调整策略和措施，以适应政策的变化，保持企业的竞争力和可持续发展。政府的政策的制定和实施，应当兼顾医药行业的发展和患者的权益，促进医药行业的健康和有序发展。

综上可见，政府不仅是国家权力的执行机关，也是宏观经济的调控者。企业的活动应服从政府的监督。因此，企业公关工作必须正确处理与政府的关系。政府作为主管部门，希望受到企业的尊重，希望企业积极配合工作，都是非常正常的心态，企业应从政府的这种心态出发进行政府关系维护。在日常工作中充分尊重政府，在遵守国家法令，自觉接受政府有关部门的指导和监督的同时，企业应主动与政府有关部门沟通信息，赢得政府的信赖与支持。

政府也希望能多出政绩并造福一方，因此，企业也可以在配合政府各项工作的同时为其排忧解难。企业可以关心政府关注的问题，策划一些没有商业气息的公关活动，做到企业、政府、社会合作多赢。

（四）正确处理企业与社区及新闻媒介的关系

社区关系是指企业与其所在城镇、村落、街道的政府和非政府组织或居民的关系。企业与社区存在着千丝万缕的联系，只有建立融洽的社区关系才能立脚扎根。因此，企业必须满足社区对自己的正当要求。

在生产经营过程中搞好安全生产和环境卫生；提供优良服务和必要的公益赞助，如利用企业专业优势，通过各种途径开展健康教育活动，增强社区人们的健康保健意识。积极、主动地担负起社会责任，造福于社区。

在建立社会主义市场经济体制过程中，我国医药企业也逐渐从政府的襁褓中走入了充满竞争的市场，其市场意识以及竞争意识均有所加强，产品质量及服务水平也都有了较大的提高。可实际上，产品质量及服务水平并不是市场竞争的唯一因素，企业的知名度、商业信誉、品牌等企业形象因素在市场竞争中同样发挥了十分重要的作用。知名度高、信誉卓著及品牌影响大的企业，总是能够在竞争中占据独特的优势。而国内外的理论研究和企业实践也表明，企业形象是竞争力的外在表现，是各种力量综合作用的结果，企业形象在市场竞争中的作用已愈发突出。在良好企业形象的建立和重塑过程中，新闻媒介对企业的影响极大，同时，它可以创造社会舆论，影响民意，间接而有力地调控企业行为。因此，企业公关人员应当同新闻界保持经常的、广泛的联系，通过主动与新闻媒介合作打开市场局面，提高企业知名度，建立良好的社会形象。

（五）正确处理企业内部公众关系

企业内部公众关系是指企业内部员工关系、部门间关系及股东关系的总称。企业内部员工关系及部门间关系是否融洽直接关系到企业经营目标能否实现。为此，公关工作要做到：加强企业内部各方面纵向和横向的信息交流，增进相互了解，协调各方面利益关系，解决各种矛盾，培养集体精神和协作精神，保证企业整体的正常运转；合理满足职工的物质文化生活需要，改善职工的生活条件，使职工在企业里感到温暖和愉快，从而加强企业的凝聚力；提高职工的责任心，培养职工的参政意识和民主管理意识；激发职工的工作潜能，使职工养成主动、积极进取的精神；充分调动职工的想象力和创造力，为企业的不断发展培育生机。

三、公关危机处理

医药企业的内外部营销环境，在任何时期都是错综复杂、变幻莫测的。企业为了适应经营环境的变化，保证企业健康发展，必须经常分析研究妥善处理各种危机。如果处理不当或处理不及时，将会给企业带来巨大的损失。

从公共关系的角度看，凡直接或间接对企业形象构成威胁的一切事件，都是危机事件，由危机事件所造成的对企业的影响，就称作危机。医药企业的危机事件从营销角度而言一般有：药品或服务质量问题、顾客误解、债务或合同纠纷、产品滞销、原料短缺、火灾、地震等。

（一）危机的发展阶段

危机事件往往具有不可预测性、突发性、异常性、巨大性和持续性等特点，但危机的产生和发展是有一定规律性的，通常它具有潜伏期、爆发期、处理期和善后期四个阶段。

1. 潜伏期 是危机因素的积累阶段，这是一个量变的过程。由于它在程度上还未造成现实明显的影响，所以往往不为人们所注意。

2. 爆发期 是指当危机因素的积累达到一定的程度，而通过某个随机事件爆发出来，这是一个质变的过程。对于这个爆发时刻的来临，人们事前往往不可预测，它具有突发性，往往给企业带来巨大的、异常的和持久的不良影响。

3. 处理期 是针对危机事件本身采取的一系列处理措施，就事论事地加以解决的过程。企业营销部门必须及时发现问题，及时加以处理。任何拖延、抵赖或隐瞒，只会给企业带来更大的损害。

4. 善后期 是针对危机事件所造成的广泛的不利影响和暴露出的问题，采取一系列的措施加以根治的过程。

（二）危机处理原则

根据企业具体情况的不同，危机处理的具体过程各不相同，但不管发生什么类型的危机，企业在处理中应遵循四个基本原则。

1. 快速反应 企业一旦发生危机，各种传言纷至沓来，企业如果不快速反应，不仅会错失最佳处理时机，而且传言有可能演变为谣言，造成公众恐慌。因此，企业一旦发生危机事件，就应立即着手处理，并将处理方法及结果告知相关公众，争取尽量把事故影响减小到最低程度。例如，制药企业如果不幸发生了药品质量或服用中毒事故，那么首先要抓紧时间判明事实真相，为避免事态扩大需及时与媒体沟通，并通过大众媒体告知社会，当事实尚未调查清楚前暂时停止服用该药品。同时抽取事故药品进行检验，对何时、何地的药品生产线制造出来，用什么包装发货，货发往哪里，贴的什么标签，使用什么说明书，销售时对商品是怎样介绍的，是使用不当还是药品本身的问题等一系列问题要抓紧查明。

2. 真诚坦率 危机处理的关键是实事求是，是企业的责任绝不能推诿，并与媒体保持良好的沟通，以求获得媒体与社会舆论的公正对待。

3. 人道主义 企业危机事件难免会涉及人身伤害，此时不论责任在哪一方面，企业都应本着人道主义原则先救人要紧，毕竟生命是无价的。

4. 维护信誉 企业一旦出现危机事件，社会的关注点集中在企业上，其中难免会有一些误解企业的传言，甚至是一些别有用心者恶意诋毁企业的谣言。面对这种情况，企业也不能听之任之，而是应本着维护企业信誉的原则，澄清事实真相，对公众做耐心的说服工作。

知识链接

危机管理

2000年11月16日，某著名药企接到所在市卫生局通知，要求立即暂停制售含PPA（苯丙醇胺）成分两大产品。该药企立即组织应对危机事件管理小组。①领导小组：负责制订应对危机的立场基调，统一口径，以免引起信息混乱，并协调各小组工作。②沟通小组：负责信息发布和内部、外部的信息沟通，是所有信息的发布者。③市场小组：负责加快新产品开发。④生产小组：负责组织调整生产，并处理正在生产线上的中间产品。次日召开员工大会，通报了事情来龙去脉，表示不会裁员，并召回各地50多位销售经理让他们带着企业《给医院的信》《给客户的信》回归各部，应急行动在全国各地展开。最终该药企并没有因此次危机影响到其他产品的正常生产和销售。

答案解析

目标检测

一、单项选择题

企业以非付款的方式通过第三者在报刊、电台、电视、会议、信函等传播媒体上发表有关企业产品的有利报道的促销方式属于（　　）

A. 广告　　　　　　B. 公共宣传　　　　　C. 销售促进　　　　　D. 人员推销

二、简答题

1. 医药营业推广的特点是什么？

2. 医药营业推广的方式有哪些？

3. 医药企业公共关系的内容包括哪些？

书网融合……

重点小结　　　　　　微课　　　　　　习题

项目十一 药品电子商务

PPT

知识目标：通过本项目的学习，应能掌握药品电子商务的相关概念及药品电子商务的模式；熟悉药品网络营销的政策法规；了解药品电子商务的运营策略。

能力目标：能够具备将所获取的知识与实践融会贯通并灵活应用于药品电子商务实务的技能。

素质目标：通过本项目的学习，树立合规意识、法治意识和风险意识，保障公众用药安全。

任务一 药品电子商务概述

电子商务是基于互联网和客户端/服务端应用方式，买卖双方可以不谋面地进行各种商贸活动，实现消费者的网上购物、商户之间的网上交易和在线电子支付以及各种商务活动、交易活动、金融活动和相关的综合服务活动的一种新型的商业运营模式，是传统产业与信息技术完美结合的产物。药品电子商务是电子商务模式在医药行业的具体应用，由于药品市场的特殊性，药品电子商务既有电子商务的普遍性特点，也有其独特性。

一、药品电子商务的概念与特点

（一）药品电子商务的概念

药品电子商务是指依靠网络信息技术进行医药产品交换及提供相关服务的商务活动。按交易内容可分为有形产品交易、无形产品或服务交易两种模式，通过互联网提供实体药品交易的电子商务活动为有形产品交易模式，而通过互联网向网上用户提供用药咨询、用药决策等无形产品或服务的电子商务活动为无形产品或服务交易模式。与传统的药品销售方式相比，药品电子商务具有更高的效率、更广的市场覆盖范围和更低的交易成本。

药品电子商务的主体包括药品生产企业、药品流通企业（包括批发和零售）、医疗机构、第三方网络平台、仓储配送企业及金融机构等，政府部门虽然不直接参与药品互联网营销活动，但其制定的各项政策、法律法规对药品电子商务的发展有着极大的影响。

（二）药品电子商务的特点

药品电子商务与传统商业模式相比，具有虚拟性、互动性、便捷性和规范性的特点。

1. 虚拟性 电子商务的运作空间是电子虚拟市场，是在网络上以数字方式进行的交互式商业活动，是传统实物市场的虚拟形态。电子商务交易双方无论是交易磋商、确定订单还是支付款项等，均是借助互联网在虚拟环境下完成的，交易双方无需真实见面，整个交易完全虚拟化。对医药企业来说，可以到网络管理机构申请域名、制作自己的主页，组织产品信息上网；而虚拟现实、网上聊天等技术使买方能够根据自己的需求选择产品，并将信息反馈给医药企业。通过信息的推拉互动，签订电子合同，完成交易并进行电子交付，整个交易都在网络这个虚拟的环境中进行。

2. 互动性　电子商务可以通过互联网实现交易双方真正的、实时的双向信息互换，来实现电子商务的互动性。通过互联网，医药企业可以展示商品目录、链接资料库，快速准确地将企业商品信息传送到顾客，也可以和顾客进行互动沟通，收集市场情报，进行产品测试和市场满意度调查等，加强医药企业与顾客的联系，有助于及时满足顾客的个性化需求，把握市场信息以引导消费需求。

3. 便捷性　随着互联网、电脑、智能手机、平板电脑等电子设备的普及，电子商务模式已经被越来越多的企业和消费者接受，尤其对于零售业来说，可以让消费者足不出户即可完成常规药品交易。同时药品电子商务不受实体药店营业时间的限制，可以 24 小时在线接受订单，极大地节省了时间成本，方便了消费者的购买。

4. 规范性　电子商务的特征和特长在于交易规范化、标准化。同传统商务不同，电子商务交易的各个环节电子化，商品查阅、订购、支付、服务等都变成规范的可通过网络传递的电子化信息，使得企业之间无须采用人员接触的方式，而只要通过网络传递一些格式化的数据就可以达成交易。交易的规范化、标准化必然会引起交易行为的增加，而大量的电子销售行为保证了规范化、标准化交易程序的进一步完善。

二、药品电子商务的发展现状

（一）药品电子商务的需求不断增加

尽管我国药品电子商务目前的应用依然较为分散，发展水平相对较低，且涉足电子商务的医药企业规模相对较小，但由于国家相关政策的支持，我国医药电子商务呈现出较好的发展势头，市场规模不断扩大。随着放开网售处方药及一系列政策的颁布，中国医药电商市场将迎来巨大机遇，市场将进一步渗透，未来规模将持续增长。

（二）药品电子商务平台逐渐兴起

2010 年以前，电子商务平台主要停留于 PC 端，以 B2B 电子商务模式为主。近些年随着物联网、移动互联网的快速发展以及国家政策的宽松化，医药电商 B2C 模式快速发展，医药电商平台逐渐发展为继公立医院、实体零售药店、社区卫生服务中心之外的第四终端。尤其是自 2020 年以来，各大医药电商平台日活跃人数明显增多，成为消费者购买预防感冒药物和抗病毒药物、防护用品（如口罩、消毒液、手套）等的重要途径。

目前规模较大的医药电商平台中，既有医药企业自建的网上商城，又有第三方平台。这些医药电商平台借着电子商务发展的东风，吸引了大量消费者的关注，有力地推进了医药零售业的发展。

（三）药品电子商务政策逐渐明朗

为了更好地满足医药电商健康发展的需要，国家相继出台一系列政策法规文件，净化了医药电商环境，也为医药电子商务的发展提供了便利。2000 年，国家药品监督管理局发布《处方药与非处方药流通管理暂行规定》，标志着我国医药电子商务的起步。紧接着，2002 年颁布的《互联网药品信息服务管理暂行规定》、2004 年颁布的《中华人民共和国电子签名法》、2005 年颁布的《互联网药品交易服务审批暂行规定》、2014 年发布的《互联网食品药品经营监督管理办法（征求意见稿）》等法律法规，为医药电子商务成长营造了一个良好的政策环境。2017 年，《国务院关于取消一批行政许可事项的决定》（国发〔2017〕46 号）出台，取消互联网药品交易服务 A 证审批。2022 年 7 月，国家市场监督管理总局发布《药品网络销售监督管理办法》，以规范药品网络销售和药品网络交易平台服务活动，保障公众用药安全。短短十几年里，国家在医药电商领域发展中给予了足够的关注和支持，在出台相关政策法规予以规范的同时，鼓励医药电商能够更好地发展，为社会发展提供更多支持。

（四）药品电子商务的物流配套系统持续改进

在医药电商 B2C 模式的发展过程中，网上药店配送时，主要采取了第三方物流的配送方式。第三方物流配送方式的应用得益于物流企业快捷的物流服务，能够将药品尽快地送到用户手中，很好地满足了药品配送需要。但是医药企业利用第三方物流进行药品配送过程中也存在一定的问题，当一些药品有着特殊要求时，第三方物流很难满足药品配送需要，导致药品在运输过程中存在损坏、药品失效等问题，尤其是在药品存储过程中，由于缺乏专业化水平，对药品的损害较大。随着医药电子商务模式的快速发展，医药物流也得到了相应的改进。在进行药品配送过程中，利用存储药品的箱子或是恒温箱对特殊药品进行保管以保证药品质量。一些医药企业注重对自身的物流部门进行分离，使其成为专业化的第三方医药物流企业，这为医药运输创造了有利条件。

随着消费者购物行为习惯的改变和医药电商平台药品品种的不断丰富，尤其是政府政策支持力度不断加大，如医保支付接入线上渠道、处方药网售放开等，医药电商未来可能迎来井喷式发展。

知识链接

药品电子商务面临的挑战

药品电子商务在迅猛发展的浪潮中，遭遇多重挑战亟待解决。首先在于法律监管的强化，确保药品安全与质量，同时加强患者数据保护，以法律之盾守护公众健康与隐私安全。其次，药学服务人才短缺成为瓶颈，亟需加大执业药师培养力度，以专业指导减少药物误用风险，保障合理用药。再者，"互联网＋"医疗服务体系的深化构建是关键，这要求医药电商与医疗机构、医保体系深度融合，通过技术革新与资金投入，实现处方药线上销售、医保无缝对接等目标，从而构建更加便捷、高效的医药健康服务生态。

任务二　药品电子商务模式 🅮 微课

情境导入

情境： 2013 年 10 月 4 日，广东省药品交易中心正式上线运行，标志着广东省首创的、备受省内外关注的一项重大民生工程——广东省第三方药品电子交易平台正式运行。作为既独立于政府行政机构，又独立于医疗卫生机构和药企的全国首家全程电子化操作的第三方药品交易平台，其具有"在线竞价、在线交易、在线支付、在线融资、在线监管"五个核心功能，致力于实现药品采购"阳光、便捷、降本、共赢"四大发展目标，构建起全国首家"互联网＋医药＋金融"发展模式的药品交易平台，发挥了独立第三方平台在"惠民、利企、保廉"方面的应有价值。2022 年被国家医疗保障局确定为全国医药集中采购示范平台。

思考： 广东省第三方药品电子交易平台属于哪种医药电商模式？

电子商务的发展对医药行业产生着深远的影响，尤其是对传统的医药产品流通方式将带来实质性的变革。从目前医药电子商务发展的现状看，应用最广泛的医药电商模式可参与主体分为三种模式：企业对企业电子商务模式、企业对顾客电子商务模式、线上到线下电子商务模式。

一、企业对企业电子商务模式

企业对企业电子商务（business to business，B2B）模式是企业和企业之间开展的电子商务活动，具体是指政府、医药生产企业、医药流通企业、医疗机构、医药信息提供商、银行以及保险公司等通过网络结成相互的业务联系，通过互联网进行产品、服务及信息的交换。

我国医药电子商务 B2B 位于医药流通产业链的中游，以数字化方式连接上游供应链和下游终端，改革产业链上下游之间的联系方式，节约流通成本，提升流通效率。

目前开展的 B2B 模式可以分为三种类型。

1. 以政府为主导的 B2B 采购平台　主要是服务于政府药品集中招标采购等，不以盈利为目的，例如广东省第三方药品电子交易平台、江西省医药采购服务平台、海南省医药集中采购平台等。

2. 以企业自身为中心主导的 B2B 模式　是具有药品经营资质的企业利用自身的医药产品资源，通过本公司网站与其他医药企业进行互联网药品交易，属于一对多的交易服务模式。

3. 第三方电子交易市场的模式　第三方药品电子市场是聚集大量买方和卖方、以互联网方式进行药品交易活动的电子交易场所，第三方电子商务运营商不参与药品的交易活动，仅为所有药品的买方或卖方提供交易服务，属于多对多的交易服务模式。如某医药网，其建立的医药电子商务平台集中、全面地收集医药行业信息并进行加工处理，提供灵活多样的交易方式，可以集中，也可以联合或者分散；可以招标，也可以竞价、询价或者直接采购，较好地满足了客户的个性化需求。

B2B 模式是最早和最具发展潜力的电子商务模式，是电子商务的主流，为我国医药生产企业、批发企业与医疗机构搭建了良好的交流平台，其特点是实现信息互通，减少沟通成本和减少流通领域的中间环节，降低流通费用，使医药产品的流通过程透明化、规范化。

▌知识链接

医药电子商务 B2B 发展历程

我国医药电商 B2B 模式发展曲折，分为萌芽探索、成长兴起和深化发展 3 个阶段。萌芽探索期（1996—2011 年）初涉医药信息收集、广告发布及用药指导，2000 年启动医药电子商务试点单位，但因市场混乱 2004 年医药类电商网站一度被禁，2005 年禁令解除后纳入法规监管。成长兴起期（2012—2014 年）天猫医药馆开业引领市场，2014 年《互联网食品药品经营监督管理办法（征求意见稿）》带来新机遇。深化发展期（2015 年至今）市场规模逐年攀升，两票制、带量采购推动药企数字化转型，医药电商 B2B 迎来发展高潮，2019 年交易规模突破千亿大关，2022 年以超 93% 的市场份额稳居行业主导。政策引领和推动是医药电商 B2B 行业规范、有序发展的关键，为医药电商 B2B 行业的健康发展提供了坚实的制度保障。

二、企业对顾客电子商务模式

企业对顾客电子商务（business to consumer，B2C）模式是指网上医药经营企业与个人消费者之间开展的电子商务活动。企业为消费者提供"网上药店"这种新型购物环境，借助互联网开展在线销售活动，与普通电商的 B2C 模式基本相同。

（一）医药电商的 B2C 类型

医药电商的 B2C 模式可以分为两种：第一种是依赖于大型电商平台，借助其出色的"引流"能力，在其平台上开设本企业的网络旗舰店；第二种自建平台，完全依靠自身的运营与推广能力为消费者提供电商服务。

（二）医药电商的 B2C 经营优势

B2C 的医药产品交易与其他商品交易相比较，有其明显的经营优势。

1. **运输优势**　药品的包装体积小，重量轻，便于携带运送。
2. **质量优势**　药品有严格的质量标准和详细的使用说明书，便于网上广告宣传。
3. **直销优势**　可以减少流通中间环节，降低药品价格。
4. **保密优势**　能有效保护患者的隐私权。
5. **数据优势**　便于网络药店收集患者的各种相关数据，为医疗机构和医药企业提供有价值的研究资料。

B2C 模式相对于 B2B 模式而言，其交易范围得到了一定程度的扩大，参与的用户由原来的医药采购方拓展到了消费者。B2C 模式可以使企业增进与顾客的交流，为顾客提供更多选择，提供更具个性化的服务。随着医疗制度的改革和医疗保险的实施，以及非处方药市场化经营比例的上升，B2C 业务必将持续发展，其潜力巨大。

三、线上到线下电子商务模式

线上到线下电子商务（online to offline，O2O）模式是指将线下商务机会与互联网相结合，通过电子商务平台，将消费者、实体店以及网上商城三者紧密结合，实现搜索、下单、体验、共享的可逆消费闭环。对于医药电商企业来说，O2O 能够融合传统线下医疗机构（提供服务）及线上医药电商网站（提供产品）的双方优势，成为医药电商和服务中重要的环节，在整体医药流通领域起到了重要的补充作用。例如线下的药店如果遇到没有的药品，可以在 O2O 平台上下单，然后由平台送到消费者手里；或者由消费者线上下单，到线下的药店取药。

目前 O2O 主要有两种运营模式：第一种是自营药店或自建独立的配送体系，这种模式可以实现标准化管理，从而保证服务质量，使用户获得较好的购药体验，但也面临运营成本较高的问题；第二种是采用与药店合作的方式，用户下单后由药店人员进行配送。这种模式运营成本相对较低，并可以快速复制推广至全国，但是配送服务质量很难标准化，管理难度大，用户体验参差不齐。

任务三　药品电子商务相关政策法规

情境导入

情境：2023 年 3 月，江西省新余市分宜县市场监督管理局根据国家药品网络销售监测平台监测线索，对某平台商城入驻商家 A 大药房旗舰店进行检查，发现该店不凭处方销售处方药"艾司奥美拉唑镁肠溶胶囊"。

思考：1. A 大药房旗舰店违反了什么法律规定？

2. 第三方平台商城在网售处方药中承担的责任义务有哪些？

一、医药电商行业政策法规的变化

（一）探索期的医药电商政策

1. 禁止网上销售药品时期　1999 年 12 月，国家药品监督管理部门发布《处方药与非处方药流通管理暂行规定》（国药管市〔1999〕454 号），规定的第十四条明确指出："处方药、非处方药不得采用有奖销售、附赠药品或礼品销售等销售方式，暂不允许采用网上销售方式"，医药电商在当时是被禁止的。不过，条款中"暂不允许"的表述也给药品网络销售留下了发展的可能性。

2. 符合条件者允许非处方药网上交易时期　2000 年的 6 月，国家药品监督管理部门发布《药品电子商务试点监督管理办法》，广东省、福建省、北京市和上海市成为试点区域，可以网上销售非处方药。2000 年 9 月，《互联网药品信息服务管理办法》发布，互联网药品信息服务放开，发布药品相关信息的网站应申请并持有互联网药品信息服务资格证书。但由于当时并没有形成行业规范，市场中存在大量"黑户"网站。

在此背景上，国家药品监督管理部门于 2005 年 9 月出台了《互联网药品交易服务审批暂行规定》，要求药品网上交易必须申请互联网药品交易服务资格证书，并明确只允许药品零售连锁企业开设网上药店，从事非处方药网上交易。通过区分互联网药品交易服务资格证书 A 证、B 证和 C 证，对医药电商的业务领域范围做出了划分，例如服务企业需具有计算机专业技术人员、B2B 需设立管理机构、自营式 B2C 需依法设立药品连锁零售企业、平台式 B2C 需取得互联网增值电信业务经营许可证等条件，由此，政府对医药电商的市场达到划分管理的效果。

为进一步规范互联网售药行为，2013 年国家药品监督管理部门下发《关于加强互联网药品销售管理的通知》（食药监药化监〔2013〕223 号），再次明确零售单体药店不得开展网上售药业务，零售连锁企业通过药品交易网站只能销售非处方药，一律不得在网站交易相关页面展示和销售处方药。

3. 构想放开药品网络销售时期　2014 年 5 月，国家药品监督管理部门发布《互联网食品药品经营监督管理办法（征求意见稿）》（以下简称《征求意见稿》），首次提出放开处方药在电商渠道的销售，同时允许医药电商选择第三方物流配送。针对《征求意见稿》提出的降低网上药店准入门槛、取消处方药销售限制的做法，医药领域十多家行业协会和知名药品零售连锁企业相关人士提出三点反对理由：网上售药准入门槛和经营范围简单的放开，将严重威胁到百姓用药安全，容易导致假劣药品泛滥；药品储存、运输条件难以符合要求，危及药品内在质量；网上药店远比实体店情况复杂，现有条件下难以对网上药店实施有效监管。最终该办法并没有正式发布。

2015 年 5 月，国务院发布《国务院关于大力发展电子商务加快培育经济新动力的意见》，明确要大力推动医药电子商务的发展，支持中小零售企业与电子商务平台优势互补，加强服务资源整合，促进线上交易与线下交易融合互动。这一政策对实体药店来说也意味着重大利好，部分医药电商企业开始积极探索医药 O2O 模式。

2017 年 11 月和 2018 年 2 月，原国家食药监总局先后发出两份《药品网络销售监督管理办法（征求意见稿）》，明确药品网络销售者不得通过网络销售处方药，不得通过互联网展示处方药信息。

（二）快速发展期的医药电商政策

2017 年 1 月，国务院印发了《关于第三批取消 39 项中央指定地方实施的行政许可事项的决定》国发（〔2017〕7 号）中明确指出"取消互联网药品交易服务企业（第三方平台除外）审批"，使用了长达 11 年的互联网药品交易 B 证、C 证审批取消了。2017 年 9 月，《国务院关于取消一批行政许可事项的决定》国发（〔2017〕46 号）发布，决定取消互联网药品交易服务企业（第三方平台）审批的行政许可事项，即取消了 A 证的审批，医药电商迎来利好。

2018 年 4 月，国务院办公厅正式发布《关于促进"互联网＋医疗健康"发展的意见》，释放了一系列利好互联网医疗的政策。与医药电商直接相关的，是在"完善互联网＋药品供应保障服务"章节中提及要"促进药品网络销售和医疗物流配送等规范发展"，这给医药电商发展"互联网＋医疗"药品配送业务带来了契机。

2018 年 9 月，国家卫生健康委连续印发了《互联网诊疗管理办法（试行）》《互联网医院管理办法（试行）》《远程医疗服务管理规范（试行）》三个文件，落实了以实体医院为主体开展线上部分常见病、慢性病患者的复诊，并进一步说明了处方后"医疗机构、药品经营企业可委托符合条件的第三方机构配送"。相关规定使医药电商和互联网医疗的联系进一步加强，为处方药网售勾勒出基础路径。

2019 年，有关医药电商的法律法规密集出台，特别是《电子商务法》和《药品管理法》两部基本法的颁布实施，初步形成了国内医药电商领域的顶层设计。《药品管理法》进一步明确了医药电商的法律地位，其中备受瞩目的关于"处方药网售"和"第三方平台"等条文叙述，成为行业未来发展的重要驱动力。比如关于"处方药网售"，《药品管理法》采取了审慎包容的态度，其在第六十一条规定："疫苗、血液制品、麻醉药品、精神药品、医疗用毒性药品、放射性药品、药品类易制毒化学品等国家实行特殊管理的药品不得在网络上销售"，是通过"负面清单"的形式赋予了医药电商销售处方药的合法主体身份。

2022 年 7 月国家市场监督管理总局发布《药品网络销售监督管理办法》（第 58 号令），聚焦保障药品质量安全、方便群众用药、完善药品网络销售监督管理制度设计等方面，对药品网络销售管理、第三方平台管理以及各方责任义务等作出规定。

二、互联网药品信息服务管理

在中华人民共和国境内从事互联网药品信息服务必须遵守《互联网信息服务管理办法》（2000 年 9 月 25 日中华人民共和国国务院令第 292 号公布　根据 2011 年 1 月 8 日《国务院关于废止和修改部分行政法规的决定》修订）和《互联网药品信息服务管理办法》（2004 年 7 月 8 日国家食品药品监督管理局令第 9 号公布　根据 2017 年 11 月 7 日国家食品药品监督管理总局局务会议《关于修改部分规章的决定》修正）。

（一）定义

互联网药品信息服务是指通过互联网向上网用户提供药品（含医疗器械）信息的服务活动。

（二）分类

互联网药品信息服务分为经营性和非经营性两类：经营性互联网药品信息服务是指通过互联网向上网用户有偿提供药品信息等服务的活动；非经营性互联网药品信息服务是指通过互联网向上网用户无偿提供公开的、共享性药品信息等服务的活动。

（三）管理

拟提供互联网药品信息服务的申请应当以一个网站为基本单元。在向国务院信息产业主管部门或者省级电信管理机构申请办理经营许可证或者办理备案手续之前，按照属地监督管理的原则，向该网站主办单位所在地省、自治区、直辖市的药品监督管理部门提出申请，经审核同意后取得提供互联网药品信息服务的资格——互联网药品信息服务资格证书。

根据《互联网信息服务管理办法》规定，从事经营性互联网信息服务，应当向省、自治区、直辖市电信管理机构或者国务院信息产业主管部门申请办理互联网信息服务增值电信业务经营许可证

（以下简称经营许可证）；从事非经营性互联网信息服务，应当向省、自治区、直辖市电信管理机构或者国务院信息产业主管部门办理备案手续。

1. 提供互联网药品信息服务企业的申请条件　申请提供互联网药品信息服务，除应当符合《互联网信息服务管理办法》规定的要求外，还应当具备下列条件。

（1）互联网药品信息服务的提供者应当为依法设立的企事业单位或者其他组织。

（2）具有与开展互联网药品信息服务活动相适应的专业人员、设施及相关制度。

（3）有两名以上熟悉药品、医疗器械管理法律法规和药品、医疗器械专业知识，或者依法经资格认定的药学、医疗器械技术人员。

2. 提供互联网药品信息服务企业的申请材料　申请提供互联网药品信息服务，应当填写国家药品监督管理部门统一制发的《互联网药品信息服务申请表》，向网站主办单位所在地省、自治区、直辖市（食品）药品监督管理部门提出申请，同时提交以下材料。

（1）营业执照　企业营业执照复印件。

（2）网站域名注册的相关证书或者证明文件　从事互联网药品信息服务网站的中文名称，除与主办单位名称相同的以外，不得以"中国""中华""全国"等冠名；除取得药品招标代理机构资格证书的单位开办的互联网站外，其他提供互联网药品信息服务的网站名称中不得出现"电子商务""药品招商""药品招标"等内容。

（3）网站栏目设置说明　申请经营性互联网药品信息服务的网站需提供收费栏目及收费方式的说明。

（4）历史信息　网站对历史发布信息进行备份和查阅的相关管理制度及执行情况说明。

（5）操作手册　药品监督管理部门在线浏览网站上所有栏目、内容的方法及操作说明。

（6）人员资质　药品及医疗器械相关专业技术人员学历证明或者其专业技术资格证书复印件、网站负责人身份证复印件及简历。

（7）保障措施　健全的网络与信息安全保障措施，包括网站安全保障措施、信息安全保密管理制度、用户信息安全管理制度。

（8）信息来源　保证药品信息来源合法、真实、安全的管理措施、情况说明及相关证明。

3. 提供互联网药品信息服务企业的要求　提供互联网药品信息服务的企业应注意以下几点。

（1）证书　提供互联网药品信息服务的网站，应当在其网站主页显著位置标注互联网药品信息服务资格证书的证书编号。

（2）药品信息　提供互联网药品信息服务网站所登载的药品信息必须科学、准确，必须符合国家的法律法规和国家有关药品、医疗器械管理的相关规定。

（3）禁忌　提供互联网药品信息服务的网站不得发布麻醉药品、精神药品、医疗用毒性药品、放射性药品、戒毒药品和医疗机构制剂的产品信息。

（4）广告　提供互联网药品信息服务的网站发布的药品（含医疗器械）广告必须经过药品监督管理部门审查批准，同时要注明广告审查批准文号。

4. 互联网药品信息服务的监管　主要包括各级药监部门对互联网药品信息服务资格证审核发放和互联网药品信息服务活动的日常监督检查。

（1）审核发证　各省、自治区、直辖市药品监督管理部门对本辖区内申请提供互联网药品信息服务的互联网站进行审核，符合条件的核发互联网药品信息服务资格证，同时报国家药品监督管理局备案并发布公告。

（2）监督检查　各省、自治区、直辖市药品监督管理部门对本行政区域内提供互联网药品信息服务活动的网站实施监督管理。国家药品监督管理局对全国提供互联网药品信息服务活动的网站实施监督管理,并将检查情况向社会公告。

5. 提供互联网药品信息服务的企业变更事项 互联网药品信息服务资格证书有效期为 5 年。有效期届满,需要继续提供互联网药品信息服务的,持证单位应当在有效期届满前 6 个月内,向原发证机关申请换发互联网药品信息服务资格证书。互联网药品信息服务提供者变更下列事项之一的,应当向原发证机关申请办理变更手续,填写《互联网药品信息服务项目变更申请表》,同时提供下列相关证明文件。

(1)互联网药品信息服务资格证书中审核批准的项目 互联网药品信息服务提供者单位名称、网站名称、IP 地址等。

(2)互联网药品信息服务提供者的基本项目 地址、法定代表人、企业负责人等。

(3)网站提供互联网药品信息服务的基本情况 服务方式、服务项目等。

省、自治区、直辖市药品监督管理部门自受理变更申请,同意变更的,将变更结果予以公告并报国家药品监督管理局备案;不同意变更的,以书面形式通知申请人并说明理由。

6. 提供互联网药品信息服务企业的法律责任 互联网药品信息服务企业应依法开展经营活动,否则会受到相应违法处罚。

(1)资格证书 未取得或者超出有效期使用互联网药品信息服务资格证书从事互联网药品信息服务的,由国家药品监督管理局或者省、自治区、直辖市药品监督管理部门给予警告,并责令其停止从事互联网药品信息服务;情节严重的,移送相关部门,依照有关法律法规给予处罚。

(2)网站 提供互联网药品信息服务的网站不在其网站主页的显著位置标注互联网药品信息服务资格证书证书编号的,由国家药品监督管理局或者省、自治区、直辖市药品监督管理部门给予警告,责令限期改正;在限定期限内拒不改正的,对提供非经营性互联网药品信息服务的网站处以 500 元以下罚款,对提供经营性互联网药品信息服务的网站处以 5000 元以上 1 万元以下罚款。

(3)违法行为 互联网药品信息服务提供者有下列情形之一的,由国家药品监督管理局或者省、自治区、直辖市药品监督管理部门给予警告,责令限期改正;情节严重的,对提供非经营性互联网药品信息服务的网站处以 1000 元以下罚款,对提供经营性互联网药品信息服务的网站处以 1 万元以上 3 万元以下罚款;构成犯罪的,移送司法部门追究刑事责任。①已经获得互联网药品信息服务资格证书,但提供的药品信息直接撮合药品网上交易的;②已经获得互联网药品信息服务资格证书,但超出审核同意的范围提供互联网药品信息服务的;③提供不真实的互联网药品信息服务并造成不良社会影响的;④擅自变更互联网药品信息服务项目的。

互联网药品信息服务提供者在其业务活动中,违法使用互联网药品信息服务资格证书的,由国家药品监督管理局或者省、自治区、直辖市药品监督管理部门依照有关法律法规的规定处罚。

三、药品网络销售监督管理

为规范药品网络销售和药品网络交易平台服务活动,保障公众用药安全,2022 年 7 月国家市场监督管理总局第 9 次局务会议通过《药品网络销售监督管理办法》(第 58 号令),在中华人民共和国境内从事药品网络销售、提供药品网络交易平台服务的企业应严格遵守。

(一)药品网络销售管理

1. 从事药品网络销售企业的条件 从事药品网络销售的企业必须具备以下条件才能开展药品网络销售活动。

(1)经营资格 从事药品网络销售的企业必须是线下实体药品企业,应当是具备保证网络销售药品安全能力的药品上市许可持有人或者药品经营企业。中药饮片生产企业销售其生产的中药饮片,应当履行药品上市许可持有人相关义务。

（2）网站信息齐备　药品网络销售企业应当向药品监督管理部门报告企业名称、网站名称、应用程序名称、IP地址、域名、药品生产许可证或者药品经营许可证等信息。信息发生变化的，应当在10个工作日内报告。药品网络销售企业为药品上市许可持有人或者药品批发企业的，应当向所在地省级药品监督管理部门报告。药品网络销售企业为药品零售企业的，应当向所在地市县级药品监督管理部门报告。

（3）制度保障　药品网络销售企业应当建立并实施药品质量安全管理、风险控制、药品追溯、储存配送管理、不良反应报告、投诉举报处理等制度。

（4）药学服务能力　药品网络零售企业应当建立在线药学服务制度，由依法经过资格认定的药师或者其他药学技术人员开展处方审核调配、指导合理用药等工作。依法经过资格认定的药师或者其他药学技术人员数量应当与经营规模相适应。

知识链接

药品网络销售企业的许可资质

在互联网药品领域，药品网络销售企业需持有多种资质证书以确保合规经营。

1. 线下实体药企具备营业执照、药品经营许可证、医疗器械经营许可证、食品经营许可证等核心证照，确保药品及健康产品的安全流通。国家实施"多证合一"改革，如山东省"一业一证"试点，开办药店只需申请核发药店业态行业综合许可证。

2. 申办互联网药品信息服务资格证，经营性互联网信息服务，还需申请增值电信业务经营许可证（ICP许可证）。原互联网药品交易服务资格证书已取消并改为备案制，分为《医疗器械网络经营备案》和《药品网络经营备案》。许可资质为消费者提供了安全可靠的网购环境，推动医药电商行业健康发展。

2. 从事药品网络销售企业的要求　药品网络销售企业应当严格按照以下要求开展销售活动。

（1）信息公示　药品网络销售企业应当在网站首页或者经营活动的主页面显著位置，持续公示其药品生产或者经营许可证信息。药品网络零售企业还应当展示依法配备的药师或者其他药学技术人员的资格认定等信息。上述信息发生变化的，应当在10个工作日内予以更新。

（2）销售范围　药品网络销售企业应当按照经过批准的经营方式和经营范围经营。药品网络销售企业为药品上市许可持有人的，仅能销售其取得药品注册证书的药品。未取得药品零售资质的，不得向个人销售药品。

（3）禁止销售　疫苗、血液制品、麻醉药品、精神药品、医疗用毒性药品、放射性药品、药品类易制毒化学品等国家实行特殊管理的药品不得在网络上销售，具体目录由国家药品监督管理局组织制定。

（4）赠品　药品网络零售企业不得违反规定以买药品赠药品、买商品赠药品等方式向个人赠送处方药、甲类非处方药。

（5）药品展示要求　从事处方药销售的药品网络零售企业，应当在每个药品展示页面下突出显示"处方药须凭处方在药师指导下购买和使用"等风险警示信息。

（6）处方药销售　通过网络向个人销售处方药的，应当确保处方来源真实、可靠，并实行实名制。药品网络零售企业应当与电子处方提供单位签订协议，并严格按照有关规定进行处方审核调配，对已经使用的电子处方进行标记，避免处方重复使用。药品网络零售企业接收的处方为纸质处方影印版本的，应当采取有效措施避免处方重复使用。

（7）购销要求　药品网络销售企业应当完整保存供货企业资质文件、电子交易等记录。销售处方药的药品网络零售企业还应当保存处方、在线药学服务等记录。相关记录保存期限不少于5年，且不少于药品有效期满后1年。

（8）销售记录　向个人销售药品的，应当按照规定出具销售凭证。销售凭证可以以电子形式出具，药品最小销售单元的销售记录应当清晰留存，确保可追溯。

（二）第三方平台管理

1. 第三方平台的申请条件　主要包括以下两个方面。

（1）资质信息备案　第三方平台应当将企业名称、法定代表人、统一社会信用代码、网站名称以及域名等信息向平台所在地省级药品监督管理部门备案。

（2）全面质量管理　第三方平台应当建立药品质量安全管理机构，配备药学技术人员承担药品质量安全管理工作，建立并实施药品质量安全、药品信息展示、处方审核、处方药实名购买、药品配送、交易记录保存、不良反应报告、投诉举报处理等管理制度。

2. 第三方平台的申请要求　主要包括以下三个方面。

（1）信息公示　第三方平台应当在其网站首页或者从事药品经营活动的主页面显著位置，持续公示营业执照、相关行政许可和备案、联系方式、投诉举报方式等信息或者上述信息的链接标识。

（2）入驻企业审核　第三方平台应当对申请入驻的药品网络销售企业资质、质量安全保证能力等进行审核，对药品网络销售企业建立登记档案，至少每6个月核验更新一次，确保入驻的药品网络销售企业符合法定要求。

（3）信息保存　第三方平台应当保存药品展示、交易记录与投诉举报等信息。保存期限不少于5年，且不少于药品有效期满后1年。

3. 第三方平台的法律责任　第三方平台应注意以下4个方面，避免违法行为。

（1）检查监控制度　第三方平台应当对药品网络销售活动建立检查监控制度。发现入驻的药品网络销售企业有违法行为的，应当及时制止并立即向所在地县级药品监督管理部门报告。

（2）严重违法行为　第三方平台发现下列严重违法行为的，应当立即停止提供网络交易平台服务，停止展示药品相关信息。①不具备资质销售药品的；②违反规定销售国家实行特殊管理的药品的；③超过药品经营许可范围销售药品的；④因违法行为被药品监督管理部门责令停止销售、吊销药品批准证明文件或者吊销药品经营许可证的；⑤其他严重违法行为的；⑥药品注册证书被依法撤销、注销的，不得展示相关药品的信息。

（3）应急措施　出现突发公共卫生事件或者其他严重威胁公众健康的紧急事件时，第三方平台、药品网络销售企业应当遵守国家有关应急处置规定，依法采取相应的控制和处置措施。

（4）药品召回　药品上市许可持有人依法召回药品的，第三方平台、药品网络销售企业应当积极予以配合。

（三）药品网络销售监管的职权

国家药品监督管理局主管全国药品网络销售的监督管理工作。

省级药品监督管理部门负责本行政区域内药品网络销售的监督管理工作，负责监督管理药品网络交易第三方平台及药品上市许可持有人、药品批发企业通过网络销售药品的活动。

设区的市级、县级承担药品监督管理职责的部门负责本行政区域内药品网络销售的监督管理工作，负责监督管理药品零售企业通过网络销售药品的活动。

任务四　药品电子商务运营策略

情境导入

情境： 2023 年 10 月 20 日，在世界传统医药日到来之际，某电商平台发布消息称，10 月 21 日零点，将联手近千商家，推出聚焦国人健康的"医药健康日"活动。活动中，平台将联合商家推出"百亿补贴"，瞄准消费者最常用的 OTC 药品、保健品、医疗器械等进行精准补贴，主推商品全网超低价，用最大的诚意来守护消费者的健康需求，推动医药健康进万家。

思考： 1. 医药电商促销的活动形式有哪些？

2. 处方药可不可以做促销活动？

一、医药电商促销策略

在医药电子商务活动中，要取得良好的业绩，一要选择好促销的切入点，采用有利于达成购买行为、提升品牌忠诚度、拓展消费群体、开发衍生服务的促销手段；二要做到持续提升消费者的购买欲望，在消费群体设定、销售时机选择、销售价格确定等方面讲究策略；三要不断满足目标客户的消费新需求，要重视培育产品特色、营造产品优势，提升服务质量。为达成上述目标，要运用关键绩效指标（KPI）评价方法适时调整促销行为，按照电商促销策划的基本要求和步骤，精心策划促销内容，抓好策划方案的落实和执行。

（一）电商促销关键绩效指标的评价指标

关键绩效指标（key performance index，KPI）是通过对组织内部某一流程的输入端、输出端的关键参数进行设置、取样、计算、分析，以衡量流程绩效的一种目标式量化管理指标。它是把企业的战略目标分解为可运作的远景目标的工具，是企业绩效管理系统的基础。关键绩效指标指明了各项工作内容所应产生的结果或所应达到的标准，最常见的关键业绩指标有三种：效益类指标如资产盈利水平、营运类指标如市场份额、组织类指标如满意度水平。电商网站促销的 KPI 评价指标具体如下。

1. 访问量　即页面浏览量或者点击量，用户每次对网站的访问均被记录 1 次，用户对同一页面的多次访问，访问量累计。网站的访问量越高，说明越多的潜在客户关注所考核企业的商品，该企业可能会拥有更高的转化率。访问量能衡量营销活动是否产生了成效，同时反映出电商市场的波动，让该企业根据上述数据及时做出相应的销售计划和策略调整。

2. 人均访问页面数　指对应时间范围内，每个访客访问网站的平均页面数。平均页面访问数代表了网站的黏度，黏度越高，用户看的页面越多，平均页面访问数也就越高，它与用户体验的满意度和网站内容息息相关，是一个关键指标。

3. 转化率　是在一定时间范围内，成功完成转化行为的次数占推广信息总点击次数的百分比率。较低的转化率意味着所考核企业的营销力度不够、产品不符合市场需求。此外，也可能是因体验糟糕或结账流程繁琐而影响顾客的购买行为实现。

4. 跳出率　指仅仅访问了单个页面的用户占全部访问用户的百分比，只要访问者在离开网站前点击一次页面的任何链接，就不会被计入跳出率中。这是测试不同产品页面和营销力度的最好的测量标准。跳出率越高说明该网站对访问者的吸引力越低，当跳出率达到一定的程度时，就说明网站需要优化或更新页面了。

5. 平均订单价值　通过衡量每个订单的成本和平均订单价值，可以辨别营销活动的成效。平均订单价值越高，说明营销活动的效果越显著，促销活动的策略更准确。

6. 购物车放弃率　访客已经浏览了网站并选择了产品，但就在最后一秒选择了放弃，离开了该网站。为了提高收益，可以通过以下技巧减少购物车放弃率：①消除或减少额外成本，并直截了当地指明相关费用；②减少结账表单并使其更易操作；③使用权威性的认证标志；④提高网站运行速度和强化其功能；⑤制定明确的退货政策；⑥制定和实施挽回购物车邮件策略等。

7. 归因分析　进行营销归因分析，可以更清楚地了解客户在转化路径上与商家品牌所具有的所有不同接触与作用点，可以使商家更全面地了解促成转化的渠道和因素，从而对投资和投入进行合理的调整。如经过归因分析，发现有的渠道成本高，但收益小，这时就要将资金投入回报率更高的地方。

（二）医药电商促销策划的主要内容

1. 促销主题　电商促销的主题与促销活动的类型紧密结合在一起。其中单品促销的类型包括买赠、限时购、特价、预售、加价购等，多品促销的类型包括满减、满赠、满折、套装等。可以根据不同的促销类型设定不同的促销主题，如满减的主题在于价格优惠，满赠的主题在于产品与服务的附加。

2. 促销目的　包括使消费者快速地熟悉企业的产品，刺激购买欲望，让产品迅速打开市场，为企业赢得稳定的利润；营造紧张气氛、赢得市场空间，规避生产风险，提高带货率；提升客单价、客单数，清库存，促进连带销售等。要根据产品和服务的特点以及其销售阶段和现状对促销目的进行形式不同的策划。

3. 联动门店　以追求联动门店数量、品牌互动效应、灵活销售方式、文化理念影响等为出发点，采取本企业内部、同行间甚至看似毫无联系的门店间进行联动的方式，实现策划的目标。

4. 促销时间　适应目标客户消费心理随时间变化而出现的波动与转移，不断寻找甚至创设消费热点，达成策划目标。

5. 促销方式和内容　促销方式样式繁多，内容各有侧重，但都要有特色鲜明的促销主题和方向明确的促销目的，才能保障促销策划的成功。

6. 宣传方式　电商促销目标能否实现，与宣传力度的大小及针对性有非常密切的关系。电商促销宣传思路要开阔、立意要新颖、内容要合法、设计要美观、形式要灵活、运行要流畅。尤其注意防止虚假宣传。

7. 宣传预算　宣传的预算要合理，既要保证达成促销目标，又要避免增加不必要的成本。

8. 注意事项　电商促销策划要注意结合平台特点，充分挖掘市场和线上资源。要注意总结分析活动的效果，为下一次活动制定最佳方案；要注意挖掘产品亮点、卖点，提高转化率；要紧抓社会热点、具有行业影响力的事件并快速响应，提升公司销售利润或品牌影响力。要注意收集同行业电商信息，总结策划活动与网站流量、在线促销活动流量、产品销量之间的关系。

（三）电商促销的活动形式

线上活动的形式包括秒杀、直降、折扣、赠品、赠积分、团购、多买多惠、满额减、专享价、加价换购、有奖转发、有奖征集、网上评选、注册送券等。根据《药品网络销售监督管理办法》的规定，药品网络零售企业不得违反规定以买药品赠药品、买商品赠药品等方式向个人赠送处方药、甲类非处方药。

不同的活动形式有不同的活动目的和注意事项。如折扣，其比例要设置合理恰当，首件折扣不能太大，否则以后活动折扣就无法设置了；也不能太小，太小会没吸引力，最好有阶梯，以刺激用户多消费。另如赠积分，适合于低价高频的购物场景，平时买就会有积分赠送，有利于培养用户领取和消耗积分的习惯，用户往往为了使用积分而再次下单购买。如手机专享价，要比正常渠道购买的价低，在商品详情页和购物车界面最好有所体现，这样才能最大程度地刺激用户去使用手机购买。会员专享价，其商品要时常更新，以刺激用户去升级和二次购买，对于控价的商品是很好的促销形式。

┌「知识链接」┐

医药产品促销风险点及合规建议

企业在医药产品促销活动中应高度谨慎，避免合规风险点。首先，应避免处方药和甲类非处方药违规促销，如搭售、买药品赠药品、买普通商品赠药品等行为，乙类非处方药促销前，务必与主管部门沟通监管要求。其次，要关注促销材料的合规性，广告内容需事先审查批准，并避免诱导性内容，遵循反不正当竞争法与价格法，杜绝虚假宣传。最后，在管理方面企业应构建风险评估机制，强化员工及第三方执行者合规培训，全程记录促销活动细节，特别是奖品分配与费用明细，以备查证。此外，高度重视个人信息保护，合规收集、使用消费者数据，维护用户隐私权益。综上所述，医药产品促销须严守合规底线，确保活动透明、公正、合法，共筑行业健康发展基石。

二、医药电商线上推广策略

医药电商线上推广的主要目的是吸引流量，店铺访问流量与销量有着直接关系，要想取得不错的成绩，必须对店铺进行推广。此部分主要介绍主流的医药电商线上推广策略。

（一）搜索引擎推广

1. 站内与站外流量　店铺流量的来源途径非常多，主要分为站内流量和站外流量。站内流量是指医药电子商务平台本身带来的流量，以平台××医药馆为例，站内搜索、直通车、智选、聚划算等都属于站内流量；站外流量是指在该医药馆以外的其他互联网上获取的流量，如从专业论坛、微博、微信、百度搜索等获取的流量即属于站外流量。

（1）站内搜索　是指通过当前网站的搜索引擎搜索本网站中的内容，对于网上卖家而言，站内搜索是非常重要的流量来源。大部分消费者是通过网站搜索栏检索产品关键词寻找商品的。

（2）付费推广　是一种有效的推广方式，可以帮助卖家获取更多有效流量，例如平台内部的付费推广方式主要有直通车、智钻、淘宝客、达人等，其中直通车是最为常用的方式，它能帮助特定类目下的店铺打造爆款，智钻是一种广泛获取店铺流量的推广方式，淘宝客和达人则是卖家支付佣金，由专人提供推广服务的方式。

（3）参与活动　除了通过站内搜索和推广来获取流量外，使用平台提供的营销活动进行推广也是常见流量的来源之一，如果店铺满足活动参与条件，则可通过平台的活动入口申请参与，申请通过后，即可在活动区域获得展示机会，买家即可浏览。

（4）会员营销　是指通过会员关系进行管理，从老顾客中再次获得流量，当店铺通过其他方式带来了流量和人气之后，需要进一步留住这些流量，让其产生持续的购买行为。还可以通过会员的广告效应，扩大会员营销流量的影响范围，刺激新会员的产生。

2. 搜索排序

（1）影响站内搜索排序的因素　站内搜索排序是店铺自然流量的首要条件，排名靠前的，展示的机会就越多。影响搜索排序的因素具体如下。①文本相关性，当买家搜索关键词的时候，网站系统就会筛选出标题中包含该关键词的宝贝进入下一轮的筛选，而不含该关键词的宝贝就被屏蔽掉了。②属性相关性，买家搜索关键词的时候，网站会为该关键词匹配一个最佳的类目，并且搜索结果也会优先显示该类目下的宝贝。可以通过发布宝贝自动匹配最佳类目来查找自己产品的最佳类目。③虚假交易，会导致产品降权或被屏蔽。④价格，因价格设置不合理，也可能使产品被屏蔽。⑤滞销品，长时间卖不出去的产品，也可能使搜索排名靠后。⑥产品销量，产品销量影响搜索排名。⑦评价，主要是好评率以及访客 UV/PV（独立访客数/页面访问量）。⑧点击率，点击率 = 点击量/展现量，点击率越高越好。点击率的参考意义在于测图，也就是主图是否吸引人。一般比例在 3% ~ 8% 都是正常范围，如果点击率过低，说明主图不好。⑨跳出率，是指在只访问了入口页面（例如网站首页）就离开的访问量与所产生总访问量的百分比。跳出率计算公式：跳出率 = 访问一个页面后离开网站的次数/总访问次数。⑩转化率，指的是 100 个顾客看了产品后，顾客产生购买行为的比例。⑪综合评分，包含各种因素，如人气、销量、价格等，综合评分较高，网站则将提升其排名。⑫动态评分（DSR），指的是店铺综合服务水平，评分越高，排名越有利。⑬下架时间，是影响"所有宝贝"排序很重要的一个因素，网站即将下架时会获得排名提升和更多展示机会。⑭动销率，也是会影响搜索排名的一个因素，卖家应将长期无法售卖的产品进行重新编辑，有利于提升店铺权重。⑮回头客，是指在店铺重复购买的客户，回头客比例越高，越说明商品的质量好、店铺服务好。⑯关键词匹配，一般来说，标题关键词与产品应匹配，最好是使用关键词细分中产品某类目下的热门关键词。同时在商品详细描述里也最好包含，有利于提升排名。

（2）优化商品标题　商品标题应符合用户搜索习惯，尽可能使用组合各种与商品相符的热搜词。一般的商品标题包含了核心关键词、属性关键词和热搜词三部分。①核心关键词：指商品名称，其作用是可使买家通过标题快速了解商品是什么，是否是自己所需产品。②属性关键词：是对商品属性的介绍，药品类型、适应证、剂型都属于商品属性。③热搜词：是指与商品相关的、买家搜索量高的词，主要用于对标题的优化，增加被搜索到的概率。

（3）突出卖点　商品被买家搜索到后，如果标题不是买家需要的信息，就会失去买家继续查看的机会。因此商品标题不仅要包含热搜词，还应该在其基础上突出该产品的卖点。在结构合理的基础上，尽可能多地组合热搜词，而这些热搜词的选择，最好包含符合商品特性和属性的词语。

（4）优化商品描述页　很多数据分析工具都能对商品的目标人群进行分析，比如年龄、性别、购买习惯等。找准详情页内容的定位，结合产品特征进行详情页的展示，才能更好地吸引目标群体。好的详情页应同时兼顾人群定位、商品展示、页面布局、关联营销、刷新速度等多个方面。

（二）信息流推广

信息流是一种可以滚动浏览的内容流。例如，信息流可以是编辑精选的信息流文章、新闻列表、产品详情、服务列表等，信息流可以出现在页面上的任何位置。

信息流推广，首先应进行竞品调研，比如调研竞品的推广方式是哪一类信息流、在哪些渠道做了推广、在这些渠道中的素材占比是多少、主要的创意是什么、展现形式是怎样的。然后需要对广告媒体进行选择，可以结合各大媒体的用户特性以及前期调研的结果，选择合适的媒体广告渠道，确定好投放时间。接下来要进行广告创意的设计，在这个阶段要充分结合产品特性以及投放平台的用户特性，设计对口的广告素材创意。创意有了，就需要广告的具体文案设计，比如广告的标题应该怎样撰写，才能快速让受众了解产品的价值，明确产品的作用，广告文案一定要精炼简洁。

投放测试，把准备好的广告素材和文案进行组合测试，寻找最佳的搭配效果，对效果好的继续进行测试，记录投放的数据，并做出分析，后续不断进行调整。反复测试并优化素材，直到寻找到爆点，然后围绕爆点进行推广。

（三）"微营销"推广

微营销是传统营销与现代网络营销的结合体，是以移动互联网作为主要沟通平台，通过微博、微信等应用软件配合传统网络媒体和大众媒体，通过可管理、线上线下的沟通，建立和强化与顾客间的关系，实现顾客价值的一系列过程。

1. 微博推广　是以微博作为推广平台，每个用户（粉丝）都是潜在营销对象，企业利用更新自己的微博向网友传播企业与产品的信息，树立良好的企业形象和产品形象。每天更新的内容与用户（粉丝）进行交流，激发用户兴趣，从而达到营销的目的，这种方式就是新兴的微博营销。微博推广的主要方式有转发抽奖、晒图有奖、发布话题等。

（1）转发抽奖　是指通过官方微博与粉丝进行互动，从转发当前微博的粉丝中抽取用户赠送奖品。这种方式十分常见，可以累积粉丝，扩大影响力。

（2）晒图有奖　是指通过官微，邀请买家上传商品图片，同时@官微的方式参与活动。官微对图片进行评比或投票，选出人气最高的商品图片，颁发奖品。晒图有奖可使买家体会购买产品后的参与感，提升买家的忠诚度，是一种非常有效的方式。

（3）发布话题　是指在微博上发布的特指某个描述对象的主题，如"2021年××新品"等，通过微博平台发布话题后，话题将以超链接的形式显示。活动、品牌、事件都可成为专门话题，官微有意识地引导粉丝针对话题进行讨论，这样可以使话题推送给更多微博用户。

2. 微信推广　微信是用户基础非常大的软件，其受众非常广泛，甚至很多中老年人都会使用。因此，具有广泛使用和即时传播信息的特点，使得微信推广具有较大的发展空间和可观的推广效果。与微博不同，微信推广主要依靠朋友圈和公众平台。

（1）微信朋友圈推广　主要方式有图片、活动、店铺宣传等。朋友圈中的内容只能由好友查看，所以限制较大。店铺也可以以会员活动、会员管理等方式，引导和邀请买家添加店铺的微信号，再通过制作海报等方式，增加点击和购买率。

（2）微信公众号推广　微信公众号是通过公众账号推广媒体信息的平台，商家可通过申请公众微信服务号或订阅号，在该平台进行自媒体活动，如通过二次开发展示商家的微官网、微会员、微推送、微支付、微活动、微分享等，由于微信公众号的公众性，目前已经发展成一种主流的线上互动营销方式。按照性质的不同，微信公众号可分为个人账号、企业账号、订阅号和服务号等。但不管是哪一种类型的公众号，其目的都是为个人或企业创造价值，而这也需要推送内容具备真正的价值。

微信推广的内容一般为图文结合的方式，文字要求排版整齐，图片要求精致美观，内容可读性强，能吸引用户进行阅读。比如以趣味软文的形式做推广，就容易引发用户兴趣，拉近与客户的距离，同时策划一些活动也可吸引更多客户的关注。

（四）论坛推广

论坛推广主要是通过编辑和发布与店铺有关的帖子或链接地址来推广店铺，这种推广方式通常是针对潜在用户的推广，因此需要选择目标客户经常访问的论坛来实现推广目的。在论坛进行推广时，需要注意不论是发帖还是回帖质量都很重要，否则潜在客户不感兴趣，达不到想要的目标。一幅排版精美，将产品信息精准的推荐给目标群体的帖子，就是一篇成功的论坛推广文案。

三、医药电商客户管理

（一）客户关系管理

1. 客户关系管理的概念　客户关系是指企业为达到其经营目标，主动与客户建立起的某种联系。

这种联系可能是单纯的交易关系，可能是通信联系，也可能是为客户提供一种特殊的接触机会，还可能是为双方利益而形成某种买卖合同或联盟关系。客户关系具有多样性、差异性、持续性、竞争性、双赢性的特征。它不仅仅可以为交易提供方便，节约交易成本，也可以为企业深入理解客户的需求和交流双方信息提供许多机会。

客户关系管理（customer relationship management，CRM）指的是企业为赢取新客户、维护老客户，以不断增进企业利润为目的，通过不断地沟通和了解客户，达到影响客户购买行为的目标。即通过对客户详细资料的深入分析来提高客户满意度，从而提高企业竞争力的一种手段。CRM 的核心是"以客户为中心"，提高客户满意度，培养和维持客户忠诚度。美国早在 1980 年初便有所谓的"接触管理"，即专门搜集客户与公司联系的所有信息，到 1990 年则演变成电话服务中心支持资料分析的客户关怀，之后开始在企业电子商务中流行。

医药电商客户关系管理是指企业为提高核心竞争力，利用相应的信息技术以及互联网技术协调企业与顾客间在销售、营销和服务上的交互，从而提升其管理方式，向客户提供创新式的个性化的客户交互和服务的过程。其最终目标是吸引新客户、保留老客户、提高忠诚度和客户利润贡献度，增加市场。

2. 客户关系管理的流程　客户关系管理首先应对客户进行识别和选择，以支持医药电商企业在合适的时间和合适的场合，通过合适的方式，将合适价格的合适产品和服务提供给合适的客户。

（1）客户资料管理　主要包括客户信息的搜集、处理（分析和筛选）和保存。分析客户类型、需求特征和购买欲望，建立客户资料库，资料存储应尽量详尽、规范。

（2）客户跟踪管理　作用在于让所有与客户的往来有据可查。可进行跟进方式、时间、内容、商机、结果、跟进对象以及沟通细节等的客户全程跟踪记录，避免因业务人员离职而导致客户流失。

（3）客户全生命周期管理　从产品报价、发起订单、合同签订、回款计划、开票申请执行全过程管理，通过跟踪管理最终促成产品成交（合同/订单签订），流程更加规范化，并且系统自动存留数据，以供稽核。

（4）数据分析及售后服务管理　对收集到的数据信息进行客户分析和商机分析，及时对商机进行跟进。同时，及时处理客户问题反馈和客户方服务需求。

（二）客户分级管理

每个客户能为店铺带来的价值（利润贡献）不同，店铺需要根据不同价值的客户分配不同的资源。根据客户产生的价值大小可分为关键客户、普通客户和小客户。

1. 关键客户　属于核心客户，数量在总客户中约占 20%，利润贡献率约占 50%，是店铺利润的主要来源，也是店铺发展的重要保障。客服应为关键客户提供最优质的资源和服务，让这部分客户为店铺贡献更好的经济效益。

（1）成立专人服务组　可避免新客服因不熟悉业务而得罪关键客户，同时，让关键客户感受到被重视、被尊重，提高其忠诚度。

（2）给予优质资源服务　客服应准确预测关键客户的需求，把服务方案主动呈现给客户，提供售前、售中、售后的全面服务，满足关键客户的需求。

（3）真诚的沟通和交流　想要真正地留住客户，就要淡化商业关系，让客户感受到彼此之间的友情，而非赤裸裸的交易关系。例如，当某老客户在购买某款商品时，客服可与客户聊相关的话题，增进相互之间的了解，淡化商业关系。

2. 普通客户 根据普通客户为店铺创造的利润和群体数量，商家需要提升客户级别和控制服务成本，努力培养其成为关键客户。对于有潜力升级为关键客户的普通客户，客服可以通过引导、创造、增加客户的需求，使其加大购买力度，提高对店铺的利润贡献率。例如某客户半年内在店内购买次数超过 10 次，但是每次的客单价都不高，这说明他信任店内商品，只是由于某些原因导致客单价较低，针对这种情况，可以配置专门的客服进行回访，询问最近需求，并在原来的优惠上再给予更有力的优惠，刺激购买，提高客单价，从而使其发展为关键客户。

3. 小客户 在利润贡献上是最小的一个群体，但也不能忽视对小客户的管理，应尽量努力提升客户等级。客服应筛选出有升级潜力的小客户，对其进行重点关心和照顾，挖掘其购买能力，将其提升为普通客户甚至关键客户。为降低服务成本，要压缩、减少对小客户服务的时间，如对普通客户可以每周发一次慰问短信，而对小客户可调整为每月一次。

不同等级的客户为店铺带来的利润贡献不同，因此应该对不同等级的客户设计不同的关怀项目。例如，关键客户为店铺贡献 50% 的利润，应该为这类客户提供最上乘的服务，给予特殊关怀，提高这部分客户的满意度，维系他们对店铺的忠诚。对于普通用户，由于这是数量最大的一个群体，因此应提供适宜的服务，努力将部分客户转化为关键客户。

目标检测

答案解析

一、单项选择题

1. 医药电子商务的参与主体不包含（ ）
    A. 医疗机构   B. 医药零售企业
    C. 医药生产企业   D. 医药监管部门

2. 我国颁布的政策法规提出取消互联网交易服务资格 A 证审核的是（ ）
    A. 《国务院关于第三批取消中央指定地方实施行政许可事项的决定》
    B. 《互联网药品信息服务管理办法》
    C. 《国务院关于取消一批行政许可事项的决定》
    D. 《互联网药品交易服务审批暂行规定》

3. B2C 模式是指（ ）
    A. 企业对企业   B. 企业对顾客   C. 线上到线下   D. 企业对政府

4. 医药电子商务模式不包括（ ）
    A. C2C 模式   B. B2B 模式   C. B2C 模式   D. O2O 模式

5. 产品信息可以在互联网药品信息服务的网站发布的是（ ）
    A. 麻醉药品   B. 戒毒药品   C. 医疗机构制剂   D. 处方药

6. 互联网药品信息服务资格证的有效期为（ ）
    A. 2 年   B. 3 年   C. 5 年   D. 6 年

7. 药品网络销售企业为药品上市许可持有人的，仅能销售（ ）
    A. 注册药品   B. 合法药品   C. 处方药   D. 非处方药

8. 最常见的关键绩效指标不包括（ ）
    A. 效益类指标   B. 营运类指标   C. 形象类指标   D. 组织类指标

9. 不属于医药电商线上推广方式的是（ ）
    A. 朋友圈推广   B. 讲座推广   C. 信息流推广   D. 论坛推广

10. 一般来说，电商平台中的关键客户占总客户量的 （　　）

    A. 5%　　　　　　　　B. 10%　　　　　　　　C. 20%　　　　　　　　D. 30%

二、简答题

1. 简述按参与主体分类的药品电子商务模式。

2. 简述电子商务平台中的客户分级。

书网融合……

重点小结　　　　　　　微课　　　　　　　习题

参考文献

［1］杨文章．药品市场营销学［M］．北京：中国医药科技出版社，2022．

［2］段文海，孙晓．医药电子商务［M］．北京：中国医药科技出版社，2021．

［3］吴澎，张仁堂，刘华戎．食品营销学［M］．北京：化学工业出版社，2022．

［4］叶真，丛淑芹．药品购销技术［M］．北京：化学工业出版社，2020．

［5］付晓娟．医药市场营销［M］．北京：高等教育出版社，2021．

［6］魏保华，王高峰，郑丽．药品市场营销学［M］．广州：世界图书出版社，2020．

［7］康肖琼．新媒体营销［M］．北京：机械工业出版社，2020．

［8］甘湘宁，周凤莲．医药市场营销实务［M］．4版．北京：中国医药科技出版社，2021．